贵州农村妇女参政的博弈分析与综合评价研究

GUIZHOU NONGCUN FUNU CANZHENG DE
BOYI FENXI YU ZONGHE PINGJIA YANJIU

唐华容　李欣月　何　佩　等◎著

前　　言

　　妇女参政程度反映一个国家的政治文明和政治现代化的发展程度以及民主程度，是衡量一个社会发展的重要指标。党和政府一直致力于推进妇女参政、培养女性人才、促进妇女全面发展。党的十九大报告提出的乡村振兴战略是健全现代社会治理格局的固本之策，也是实现全体人民共同富裕的必然选择，其目的是按照产业兴旺、生态宜居、乡风文明、治理有效、生活富裕的总要求，建立健全城乡融合发展体制机制和政策体系，统筹推进农村经济建设、政治建设、文化建设、社会建设、生态文明建设和党的建设，加快推进乡村治理体系和治理能力现代化，加快推进农业农村现代化，走中国特色社会主义乡村振兴道路，让农业成为有奔头的产业，让农民成为有吸引力的职业，让农村成为安居乐业的美丽家园。农村妇女作为实施乡村振兴战略的主力军，其参政水平和能力关乎乡村善治之路和农村政治建设。随着我国脱贫攻坚目标任务如期全面完成，贵州彻底撕掉了千百年来的绝对贫困标签。贵州要实现乡村振兴战略和共同富裕，需要发挥广大农村妇女的积极性，推动农村妇女参政。深入分析农村妇女参政的决策行为，评价贵州农村妇女参政的效果，进一步探讨影响贵州农村妇女参政的影响因素并提出相应途径，有望为贵州创新乡村治理体系

1

提供理论依据，为相关部门评估贵州农村妇女参政现状与制定政策提供参考。

本研究运用马克思主义妇女理论、社会性别理论、女权主义观、政治学理论、博弈论、综合评价理论等，通过文献资料法、实地调查法、数学建模和统计分析等方法对近代以来不同时期妇女参政历程进行了梳理，分析了各时期取得的成就和经验。构建了贵州农村妇女参政的评价指标体系，设计了调查问卷并进行实地调查，分析了贵州农村妇女参政的现状。通过对贵州农村妇女参政的综合评价，分析影响贵州农村妇女参政的因素，为提高贵州农村妇女参政提供建议。

全书共分七章。第一章为绪论，重点介绍了本研究选题的背景意义、涉及的国内外相关文献、研究方法及内容等。第二章介绍了妇女参政的相关理论，界定了相关概念，并探讨了农村妇女参政的意义和原则。第三章回顾了近代以来我国妇女在不同历史时期的参政历程，阐述了党和政府在领导妇女解放和推动妇女参政方面取得的成就和经验。第四章在介绍实地调查基本情况的基础上，对农村妇女参政进行了博弈分析和描述性统计分析。第五章在构建贵州农村妇女参政状况评价指标体系的基础上，运用综合赋权法确定了指标权重，进而运用模糊综合评价法进行综合评价。第六章分析了传统思想、自身素质和公共政策对贵州农村妇女参政的影响。第七章针对贵州农村妇女参政的影响因素，提出了促进贵州农村妇女参政的途径。

目　录

第一章　绪　论 ⋯⋯⋯⋯⋯⋯⋯⋯⋯⋯⋯⋯⋯⋯⋯⋯⋯⋯ 1

第一节　研究背景、目的与意义 ⋯⋯⋯⋯⋯⋯⋯⋯⋯ 1

一、研究背景 ⋯⋯⋯⋯⋯⋯⋯⋯⋯⋯⋯⋯⋯⋯⋯ 2

二、研究目的 ⋯⋯⋯⋯⋯⋯⋯⋯⋯⋯⋯⋯⋯⋯⋯ 4

三、研究意义 ⋯⋯⋯⋯⋯⋯⋯⋯⋯⋯⋯⋯⋯⋯⋯ 5

第二节　国内外相关文献综述与评析 ⋯⋯⋯⋯⋯⋯⋯ 6

一、国外相关研究综述 ⋯⋯⋯⋯⋯⋯⋯⋯⋯⋯⋯ 6

二、国内相关研究综述 ⋯⋯⋯⋯⋯⋯⋯⋯⋯⋯ 13

第三节　研究方法、内容及创新点 ⋯⋯⋯⋯⋯⋯⋯⋯ 38

一、研究方法 ⋯⋯⋯⋯⋯⋯⋯⋯⋯⋯⋯⋯⋯⋯ 38

二、研究内容 ⋯⋯⋯⋯⋯⋯⋯⋯⋯⋯⋯⋯⋯⋯ 39

三、创新点 ⋯⋯⋯⋯⋯⋯⋯⋯⋯⋯⋯⋯⋯⋯⋯ 40

第二章　妇女参政的相关基础 ⋯⋯⋯⋯⋯⋯⋯⋯⋯⋯ 44

第一节　理论基础 ⋯⋯⋯⋯⋯⋯⋯⋯⋯⋯⋯⋯⋯⋯ 44

一、马克思主义妇女理论 ⋯⋯⋯⋯⋯⋯⋯⋯⋯ 44

二、社会性别理论 ┈┈┈┈┈┈┈┈┈┈┈┈┈┈┈ 48

三、女权主义观 ┈┈┈┈┈┈┈┈┈┈┈┈┈┈┈┈ 53

第二节 农村妇女参政 ┈┈┈┈┈┈┈┈┈┈┈┈┈┈ 59

一、概念界定 ┈┈┈┈┈┈┈┈┈┈┈┈┈┈┈┈┈ 59

二、农村妇女参政的意义 ┈┈┈┈┈┈┈┈┈┈┈ 65

三、农村妇女参政的原则 ┈┈┈┈┈┈┈┈┈┈┈ 69

第三章 近代以来我国(农村)妇女参政历程 ┈┈┈┈┈ 73

第一节 旧民主主义革命时期的妇女参政历程 ┈┈┈┈ 73

一、维新运动时期 ┈┈┈┈┈┈┈┈┈┈┈┈┈┈ 73

二、辛亥革命时期 ┈┈┈┈┈┈┈┈┈┈┈┈┈┈ 76

第二节 新民主主义革命时期的妇女参政历程 ┈┈┈┈ 79

一、五四运动至抗日战争前(1919—1931) ┈┈┈ 79

二、抗日战争时期(1931—1945) ┈┈┈┈┈┈┈ 88

三、解放战争时期(1945—1949) ┈┈┈┈┈┈┈ 93

第三节 新中国成立后至改革开放前的妇女参政历程 ┈┈ 95

一、新中国成立初期妇女参政的第一次高峰(1949—

1956) ┈┈┈┈┈┈┈┈┈┈┈┈┈┈┈┈┈┈┈ 96

二、妇女参政的"繁荣"发展时期(1956—1978) ┈┈┈ 100

第四节 改革开放后的妇女参政历程 ┈┈┈┈┈┈┈┈ 103

一、恢复发展时期(1978—1992) ┈┈┈┈┈┈┈ 103

二、稳步推进时期(1992—2002) ┈┈┈┈┈┈┈ 106

三、积极拓展时期(2002—2012) ┈┈┈┈┈┈┈ 110

四、全面深化时期(2012年以后) ┈┈┈┈┈┈┈ 114

第四章 贵州农村妇女参政的调查与分析 ⋯⋯⋯⋯ 129

第一节 调查的基本情况 ⋯⋯⋯⋯⋯⋯⋯ 129

第二节 农村妇女参政的博弈分析 ⋯⋯⋯⋯⋯ 136

　一、农村妇女参政的非合作博弈分析 ⋯⋯⋯ 136

　二、农村妇女参政的演化博弈分析 ⋯⋯⋯⋯ 141

　三、女村官参政的演化博弈分析 ⋯⋯⋯⋯⋯ 144

第三节 贵州农村妇女参政的描述性统计分析 ⋯⋯⋯ 150

　一、参政意识分析 ⋯⋯⋯⋯⋯⋯⋯⋯⋯ 151

　二、参政制度分析 ⋯⋯⋯⋯⋯⋯⋯⋯⋯ 153

　三、参政途径分析 ⋯⋯⋯⋯⋯⋯⋯⋯⋯ 155

　四、参政效度分析 ⋯⋯⋯⋯⋯⋯⋯⋯⋯ 156

　五、参政广度分析 ⋯⋯⋯⋯⋯⋯⋯⋯⋯ 158

　六、参政深度分析 ⋯⋯⋯⋯⋯⋯⋯⋯⋯ 160

第五章 贵州农村妇女参政的模糊综合评价研究 ⋯⋯ 163

第一节 贵州农村妇女参政综合评价指标体系的构建 ⋯⋯ 163

　一、评价指标体系的构建原则 ⋯⋯⋯⋯⋯ 164

　二、评价指标体系的确定 ⋯⋯⋯⋯⋯⋯⋯ 165

　三、综合评价的依据及数据来源 ⋯⋯⋯⋯⋯ 170

第二节 贵州农村妇女参政综合评价权重的确定 ⋯⋯⋯ 172

　一、序关系分析法确定主观权重 ⋯⋯⋯⋯⋯ 173

　二、熵值法确定客观权重 ⋯⋯⋯⋯⋯⋯⋯ 179

　三、基于博弈论的综合集成赋权法确定综合权重 ⋯⋯ 182

第三节 贵州农村妇女参政的模糊综合评价 ⋯⋯⋯⋯ 184

　一、模糊综合评价法简介 ⋯⋯⋯⋯⋯⋯⋯ 185

二、贵州农村妇女参政的模糊综合评价 ………………… 188

三、综合评价结果及分析 ……………………………… 190

第六章　贵州农村妇女参政的影响因素 …………… 196

第一节　传统思想对贵州农村妇女参政的影响 ……… 196

一、传统婚姻模式的影响 ……………………………… 197

二、传统家庭道德观念的影响 ………………………… 198

三、传统性别分工的影响 ……………………………… 199

第二节　自身素质对贵州农村妇女参政的影响 ……… 201

一、经济水平的影响 …………………………………… 201

二、教育程度的影响 …………………………………… 203

三、参政意识的影响 …………………………………… 205

第三节　公共政策对贵州农村妇女参政的影响 ……… 206

一、政策本身缺陷的影响 ……………………………… 207

二、政策执行偏差的影响 ……………………………… 209

三、机构合作缺乏的影响 ……………………………… 210

第七章　提高贵州农村妇女参政水平的途径 ……… 213

第一节　优化贵州农村妇女参政环境 ………………… 213

一、塑造平等的性别文化 ……………………………… 213

二、构建参政的法律环境 ……………………………… 215

三、创造参政的社会氛围 ……………………………… 218

第二节　提高贵州农村妇女的自身综合素质 ………… 220

一、提升贵州农村妇女的经济地位 …………………… 220

二、提高贵州农村妇女的教育程度 …………………… 223

三、增强贵州农村妇女的参政意识 ……………… 224

第三节　完善贵州农村妇女参政的政策制度保障 ……… 226

一、健全贵州农村妇女参政的制度建设 ………… 226

二、构建贵州农村妇女参政的培训机制 ………… 230

三、强化贵州农村妇女参政的组织作用 ………… 232

参考文献 ……………………………………………… 234

后　记 ………………………………………………… 258

第一章 绪 论

自我国实施男女平等基本国策以来，先后制定了四个周期的中国妇女发展纲要和一系列保障妇女权益的法律法规政策，优化了妇女发展环境，保障了妇女合法权益，促进了贵州农村妇女参政的快速发展。目前贵州农村妇女参政的现状和成效如何、制约其发展的影响因素有哪些以及如何提高贵州农村妇女参政水平，都是值得探讨的问题。

第一节 研究背景、目的与意义

妇女是人类文明的开创者、社会进步的推动者，是全面建设社会主义现代化国家的重要力量。经过党和政府多年的努力，贵州农村妇女与男子享有平等的权利。对贵州农村妇女参政进行研究有助于分析农村妇女参政行为选择和参政效度，揭示贵州农村妇女参政的影响因素，为保障其权益和提高其参政水平提供建议，对于促进贵州乡村振兴、实现共同富裕和加强基层民主政治建设具有重要理论意义和实践指导意义。

一、研究背景

妇女解放是人类社会进步的重要尺度，而妇女参政则是妇女解放的高级形式，是衡量一个国家民主政治建设状况和社会文明进步的重要尺度。自 20 世纪 70 年代以来，妇女参政逐渐成为一个全球性的问题，引起了全社会对妇女参政作用与意义的关注。将妇女参政纳入人类政治文明发展和社会主义政治文明建设的视野，是人类社会发展到 21 世纪的一个时代课题。在当代中国，妇女参政不仅是整个社会可持续发展不可或缺的重要内容，而且是推进社会主义民主政治建设的重要力量，是完善国家政治体制、促进社会和谐稳定的内在驱动力。在实现中华民族伟大复兴的大背景下，妇女参政作为一个重大的现实问题日益成为理论研究的热点。

据全国第七次人口普查的统计数据显示，女性人口占我国总人口的 48.76%；乡村人口占总人口的 36.11%[1]，而乡村女性人口占乡村人口总数的 48.1%[2]。2020 年底，18—64 岁在业者中，女性就业人员占全社会就业人员的比重为 43.5%。近七成女性处于在业状态，城镇和农村女性在业比例分别为 66.3%、73.2%。[3] 与此同时，村委会成员中女性比例为 24.2%，距《中国妇女发展纲要（2011—2020 年）》中"达到 30% 以上"的目标仍有一定的差距。[4] 数据表明农村妇女是社会经济发展的重要人力资源，在经济发展中占据着举足轻重的地位，对提高土地生产率和家庭收入有着重要作用，然而农村妇女参政

---

[1] 《第七次全国人口普查公报》，中华人民共和国中央人民政府网，2021 年 5 月 13 日。

[2] 《中国统计年鉴 2021》，国家统计局网，2021 年 11 月 15 日。

[3] 《第四期中国妇女社会地位调查主要数据情况》，《中国妇女报》2021 年 12 月 27 日。

[4] 《〈中国妇女发展纲要（2011—2020 年）〉终期统计监测报告》，中华人民共和国中央人民政府网，2021 年 12 月 21 日。

的比例相对较低，离目标要求还有一定差距。

随着市场经济的发展和城镇化进程的加快，农村妇女已成为农村劳动力主体，是乡村振兴的重要力量。农村传统的"男耕女织"状态已转变为"男工女耕，农业女性化"局面；农村妇女的受教育机会得到了扩大，受教育程度得到了提升；农村妇女的参政意识和积极性得到了提高；农村妇女对农村的精神文明建设和物质文明建设都有着不可或缺的贡献。20世纪80年代以来，在中国农村全面贯彻落实的村民自治为农村基层民主发展开辟了新途径，也为农村妇女参政提供了新环境。支持农村妇女参政不仅是我国基层民主发展的需要，也是乡村振兴和共同富裕的必然要求。我国农村妇女参政经历了从妇女干部任命制，参政比例上升；到竞争聘任制，削弱妇女优势，参政比例有所下降；再到当前的提高妇女参政比例与实行竞争聘任制相结合，参政比例逐步上升（张宝玺，2010）。再从历史的纵向发展来看，在我国民主政治和乡村治理体系不断发展的背景下，农村妇女参政得到了越来越多的关注，参政状况在逐步改善。

农村妇女在农村的民主选举、民主决策、民主管理、民主监督等方面的主体性地位日渐显露，发挥的实际作用也得到了一定程度的体现。据调查数据统计，18—24岁、25—34岁的农村妇女中愿意参加村委会成员竞选的比例分别为31.3%和33.5%，2018—2020年三年间至少参与一种民主管理、民主监督、社会公益活动的农村妇女比例为31.9%。[①] 但是，从横向上来看，通过性别对比、地域对比、城乡对比可以发现，由于受传统婚姻模式、传统家庭道德观念和传统性别分工的影响，农村妇女与男性在参政的总体数量上和层次上都有相当大的差距，农村妇女参政普遍存在"一低二多二少"的现象，即参

---

① 《第四期中国妇女社会地位调查主要数据情况》，《中国妇女报》2021年12月27日。

政比例低，副职多正职少，虚职多实职少。与此同时，农村妇女在参政意识、参政途径等方面依旧薄弱，农村妇女参政仍处于弱势和边缘化状态。因而，根据农村妇女参政的现状，发现影响农村妇女参政的因素，通过加强制度建设和推进农村妇女自身的发展，提高农村妇女参政的效度、广度和深度，已成为当前我国民主政治建设、社会现代化以及政治现代化中的当务之急（徐晨红，2017）。

贵州省地处我国西南内陆地区，全省有 56 个民族成分，其中世居民族 18 个，总面积 17.62 万平方千米。有 6 个地级市、3 个自治州，共 9 个地级行政区；50 个县、11 个自治县、10 个县级市、16 个市辖区、1 个特区，共 88 个县级行政区；122 个乡、192 个民族乡、831 个镇、364 个街道，共 1509 个乡级行政区。截至 2019 年底，全省常住人口 3622.95 万人，其中农村常住人口 1846.98 万人，占总人口的 50.98%，农村人口多于城市人口；按性别分，女性人口数为 1766.69 万人，占总人口的 48.76%，约为总人口数的一半。① 占贵州农村总人口一半的农村妇女，已经成为贵州社会主义新农村建设和乡村振兴的主要力量，她们参政的状况直接影响到贵州整个农村地区的政治文明建设状况，因此，有必要对贵州农村妇女参政状况进行探究。

二、研究目的

农村妇女在担负着家庭角色的同时，还担负着重要的社会角色，是实现乡村振兴和共同富裕的主力军。农村妇女参与村级治理，是她们自身发展的现实要求与社会发展进步的客观需要。但目前农村妇女

---

① 《贵州省 2019 年国民经济和社会发展统计公报》，贵州省人民政府发展研究中心网，2020 年 4 月 9 日。

参政研究主要集中在政治学、社会学、历史学、心理学、女性学等领域，定量分析不多见。本研究的首要目的是从行为主体角度，通过构建博弈模型分析农村妇女参政的行为选择，分析其行为选择的深层次原因，探讨其行为选择的演化趋势。

贵州农村妇女作为贵州农村经济建设和乡村振兴的主要力量，是构建自治、法治、德治"三治一体"乡村治理体系的重要参与者，探究贵州农村妇女在乡村治理体系下的作用及其能力是一个值得探讨的问题。但迄今为止，对贵州农村妇女参政的研究不多见。为有效调动好、发挥好、保护好贵州农村妇女参政积极性，提高贵州农村妇女的参政比例、参政数量以及参政层次，推动贵州农村妇女参政研究，本研究的第二个目的是对贵州农村妇女参政现状进行调查分析，根据实地调查数据，对贵州农村妇女参政意识、参政制度、参政途径、参政效度、参政广度、参政深度进行描述性统计分析，了解贵州农村妇女参政现状，进而评价贵州农村妇女参政现状，分析其不足。对贵州农村妇女参政现状进行评价是为了找到制约贵州农村妇女参政的影响因素，进而为提升贵州农村妇女参政水平提出切实可行的途径。因此，分析贵州农村妇女参政的影响因素及提出的途径是本研究的第三个研究目的。

三、研究意义

农村妇女参政研究是探讨基层民主政治建设的重要内容，是一个集公民参政问题、"三农"问题、妇女问题于一体的新型综合性问题，是新农村建设和乡村振兴战略的重要内容，是中国农村现代化建设进一步发展的有效动力。从行为主体角度分析农村妇女参政行为选择的演化趋势，运用统计分析方法进行综合评价并提出建议，有利于丰富现有的妇女研究理论，可以为从事公民参政研究、"三农"问题研究、妇女问题研究的工作者提供相应的理论参考和全新的研究视角，为贵州农村政治体制改革提供理论参考。深入研究贵州农村妇女参政问题有利于维护农村妇女的切身利益，有助于推动贵州乡村振兴及优化农村基层政权的权力配置，促进基层民主政治进一步完善与发展。也可以为广大读者特别是贵州农村妇女了解新时代农村妇女参政的现状和机会提供资料，为相关部门制定相关政策提供有价值的信息及决策参考。

第二节 国内外相关文献综述与评析

19 世纪下半叶到 20 世纪初的第一次女权运动浪潮，促进了全世界各国的妇女解放，激发了妇女参与国家和经济文化社会事务管理的积极性。学者们高度关注妇女参政问题，从不同视角，运用不同方法对不同国家的妇女参政问题开展了深入的研究。由于我国城乡二元化结构较为明显，农村妇女参政成为妇女参政问题中的一个重要研究方向，学者们在农村妇女参政现状、影响农村妇女参政的诸因素、改善农村妇女参政状况的措施等方面进行了广泛的研究，在理论和实践中取得了许多有意义的结论。

一、国外相关研究综述

妇女参政，既是妇女政治权利得以实现的重要途径，也是她们实现性别平等和谋求自身发展的重要途径。妇女参政程度反映一个国家的政治文明和政治现代化的发展程度以及民主程度，是衡量一个社会发展的重要指标。相对而言，国外学者先于我国学者对妇女参政问题进行研究，通过长期的实践和理论积累，对妇女参政的研究取得了丰硕成果。

1. 妇女参政原因

一般认为社会经济发展水平与参政状况呈正比例关系，亨廷顿等（1989）对此持保留态度，认为："总的来说，发展与参与携手并进，但在某些场合，参与水平超出发展程度；而在另一些场合，参与水平又落后于发展程度"[①]。Dahl（2006）认为存在着如下影响参政行为的六种因素，即介入政治的报酬因素、政治选择的差异性因素、公民个人效能感因素、对政治结局满意评估因素、公民个人的政治认知因素、政治的障碍阻隔因素。Cassese 等（2016）通过对美国 2012 年大选研究得出，影响妇女参政行为的两个基本因素为性别和宗教意识。Karp 等（2008）利用选举制度比较研究的数据，发现许多国家在参政程度和参政态度上存在着明显的性别差异，女候选人或女职人员的存在有利于促进妇女参政。Coffe 等（2010）运用线性回归和逻辑回归模型分析了参政中的性别差异，研究表明女性投票意愿强于男性，而男性成为积极的政党成员可能性更大。Akirav 等（2016）通过七个不同信息源的数据分析了 2013 年以色列地方政府选举中女候选人的参政状况，认为四个方面的协同有利于更多的妇女参政。

2. 妇女参政作用

国外学者关于参政对民主政治作用方面存在着积极作用和消极作用两种不同的观点。积极作用的观点代表人物有日本学者蒲岛郁夫等（2010）。认为存在着四个方面的积极作用：一是矫正政府行动与公民意愿之间的矛盾；二是加强公民教育作用；三是反映公民意愿；四

---

① ［美］塞缪尔·亨廷顿、琼·纳尔逊：《难以抉择》，汪晓寿、吴志华、项继权译，华夏出版社 1989 年版，第 57 页。

是提高政府执政能力。消极作用的代表人物有亨廷顿等（1987），认为无序化、非理性的参政一旦超出了国家政治体系的承载能力，会导致国家政局的不稳定。国外学者从社会环境、政治资源、家庭角色以及政治体制等方面研究了妇女参政问题，主要存在以下四种理论：政治社会化理论（伊斯顿，1989），资源论（Dahl，1992），角色冲突论（Huntington，1998），结构论（马克思和恩格斯，1979）。

3. 美国妇女参政研究

标志着美国女权运动的正式开始是 1848 年美国第一届女性权利大会通过的《权利和意见宣言》，20 世纪六七十年代的第二次女权运动的浪潮也是起源于美国。对美国妇女参政的研究主要集中在以下四个方面：

第一，从社会性别视角进行研究。Rinehart 等（2000）从社会性别视角比较了男女在参政中不同的行为表现并分析其原因。Fulenwider（1980）从社会性别角度分析了各类妇女参政的策略、目标及其社会影响。Sapiro（1983）在分析妇女性别身份社会化进程的基础上，运用社会性别理论探讨了女性与政治的关系。Conway（2005）等从社会性别视角解读了男女参政后，在政治观点、政党忠诚、政策倾向等方面的差异。

第二，论述选举权与妇女参政关系。Chafe（1972）分析了1920—1970 年间，选举权给妇女参政带来的机遇和挑战，认为社会性别是一个制约妇女参政的重要因素。Hartmann（1989）对 20 世纪 60—80 年代美国妇女参政历程进行了全面解析，论证了女性政治角色的重要性，并探讨了种族、经济等因素与妇女参政的关系。Chafe（1992）分析了选举权给美国妇女参政带来的影响，以及女性社会身份演变过程中的矛盾与困境。Carroll（2003）研究了后选举权时期妇女与选举政治的关联，提出了美国妇女在参政中面临的问题和挑战。

第三，研究妇女的从政状况。Gertzog（1995）通过访谈，分析了女议员给立法机构带来的改变。Thomas 等（1998）解析了后选举权时期妇女在行政、立法、司法领域的从政状况，并分析了女性担任公职后给美国社会带来的积极变化。Martin（2003）概述了 1920—1960 年间美国妇女在行政机构的参政表现，分析了女性在历届内阁中所担任职位的变化及其对政策制定的影响。Gertzog（2004）分析了 20 世纪 70 年代末至 21 世纪初，美国妇女在国会的地位、作用的演变。Han（2010）着重剖析世纪之交时期，女性在政府机构中所发挥的领导性作用。学者们还对美国妇女在司法领域从政的历史和现状进行了分析（Rinehart 等，2000；Harrison，2003）。

第四，少数族群妇女参政研究。Hooks 等（2014）分析了黑人妇女在女权运动和妇女参政中所受到的歧视。Bayes（1982）认为占美国人口"半边天"的妇女地位和其他少数族群是等同的。Giddings（1984）对后选举权时期黑人妇女参政行为进行了梳理，解析了 1980 年前黑人妇女对种族主义和性别歧视的抗争，以及对社会变革的推动。Solomon（1989）分析了黑人妇女在黑人女权主义思想影响下进行的政治活动及政治诉求。Niethammer（1995）梳理了不同时期印第安妇女的参政状况。

4. 印度妇女参政研究

自印度独立后，其国内妇女参政水平得到了一定程度的提高，西方国家和印度学术界有不少关于这方面的研究成果。印度教育部和社会福利部（1974）的联合报告总结了独立后印度妇女的政治地位状况，分析了其在国家政治建设进程中的作用。Calman（1989）研究了 20 世纪 70 年代的印度妇女运动，认为参加政治运动与加入政党、参加选举政治活动，具有不同的功能，是促进妇女参政的新渠道。

Calman（1992）认为，印度 20 世纪 70 年代出现的妇女运动，对于增进妇女政治和经济权力非常重要，倡导促进政府和妇女互动，推动妇女参政。Sharma（1998）探讨了妇女的政治代表权和配额问题，认为地方管理中保留三分之一的妇女代表席位不仅是扩大妇女的参政份额的需要，而且是她们去追求更大的社会和政治目标的需要。Chhibber（2002）认为妇女受家庭的束缚是导致立法机关中女性比例很低的原因，并评估了印度北部的妇女参政状况。Vissandjee 等（2006）通过数据分析，探讨了印度古吉拉特邦农村妇女参政的影响因素，揭示了导致妇女参政水平低下的原因。Shukla（2007）从全球视角研究印度妇女的政治地位，论述了独立后印度妇女政治地位的概况，并分析了妇女参政的影响因素。Sinha（2007）认为印度比哈尔邦低下的社会经济和教育水平影响了妇女参政。

5. 关于中国妇女参政研究

19 世纪，西方传教士与民族学家通过记载其在中国的见闻和为妇女立传，开始关注和研究中国妇女。在这些传记中，他们把中国妇女描绘成牺牲品或可怜虫（Weidner，1990）。通过描述中国妇女的悲惨境地，突出西方人的优越性，为帝国主义列强在中国的扩张提供证据，旁证其传教的迫切性与必要性（O'hara，1945）。20 世纪三四十年代，这种研究方式开始发生了改变（Pruitt，1945），受社会主义或进步思潮影响的西方作家，描写了大量的女革命党人和长征途中的妇女形象（Smedley，1976），开创了西方关于中国妇女研究的新领域。20 世纪六七十年代，西方学者开始对中国妇女进行跨地域或跨学科研究，较为深入地研究教育、劳工、家庭及妇女参政等问题。20 世纪 80 年代，开始从社会性别角度对中国妇女进行研究，探讨中国妇女、性别及两性关系的形成、发展与变化，寻找妇女受压迫及形成两性不平等关系的特殊原因。这些成果已经超越了妇女研究或性别研究的领域，对整个中国历史与社会的研究也产生了很大的影响。①

1985 年，美国密歇根大学的 Diamond 开始关注中国少数民族妇女的研究，推动了美国学术界对中国少数民族妇女的研究，其中有影响的学者包括：华裔学者王爱华、Tan、Kingston 等；印度裔美国学者 Mohanty、Spivak 等；越南出身的 TRinH T minHa；日裔学者 Yanagisako；阿拉伯美国学者 Abu-Lughod；犹太裔美国学者 Myehoff；西班牙裔美国学者 Anzaldua；美国印第安部落学者 Batiue、Medicine、AueN；美国黑人妇女学者 Smith、Davis。以上这些研究妇女学者的论著都讨论了妇女的相同和差别两个方面的关系，但很少涉及中国少数民族妇女参政问题。②

国外学者对中国妇女的参政研究主要集中在 20 世纪 80 年代以后，可分为两类。第一类是关注中国革命与妇女解放的研究。代表性人物之一的日本学者 Ono（1988）介绍了中国妇女参与中国近代史上的重要运动情况以及中国共产党领导下的革命，评价了妇女运动与革命目标之间的关系，在全面阐述中国历史演进中的妇女史方面做了开创性的工作。美国学者 Johnson（1985）对 1921 年中国共产党成立至 1949 年中华人民共和国成立这段时间中国共产党和妇女之间的互动情况进行了研究，考察了 1950—1980 年这几十年间妇女角色发生的变化，论述和评价了中国共产党在妇女解放中的作用。美国学者 Gilmartin 的专著《中国革命的性别化：20 世纪 20 年代的激进妇女、共产主义政治和民众运动》从社会性别的视角考察了 1920—1927 年中国的共产主义政治和历史，详细记述了该时段中国激进女性参加革

---

① 程为坤：《西方学术界的中国妇女与性别研究》，《四川大学学报（哲学社会科学版）》2007 年第 6 期。

② 伍呷：《美国学术界对中国少数民族妇女研究简述》，《贵州民族研究》1997 年第 2 期。

命的情况和她们对革命的贡献，以及中国共产党在革命早期如何将妇女与革命运动结合起来，并向传统的性别关系提出挑战。[①]

第二类是研究转型时期的中国妇女参政，代表性著作有美国学者韦斯特等编著的《经济和社会转型中的中国妇女》，作者分析了中国政治改革对妇女政治生活和政治地位的影响，特别是探讨了20世纪80年代干部人事制度改革对妇女参政的影响。[②] 悉尼科技大学中国研究中心前主任李木兰（2014）按年代顺序探讨了1900年至1948年的中国妇女争取选举权运动，是第一本阐述中国妇女争取参政平等权的专著。

由于国外特别是欧美一些发达国家并不像我国城乡二元结构较为明显，其对妇女参政的研究一般不作城乡二元区分。至今，关于国外农村妇女参政的研究不多。从我国实行改革开放政策以来，国际上研究当代中国农村基层民主与治理等问题的知名学者们通过与国内外学者合作，选择实地调查和进行选举观察或访谈等形式开展学术研究。这些有关中国农村政治的研究成果主要涉及三个方面：一是选举与农村社会经济发展的关系；二是村民选举的政治效应问题；三是村民选举与公民权利意识或民主文化的关系问题。其中代表性的有英国利兹大学 Davin（1976）、美国密歇根大学 Reiter（1975）等对中国农村妇女参与基层治理方面进行的研究。美国加利福尼亚大学 Jennings（1998）、加拿大学者宝森（2005）等从社会性别的视角，对中国农村基层民主中妇女参政问题进行了探讨，剖析了农村妇女的参政意识。英国伦敦政治经济学院 Howell（2006）认为，实行村民选举以

[①] 牛天秀：《性别正义视域下当代中国女性参政研究》，南京师范大学出版社2013年版，第5页。

[②] 李晓广：《当代中国性别政治与制度公正》，南京大学出版社2012年版，第10页。

来，经济结构、制度规范、社会文化等因素导致中国农村妇女在村级治理结构中参政水平持续走低。

二、国内相关研究综述

我国关于妇女参政的研究兴起于 20 世纪 80 年代中期。1995 年 9 月在北京召开的第四次世界妇女大会，为中国妇女研究提供了机遇，也积极推动了我国妇女参政研究，迎来了妇女参政研究的高峰期，取得了丰硕的成果。

1. 关于国外妇女参政研究

刘爱华（2003）认为，欧美女权运动提高了妇女政治地位，妇女已成为政坛上的一支活跃力量，但妇女经济不独立、家务劳动繁重、参政渠道不畅通、参政环境不公平等因素是其面临的问题。张秀娥（2006）认为，妇女参政受到国际社会的广泛关注，成为国际社会重要的议题，呈现五个趋势：妇女参政人数增多；妇女参政向权力顶峰迈进；妇女参政范围扩大；妇女参政法律保障加强；黑人妇女参政有突破。师艳荣（2012）认为，日本妇女非政府组织（NGO）是推动妇女参政的重要力量，发挥着重要作用，是提升妇女政治地位的有效途径。李思梦（2014）分析、归纳了南非民主转型后 20 年间妇女参政的成就、推动因素和制约因素。马丽娅娜（2017）对俄罗斯妇女参政历程进行了概述，认为 21 世纪以来，随着俄罗斯在法律层面、制度层面、政府层面措施的落实，俄罗斯妇女广泛参与国家管理和社会政治生活，参政状况得到明显改善，但存在着法律和机制不健全、传统性别角色定位根深蒂固、妇女缺乏参政意愿等阻碍俄罗斯妇女参政的因素。

第四次世界妇女大会后，妇女参政配额制在世界范围内迅速普及，迄今为止全球范围已有120多个国家和地区实行了妇女参政配额制。妇女配额制的基本含义是，从性别的角度，对处于参政弱势一方的女性，通过政策倾斜和规定比例等方式，改变政治领域的性别不平等格局，保障和提高妇女在政治框架中的基本权利和影响力，以实现政治资源的普惠公正和性别利益的平等均衡。妇女参政配额制的研究主要集中在要不要配额、配多少、如何配额三个问题上，学者们对欧洲国家妇女参政配额制的实践进行了研究（张迎红，2004、2008；周琰，2007；曲宏歌，2009；等等）。李亚妮（2015）分析了欧盟国家妇女参政配额制的具体措施、实施过程及成效，探讨了其对妇女参政的促进作用。丁娟等（2016）在总结妇女参政配额制实施经验以及现实状况的基础上，提出促进妇女参政配额制实施的对策。关于非洲国家参政配额制的实践可参见义高潮（2006）、和建花等（2015）的相关研究；配额制的比例问题可参见张永英（2005）的研究。

20世纪80年代以来，中国学者开始着手美国妇女研究，研究集中在女权运动和妇女经济、家庭地位演变等方面。王政（1995）论述了美国第二次女权运动的发展历程及其影响。李道揆（1999）从妇女运动的角度论述了妇女参政问题。何念（2010）分析了美国第二次女权运动中激进女权主义思想、行为对妇女解放的推进。李睿（2005）分析了第二次女权运动给美国妇女政治地位带来的变化，并强调了妇女组织的作用。张晓云（2005）简析了黑人妇女在民权运动和第二次女权运动中的作用，并介绍了民权运动对黑人妇女的影响。王恩铭（2002）对美国妇女参政作了总体介绍，重点探讨了妇女参政意识和政治地位的提高。周莉萍（2009）概述了1920—1939年间美国妇女在社会公共领域的参政活动。王恩铭（1995）认为美国妇女在20世纪七八十年代已经作为一种政治力量进入政党、政府

中心，并分析她们对美国政治发展的作用和影响。李秋金（2009）
解析了 20 世纪 80 年代美国妇女参政的成就、存在的问题及不足。张
莹（2011）以统计数据为基础，分析了美国妇女 20 世纪 90 年代在州
级立法机构中地位、作用的发展、演进。刘军（1998）认为妇女政
治倾向问题的研究已成为美国相关研究的重点，同时，也认为社会性
别视角是妇女研究的重要方向。王业昭（2014）从社会性别视角剖
析了美国妇女在"后选举"时期的参政状况，探讨了妇女参政对美国
社会发展和民主制度所起的推动作用。同时，其他学者也对美国妇女
参政相关问题进行了研究（张聪，1993；宋淑珍，1995；王皖强，
1996；张立平，1999；周辉荣，2002；李月娥，2005；黄贤全，2008；
张璐，2009；等等）。

高婷（2009）对印度独立初期，尼赫鲁政府为提高妇女的政治
地位采取的措施、政策等进行探讨。唐慧娟（2011）比较全面、系
统地介绍了印度独立后妇女地位的变化，也论述了妇女政治地位的变
化。张冬霞（2016）概述了印度独立后妇女参政的历史进程，并分
析了其存在的问题及影响因素，认为配额制、政党的作用、社会问题
等对妇女参政有着促进或制约作用。王义桅等（1997）认为，印度
妇女参政是畸形被动的参政，基层妇女参政萎缩且流于形式，高层妇
女参政火热却源于家族，是政治斗争而不是妇女参政发达的表现。冯
立冰（2010）认为 1992 年印度第 73 次宪法修正案的通过，促进了基
层妇女参政，但妇女参政仍然受到男性的制约。屈天霞（2010）运
用妇女参政理论，从社会性别视角对印度妇女参政的现状、特点及影
响因素进行分析。闵冬潮（2012）分析了中国和印度妇女配额制参
政问题，比较中印两种道路的异同及产生差异的原因，认为妇女参政
必须要建立在基层妇女参政基础上。

20 世纪 90 年代以来，国内学者陆续对拉美妇女参政问题进行研

究，逐渐形成了一些有影响力的观点。袁东振（1994）认为，到20世纪60年代中期，拉美所有国家的妇女均获得了与男性平等的政治权利和法律地位，还进入政府或立法、司法机关。闫玉贞（1995）认为，拉美妇女为争取政治地位的提高，进行了长期的多种形式的斗争，组织各种社会团体，广泛宣传妇女的利益和需要，促进了妇女参政。从20世纪90年代起，拉美各国开始重视妇女参政问题，出台了相关支持妇女参政的政策和法律，而且很多国家还在宪法层面规定了女候选人或女议员的最低人数限制，极大地推动了拉美地区妇女参政、议政人数和比例的提升。例如，阿根廷规定女议员候选人所占比例不得低于30%。玻利维亚内阁成员中女性甚至占据"半壁江山"，位居全球首位。陈文学（2011）认为，拉美妇女参政呈现层次高、程度广、领域宽等特点，其原因在于地区政党政治格局的演变、女性自身能力的提高以及法律制度的完善等。苏波（2014）对包括妇女参政在内的拉美妇女问题进行了梳理，分析了拉美妇女政治地位、参政现状、参政程度提高的原因及制约因素。拉美妇女参政程度得到提高除了全球化与各国民主化浪潮等外部原因外，还有妇女政治觉悟、政治热情以及反歧视政策等内部原因（林华，2006）。拉美妇女参政是该地区21世纪以后受左翼思潮影响的重要特点之一。数据显示，拉美国家出现了多位同属左翼的女总统，她们本人及其所属政党因为倾向平民，张扬"民粹"而赢得人心（徐世澄等，2010；徐勇，2011）。杨建民（2012）认为，拉美妇女作为拉美弱势群体的代表正逐渐成为拉美各国尤其是拉美左翼政党执政国家政治改革的重要推动者。学者们对拉美妇女参政的制约因素也进行了深入的探讨，何缤（1995）从社会层面分析了拉美妇女参政的制约因素，认为拉美传统的"男尊女卑"思想制约着妇女的政治地位，使得她们的参政历程充满艰辛。袁东振（2005）认为，妇女成为拉美民主脆弱性中重要的一个环节。李华（2006）从政治层面分析拉美妇女参政的制约因素，认为制约因素主要有：妇女参政意愿是否得到政党内部支持、妇女参政配额制是否保证妇女参政名额、选举制度是否能够保障妇女参政机会以及国家补贴能否保障妇女参政经济利益。

2. 关于我国妇女参政研究

20 世纪 80 年代，我国学者在《中国妇女报》《妇女杂志》等报刊上相继发表有关文章，开始了妇女参政的研究。1995 年 9 月在北京召开的第四次世界妇女大会，推动了我国学术界关于妇女参政研究的发展，研究内容较以往得到了拓展和深化，出版了一大批关于妇女参政的专著（王行娟，1995；李光炎等，1991；陈瑞生等，1995；欧阳洁，2000；李慧英，2002；梁旭光，2003；魏国英，2008；周长鲜，2009；王宏维，2012；等等）。同时，政府和妇联组织也编写了关于妇女参政的文献资料（《新中国妇女参政的足迹》编写组，1998；全国妇联妇女研究所理论室，1993）。

学者们对妇女参政的概念、妇女参政的优势与制约因素、女干部成长规律进行了广泛研究。学者们都认为妇女参政就是妇女全体对国家和社会公共事务的参与，但在其包括的层面存在着不同认识，如童芍素（2001）认为妇女参政和妇女从政是两个不同的概念，二者既有区别，又相互联系，要处理好它们之间的辩证关系；单艺斌（2000）认为妇女参政内涵包括五个方面的内容，并指出妇女参政存在着权力参与和民主参与两种形式，可分为知政、议政、参政和执政四个层次。

张思宁等（2001）认为女性较强的自我管理能力、调节人际关系能力等可能为妇女参政带来优势；金一虹（2002）指出传媒既有为妇女进入领导岗位创造条件的积极影响，也有导致公众对妇女参政认知产生偏差的消极影响；周娟（2003）从经济发展、教育、立法执法、公共政策、文化氛围方面分析了妇女参政的制约因素；仉兴玉（2006）认为生育问题是妇女发展的重要影响因素；李聪丽（2009）认为制约妇女参政的因素有干部选拔机制、经济发展水平、传统思想、妇女自身内在素质；王伟（2014）认为社会经济发展模式对中国性别政治的影响较大，而制度发展模式的影响却不显著。

女干部的成长规律包括其地位状况、参政的特点、成长规律等，刘兴梅（2013）将其概括为：纵向成螺旋式上升规律、横向合而为一规律、自身层面上呈扬长避短规律、早期的学习行为为参政行为奠定成长基础；李婷（2012）认为女性领导干部成长规律具有能动性、实践性、时效性、特质性、地域性特点。

学术界从不同方面论述了如何提升妇女参政水平。葫芦岛市委组织部李春枝在接受采访时，指出转变观念对于做好培养选拔女干部工作以及发挥她们的作用都非常重要（刘霞，2001）。唐娅辉（2001）提出从政策宣传、制度创新、法律规范方面促进妇女全力参与。郭砾（2001）论证了设立妇女参政配额制的基本原则、可行性、必要性，并设想了配置比例。祝平燕（2006）从文化支持系统、政府支持系统、准正式支持系统（妇女非政府组织、联合国）、非正式社会支持系统、自我支持系统五个方面提出了提升妇女参政水平的对策。何文校（2013）概述了新中国成立后我国妇女参政的历程，分析了目前我国妇女参政存在的问题及原因，提出了通过提高妇女参政比例、参政能力等措施提升妇女参政水平。李丹等（2016）分析了自20世纪90年代初以来，我国妇女在20年内参政取得的绩效，认为应该从微观、中观、宏观三个层面采取措施提升妇女参政水平。

学者们还对其他妇女参政问题进行了研究，倪婷（2017）分析了中国妇女第一次参政运动对实现男女平等的政治决策和社会发展进程的影响。周晓惠（2016）将中国近代妇女参政的研究分为三个时期，归纳总结了各时期妇女参政的研究情况和代表性研究观点。黄桂霞等（2019）认为，新中国成立 70 年来，妇女参政取得显著进步，分析了新时代妇女发展存在的不足，并提出了促进妇女全面发展的策略。李文（2019）认为，新中国成立 70 年来，保障妇女政治权利的法律体系逐步健全、促进妇女参政的政策规划不断完善、妇女参政水平大幅提升。

3. 关于我国少数民族妇女参政研究

第四次世界妇女大会召开后，学者们逐渐关注我国少数民族妇女参政问题，对少数民族妇女参政进行了深入研究和探讨，出版了一些专著（贵州民族研究所，1995；白薇等，1996）。也有关于少数民族妇女参政依据以及培养选拔少数民族妇女干部重要意义方面的论文（韩小兵，2004、2005；李安辉，2006；叶晓彬，2004；刘清华，2006；张翠，2010；等等）。学者们对不同省市区的少数民族妇女参政现状进行了研究，如关于以西藏自治区、四川省和甘肃省甘南藏族妇女为研究对象的藏族妇女参政的文章（杨晞华，1995；朱研，1995；叶晓彬，2004；孙继虎等，2005；刘燕华，2001；等等），新疆维吾尔自治区少数民族妇女参政方面的研究文章（王海霞，2002；林丽等，1996；倪素萍等，1997；房若愚，1999；古丽阿扎提，2001；周倩倩，2014；等等），内蒙古自治区少数民族妇女参政方面的研究文章（金玮，2000；吴建平，2000；乌云娜等，2005；陈羽，2007；格根图雅，2012；苗禾，2013；王斯琴，2013；何依哲，2015；等等），云南省少数民族妇女参政方面的研究文章（杨璐，2005；刘清华，2006；廖林燕，2008；李娇，2013；张芳华，2015；商喜维，2015；张书峰，2016；等等），广西壮族妇女参政方面的研究（康连静，2013；熊巍，2014；文舒柳等，2018；等等）。上述少数民族妇女参政现状的研究大都对少数民族妇女参政存在的问题、制约因素作了分析，并在此基础上提出了建议。另外，还有刘玉英（2001）、姜洁（2006）、宋玉娟（2009）、马琼莹（2015）、李莹（2015）、寇佳琳（2017）等关于少数民族妇女参政困境及少数民族妇女干部建设方面的论文。

4. 关于我国农村妇女参政研究

我国农村妇女参政是她们自身发展的现实要求与中国社会发展进步的客观需要所共同决定的。在农村妇女参政必要性方面，主要有以下四种观点：魏国英等（2003）认为农村妇女参政是其实现自我价值的主要方式之一；高小贤（1997）认为农村妇女精英活跃于政坛是民主政治深入发展的必然结果；唐云峰等（2009）认为农村妇女参政是男女平等基本国策的体现，是衡量我国妇女社会地位和民主政治发展的重要指标；靳思聪（1994）指出，农村妇女只有真正地参政议政，行使自己的政治权利，才能真正实现自身的解放。

学者们肯定了党中央和政府在推动妇女参政方面的作用。尹艳芳（2005）在分析国家制度安排对促进妇女参政必要性的基础上，以天津市塘沽区试点的"提高农村妇女当选村委会成员比例政策创新项目"为个案，认为在国家制度安排下，农村妇女的参政比例、参政意识、参政能力、参政环境得到了好转，全面肯定了国家制度安排对农村妇女参政的推动作用。刘筱红（2010）从"整体政府"的视角考察农村妇女参政，指出政府要注重协商民主，把妇女参政放进政府的优先关注顺序，政府应强力支持农村妇女参与村级治理，并扮演好催化、召集和经纪人的作用，促进多方合作。

与此同时，学者们也指出一些不足之处，认为政府对于农村妇女参政的保护性政策、法规多为建议性的话语，缺乏刚性规定（李卫宁等，2004；卓惠萍等，2010）。刘筱红（2005）指出政府的支持政策主要是倡导性政策、措辞的自由裁量余地较大、缺乏可操作性的制度和程序，政策实施距离政策目标有差距。刘筱红（2006）认为，政策缺少刚性以及地方政府对中央政策理解上的偏差，对妇女参政带来了不利影响。刘晓旭（2008）认为，对政策主体、政策目标以及政策工具选择中的路径依赖导致了中国农村妇女参政的局限性，指出保护政策会导致妇女干部产生惰性和脱离群众，且限制妇女参政，没有具体可操作性的细则保证政策目标的实现，现有保护政策缺乏前瞻性和引导性。

刘晓旭（2009）指出各级行政部门和权力部门应将社会性别意识纳入政策主流和法律体系，提高各级政策制定者和政策执行者社会性别意识。刘筱红等（2006）认为，在制定和执行公共政策的过程中，要通过将性别意识纳入政策从而实现男女平等。林建（2010）认为，政府应为妇女参政提供制度支持，加强农村妇女参政的政治支持和法律保障，制定明确而具体的倾斜政策。李凡（2011）从国家和社会两个层面探讨支持农村妇女参政的政策演进，探讨妇女参政过程中的政策支持模式，为制定相应政策制度提供建议。宗芳（2013）认为，政府应制定积极的政策，提高农村妇女的参政比例，加强政策执行的监督力度，落实最低比例制度的实施。李毅等（2014）指出，一些地方执行选举政策存在流于形式问题，且外出农村妇女因为户籍原因而失去选举权和被选举权。廖林燕（2008）、时树菁（2008）、刘文玉（2008）、陈琼等（2008）通过个案研究方法，分析了农村妇女参与村委会选举的制度创新及参选的行为，认为国家支持农村妇女参政的保护性政策在农村某些地方遭到不同程度的抵制，不仅没有改变男性居于村庄权力主要地位的现状，还加深了村民对妇女参政的抵制，建议制定保护性政策应尊重农村妇女参与村级治理的现状，促使其力量在发展中递增，应建立有效的配套机制，实现性别和谐式参与。

近年来，随着乡村振兴战略的持续发力以及全国妇联"巾帼行动"的部署开展，农村妇女在乡村振兴中的作用越发重要，已成为乡村振兴的主要依靠力量。妇联组织在乡村振兴中的作用研究主要关注基层妇联的基本状况或是单纯的乡村振兴方面。孟珊珊（2018）以徐州市妇联的"一体两翼"产业脱贫计划为例，阐述了基层妇联如何助力产业振兴，推动乡村振兴；福建省妇联（2019）在漳州市"巧妇贷"工作经验的基础上，联合省农村信用社联合社在全省推广该项工作，为农村妇女创业提供金融支持，引导其投身乡村的产业振兴；戚晓明（2019）以江苏省南京市某社区为例，分析农村妇女在妇联组织的引领下，实现环境参与意识觉醒，在农村社区环境治理参与上从被动卷入转为主动参与。

学者们通过具体的案例研究了乡村振兴中农村妇女的实质性参与和多元参与。姜佳将（2018）以 22 例妇女为研究个案，探索妇女如何通过经济参与、政治参与和文化参与等来提升自我价值、助推乡村振兴，并分析农村妇女在乡村振兴战略下面临的机遇和困境。金一虹（2019）通过案例调查发现，农村妇女对公共事务参与的范围、方式和路径在不断扩展。戚晓明（2019）认为，农村妇女可通过主持或参与环保项目、开展环保协商议事会、投身环保志愿者行动等方式有效参与农村社区环境治理。苏醒等（2019）对云南大理州云龙县 N 村旅游社区的案例研究表明，实施乡村振兴战略能够为当地农村妇女的发展创造条件、提供机遇和平台，当地农村妇女的全面发展又推动了乡村振兴战略的实施。杨宝强等（2020）以鄂北桥村为个案，分析了农村妇女在乡村公共空间中的地位变化、参与乡村治理能力的提升、妇女议事会在乡村公共事务中话语权凸显，进而得出妇女在乡村公共空间中的参与、话语与权力的改变是其生活方式的转变，也是乡村公共空间失落的重构。学者们（唐永霞等，2019；海莉娟，2019；

杨集兰等，2019；戚晓明，2019；张欢欢等，2020；等等）还对农村妇女在乡村旅游助推乡村振兴中的作用、女性参与乡村振兴战略的路径、农村妇女政治参与的权益保障、农村妇女角色重构、女性村落社区参与等方面进行了研究。

在农村妇女参政意识方面，邱尚琪等（2004）指出农村妇女存在着低政治信任现象，具体表现为大部分农村妇女不太信任村干部，参与村委会选举的态度也是很不认真的。霍雨慧（2009）分析了农村妇女向现代公民转变的障碍，并探讨在社会主义新农村建设的背景下实现角色转变的路径。许传新（2009）认为大部分农村妇女的政治能力意识和政治责任意识较强。师凤莲（2009）认为，农村妇女政治冷漠现象存在，主要表现为参政的自主性和自觉性较低，不参与和消极参与的程度高，并分析了具体原因，在此基础上提出了建议。许传新（2009）通过对四川的调研发现，大多数农村妇女有较好的政治能力意识，但参政意识却较低。李德刚（2011）认为，农村妇女没有意识到自己能对政治产生影响，也没有为参加村委会竞选作好准备。李晓广（2015）通过对苏北某市的实证研究发现，农村留守妇女参政效能感低下。谭少冰（2017）通过对村支两委女干部问卷调查，发现妇女自我意识明显增强，对妇联组织的认同也较好，但村级女干部队伍结构不合理，参政议政举步维艰，农村妇女维权难的问题依然突出。

在农村妇女参政形式方面，何包钢等（2001）认为，在村委会选举参与度方面，虽然农村妇女与男性差别不大，但并不代表妇女参政程度高，原因在于一旦选举流于形式时，很多地方的村民常常是派妇女参加投票。向常春（2003）指出农村妇女主要是被动性参政，基本上是手段式参与而不是目的式参与，表达自身诉求的手段以个别接触、私下讨论为主。顾协国（2006）发现舟山市农村妇女的参政形式虽然多样，但参政次数较少，参与程度较低。张超一等（2009）认为制约着农村妇女参政行为的主要因素是受教育程度低、文化素质不高、思想观念落后、市场竞争意识缺乏、现代化农业技能有限。窦喜梅（2015）认为，农村妇女参政形式单一，主要是参与村委会的选举，对其他村级事务很少插手。

此外，学者们认为从村庄政治角度看，农村妇女除了参与村庄公共事务管理，还可以通过其他非正式手段影响乡村治理，如关心村务财务两公开、留心村庄公共事务等，也属于参政的一种形式。杨善华等（2005）认为由于村庄政治的存在，农村妇女通过带有很强政治色彩的日常交往参与到村庄公共事务中。陈朋（2007）认为在村庄政治中，农村妇女通过日常生活在熟人网络中交流传递政治信息参与村民自治。徐梦佳等（2014）指出由于有时无法通过制度化参与解决农村妇女利益被侵犯问题，导致农村妇女的非制度化参与高于制度化参与。郑蓉（2015）从实践理论的视角，认为农村妇女在家庭中越来越占据主导地位，其"隐形权力"逐渐由家庭生活扩展到社会关系的各个层面，影响着村庄生活的方方面面，对以男性为主导的村庄权力系统产生了影响，进而影响村庄治理。

随着网络的快速发展，农村网民规模和结构发生了重大变化，截至 2020 年 6 月，农村网民规模达 2.85 亿，占网民整体的 30.4%，农村地区非网民占比为 56.2%。① 快速发展的网络为破除历史、文化、社会等各种制约农村妇女参政因素、提升农村妇女整体参政水平提供了可能（欧庭宇，2016）。学者们对农村妇女网络参政开展了研究，李雪彦（2014）认为，农村妇女网络参政是其以虚拟的网络身份通过互联网表达政治主张及政治意愿，进行影响和推动政治决策或监督

---

① 《2020 年第 46 次中国互联网络发展状况统计报告——网民规模及结构状况》，中文互联网数据资讯网，2020 年 9 月 29 日。

政府行政活动的行为。孙玉娟等（2016）认为，农村妇女受政治文化素质、自身经济地位、网络平台建设水平、网络虚假信息等因素制约，导致其在参政上仍属弱势群体。欧庭宇（2017）认为，加强改善网络管理制度、网络建设平台、农村妇女的参政意识和参政参与能力，发挥农村妇女参政主体作用，有助于提升其网络参政水平。

在农村妇女参政态度与行为方面。刘筱红等（2008）认为，农村妇女能否顺利进入村庄权力结构与公共政策、妇女自己竞选策略相关，并以案例形式探讨了妇女在村委会选举中的竞选策略。郭君平等（2016）运用有序 Probit 模型和二元 Probit 模型分析影响农村妇女参政态度与行为的因素，指出农村妇女中愿意参政的比例明显高于实际参政人数，东部省份农村妇女参政意愿比例、实际参政比例、参政态度与行为一致比例均高于中西部省份，还发现误工补贴、知悉政治活动时间对农村妇女参政态度、参政行为都有影响，影响参政态度的因素还有政治面貌、婚姻状况等，影响参政行为因素还有民族、参政态度等。郭君平等（2017）从经济学视角分析了农民参政态度与行为选择偏差问题，发现农村妇女参政态度与行为呈低度相关，且农村妇女参政态度与行为相悖和混沌的人数占比达到 52.06%，研究表明农村妇女参政态度对其实际参政行为预测作用不大，造成偏差的主要因素有受教育年限、家庭人均消费支出、政治面貌、社会身份、人际关系满意度、就业地点以及是否知悉政治活动时间等。

学者们在农村妇女参政的数量和质量方面的观点基本一致，认为从数量上看，农村妇女参政比例低；从质量上看，农村妇女参政多属于被动性参与且处于边缘化地位，影响力有限（金一虹，2019）。韩玲梅等（2006）从新制度经济学视角分析农村妇女参政问题，认为妇女参政是男女平等和基层民主的重要标志，既有利于农村村务管理科学化、农村政治文明建设和城乡一体化发展（董淑湛等，2015），也有利于提高农村妇女参政比例及自觉性，推动农村妇女参与基层民主建设（肖莉丹，2012）。

从社会性别视角探讨农村妇女参政的影响因素是一个重要的研究方向。传统性别文化对农村妇女参政存在排斥与阻碍影响。董江爱（2004）认为受传统思想的影响，女性是被排斥在村级事务管理外的，其投票带有明显的随夫性。张凤华（2008）认为传统性别文化使得农村妇女参政边缘化问题愈加凸显，政府输出性别平等的公共政策是解决农村妇女参政面临的问题的关键。高雪莲（2011）认为农村妇女向来被传统政治文化排斥在外，导致农村妇女没有政治情感，对政治系统认识也不充分。刘娟（2014）认为尽管随着时代的发展，中国封建社会的一些思想被打破，但男权文化的残余势力在农村依然存在，男性对妇女参政还存在着排斥心理，质疑妇女的政治能力。韦妮妮等（2021）从社会性别视角，整理分析了近 20 年来国内有关乡村性别文化重构、性别文化差异等研究内容的主要观点，指出现有研究存在的局限，并展望了乡村治理中本土化的中国社会性别理论应用与探索等方面的研究。然而，何包钢等（2001）以男性学者的眼光对农村妇女参政的制约因素进行了研究，认为性别并不是导致农村妇女处于参政弱势地位的唯一原因，其最主要的原因是农村和农民处于弱势地位，只有从根本上改变农民在我国的弱势地位，才能改变中国妇女的弱势地位。

学者们从性别分工的角度也得到了不少认知。李慧英等（2003）、李强（2013）等学者认为，传统性别角色分工认为妇女只适合妇女主任等某些特定的岗位，职业性别化导致妇女能竞争的岗位窄化，参政渠道狭窄，无法凸显妇女的政治才能。唐云锋等（2009）指出，"男主外，女主内"的传统性别分工模式使得农村妇女把主要精力都放在家务劳动、照顾子女上，无暇参与村庄公共管理，缺少参与公共事务的经验。谢向波（2009）指出，农村妇女需在家庭和社会生产方面扮演不同的角色，这种沉重的双重角色负担导致妇女参政力不从心。李琴等（2010）从性别制度的角度，认为从夫居的迁移制导致妇女迁居男方家后，以丈夫家族关系为依托重新认识日常交往群体，妇女的社会资源相比男性处于弱势。许丽娜等（2010）认为，农村妇女基本被传统社会性别角色、性别文化、性别结构共同作用形成的系统排斥在政治生活之外，农村妇女长期受隐性社会排斥系统的影响，被束缚在传统的社会性别角色中，政治意识薄弱。李晓广等（2010）从"制度—行动者"互动关系的视角，认为应加强社会性别理论培训，积极制定与实施确保农村妇女平等参政的各项政策，稳步推进影响农村女性参政的相关正式制度与非正式制度，从路径依赖走向根本变迁。李亚妮（2019）发现，农村妇女参政过程是性别与家庭资源博弈的复杂过程，如果发挥其能动性和采取合适的能动性策略，有助于打破传统的性别规范和隔离，获得更多的实践机会，有助于推动村落文化中的性别平等。

学者们发现经济基础影响着农村妇女参政。张超一等（2009）通过对河北省农村妇女参政的数据分析，发现农村妇女经济地位、社会经济体制变革的影响是导致妇女参政程度不高的原因。赵佩（2016）发现农村妇女参政积极性与自身经济收入正相关，农村妇女经济能力不理想、家务劳动过重、农业劳动收入有限等是造成其参政积极性不高的原因。唐华容等（2019）认为，只有加强农村经济建设、转变经济发展方式，夯实农村妇女参政的物质基础，才能激发其参与基层治理的意识和需求。

农村妇女自身素质偏低也是影响其参政的重要因素。自身原因方面包含：受传统思想、家庭环境、文化水平的影响（董淑湛等，2015）；农村妇女自身政治冷漠（李卫宁等，2004）；参与需求不足，意识淡薄

（张润君等，2010；陈莘等，2005；戴玉琴等，2009；等等）。网络参政拓宽了农村妇女参政的范围、增强了农村妇女与政府之间的互动对话、扩大了农村妇女参政规模（欧庭宇，2017），但受农村妇女政治文化、经济地位、网络虚假信息、农村网络平台建设水平等的影响，农村妇女网络参政水平有待提高（孙玉娟等，2016）。刘文（2003）认为应对信息弱势群体采取倾斜和扶助政策，提高其吸收和利用信息资源的能力，消除数字鸿沟，提高农村妇女的认知能力。左小川（2005）认为女性的体力比男性弱，在生理身体素质上弱于男性。唐华容（2009）认为，妇女表现出的政治冷漠以及能力缺憾并非天生的，而是整个社会文化传统、体制、资源以及村庄的具体背景造成的。格根图雅（2012）认为语言不通、汉语表达困难是制约内蒙古少数民族地区农村妇女参政的一个重要原因。

韩玲梅等（2006）用新制度经济学的方法，借鉴"政策失败论"研究农村妇女参政，认为有限理性、意识形态刚性、官僚政治、个体的成本与收益核算等是导致农村妇女参与村民自治活动失败的原因；吉志强（2013）从农村妇女的参政机制入手，认为农村妇女参政不足的原因有其参政权、话语权保障机制滞后以及法制保障、激励机制、组织性保障机制缺失等；李琴（2014）根据应用规则模型分析了农村妇女参与村级治理的规则，通过分析发现边界规则、职位规则、选择规则等七类规则制约了妇女参与村级治理。

农村社会组织已成为农村社区改革和发展的关键力量，是影响农村妇女参政的重要因素。刘筱红（2002）指出，一些村妇代会组织虚置或作用弱化与农村妇女在村委会选举中低落有直接关联。马冬玲（2005）指出重视和发挥妇联组织的作用，积极政策的执行才更有保障，才更有可能持续，反之，则只能依赖于当地主要领导的认识程度。马冬玲（2006）认为，妇联组织的政治合法性带来的政治与物质资源是该组织开展农村工作的优势，民间妇女组织的优势主要在于其不断更新的社会性别理论与实际情况结合的灵活性。张超一等（2009）通过对妇女组织实施和推广项目的研究，肯定了妇女组织的价值，得出其对推进基层民主建设有着重要意义。杜洁（2012）认为社会组织影响了村民自治公共政策话语的构建。何玲（2012）提出妇联组织可以通过提升农村妇女综合素质、注重人才培养、改善外部环境等渠道推进农村妇女组织化发展。刘璐璐（2019）研究发现，河南省上蔡县妇联实施的"巧媳妇"就业创业工程，通过项目对接，为贫困留守妇女增收搭建平台取得了显著成效。

徐宇珊（2006）、王凤仙等（2007）关注到 NGO 对农村妇女参与乡村治理的推动作用，认为 NGO 可以通过协助经济发展、推动成立组织等方式提高农村妇女的组织水平和参政意识，农村妇女民间组织的出现可以帮助妇女在现有的体制内谋求更大发展空间。唐永霞等（2015）指出，在农村贫困山区，妇女 NGO 在提升已婚妇女经济地位、家庭地位方面发挥了重要作用，也存在着数量规模较小、活动频率低、组织类型结构单一、社会认知度不高等问题。

部分学者认为，整合地方政府、村庄社会、村级组织等妇女公共参与的机制性因素，能够有效地推动农村妇女组织起来且参与社区公共事务，并提升农村妇女的社会政治地位（闫红红等，2019；陈义媛等，2020；等等）。黄粹（2018）认为，由于组织示范效应较差及民间传统组织挤占发展空间等正式制度层面的双重制约，我国农村留守妇女组织化程度较低，需要依靠正式制度的强力推进和非正式制度的渐进变迁推动农村留守妇女的组织建设。张嘉凌等（2019）指出，男女平等是社会文明的标志，是整个社会系统共同的目标，并非只是妇女和妇联之事，应建立协调联动的社会支持机制推动农村妇女参政。黄粹（2019）、王浩骅（2019）等学者认为，妇联和各类民间妇女组织在培育现代公民、充实社会发展、完善市场经济体系及助推服务型政府、激发农村社区治理活力中发挥着独特的作用。杜洁等（2020）通过对农村妇女主导创办的合作组织考察后发现，自发形成的妇女合作组织更倾向于以社会建设和文化建设为工作抓手，重塑乡村社区公共文化空间，以此为基础形成可持续、生态化的乡村产业与就业创新模式。

5. 农村留守妇女参政研究

随着我国城镇化的发展，大量农村劳动力进行了转移，在此过程中，妇女的非农转移明显滞后于男性。据国家统计局发布的数据显示，2021 年全国农民工总量 29251 万人，其中外出农民工 17172 万人，有配偶的占 67.7%，女性占 30.2%。[①] 农村留守妇女参政是农村妇女参政的一个重要方面，学者们对此进行了广泛研究。李飞龙（2008）认为农村留守妇女参政意识虽有提高，但参政积极性整体仍低于男性。李楠等（2008）认为农村留守妇女参政权利无法得到充分保证。许传新（2009）通过调研发现，农村留守妇女参政效能差、参政意识低。张锐（2011）发现一部分留守妇女对村委会选举冷漠，认为选举与自己没关系。李晓广（2015）认为导致留守妇女参政不足的原因是存在着制度保障缺失、基层民主法治不健全、妇联作用不明显等。张艳（2018）认为"去性别化"的国家制度及以传统性别观念为主导的非正式制度是农村留守妇女参政缺失的根本原因。吕芳（2013）指出要解决因制度安排不当导致的农村留守妇女参政行为缺失问题，需要政府的介入。吴亦明（2011）认为要健全选拔和培训妇女干部机制。张润君等（2010）指出需要建立外部奖励机制激发农村留守妇女内在的政治参与需求和参与热情。鲍常勇（2011）等

① 《2021 年农民工监测调查报告》，中国政府网，2022 年 4 月 29 日。

认为要加强基层民主法制建设，提升农村留守妇女参政议政积极性。尹玲（2018）认为农村留守妇女参政不仅有助于改变其弱势地位，而且对于推动我国乡村振兴和基层民主化进程的发展具有重要意义。关于留守妇女参政现状、原因和措施等方面的研究可参见相关文献（张润君等，2010；梁振华等，2013；曹菁，2014；李娟，2014；廖全明，2015；郭君平等，2016；汪淳玉等，2020；马慧芳等，2020；代陈琳，2021；等等）。

6. 女村官参政研究

女村官已成为参与乡村治理的重要力量（杨琴，2017），是村庄治理中的"黏合剂"（周仲秋等，2016），是乡村治理中不可或缺的力量，对农村建设和经济发展具有重要的意义（同雪莉等，2016）。学术界对女村官并没有明确定义，存在着广义和狭义两种理解：广义上的女村官是指在村支两委中担任职务的女性，包括村党支部的书记、副书记、委员，村委会主任、副主任及委员、村民小组长等；狭义上的女村官是指在村支两委中担任正职的女性。后文提及的女村官指的是广义上的女村官，女村官正职指的是狭义上的女村官。女村官的研究（张婷婷，2011；李娜，2012；杨中兴，2015；芦怡冰，2020；聂文兵，2020；等等）已引起了学者们的广泛关注，出现了关于广东潮汕地区（徐兰兰，2012）、浙江湖州（李秀颖，2013）、广西少数民族地区（陆海霞，2012；朱映雪等，2013；等等）、福建（陈福英，2007；陈聪，2008；等等）、湖南（左小川，2005；杨金云，2012；黄婷，2016；等等）、河北（王冬梅，2010）、黑龙江（孟广宇等，2015）、江苏和安徽（金艾裙等，2012）、湖北（李琴等，2010；吴晓芳，2018；等等）、河南南阳（仝雪等，2005）、陕西（李惠明，2015；袁迎春等，2019；等等）等地区的实证研究成果，也有学者对阶段性的研究成果进行了总结和评述（曹荔函等，

2013；吴林原等，2021；韦妮妮等，2021；等等）。总体来说，学者们认为女村官们的参政动机都比较成熟，公益性和利他性心理较强，多数是出于对村庄利益的考虑。

女村官们认为自己能当选的重要原因是群众基础好，具有社会责任感（汪力斌等，2007；任杰，2007；等等），无私、廉洁、正直（汪力斌等，2007；陈福英，2007；等等），了解当地人民需求（陈福英，2007），能吃苦，可以带领人民致富以及活泼、有魄力、文化高等个人特质（左小川，2005；陈福英，2007；等等）。汪力斌等（2007）认为个人能力强是女村官成功的主要原因，但陈福英（2007）认为女村官自身的女性特质才是当选的最重要原因。汪力斌等（2007）对女村官的从政历程进行了分析，发现民主选举是女村官正职踏上农村政治舞台的主要方式，在担任正职前当过村支两委成员或是妇女主任（毛仙春，2011）。蒋爱群等（2010）认为农村妇女当选女村官可分为政策因素、熟人引荐、个人能力和家族背景四类情况。孟广宇等（2015）认为妇女需要跨越自身思想意识、男权思想、族权思想，才能成为女村官。徐兰兰（2012）从关系资本的视角分析农村妇女是通过哪些方式获取关系资本成为女村官的，认为以血缘为基础的宗族关系日益淡化，业缘、友缘等非亲缘关系已逐渐成为影响农村政治选举的重要因素。刘筱红等（2005）发现部分依赖配额制介入进入村庄权力中心的女村官，依然处于村庄权力边缘位置，而村情、家情、族情、自身因素等都影响着女村官的权力地位（高焕清等，2011；许艳丽等，2015；等等）。陈福英（2007）通过对福建省女村官正职的问卷调查分析发现，女村官正职参选的阻力主要来自竞选对手的不正当竞争、自己缺乏信心等，经济基础是影响女村官参政的关键因素。周秀平和周学军（2007）从社会支持网络的角度分析了一位农村妇女何以能成为女村官正职，认为女村官正职的社会支持网络是建立在基于血缘、地缘和姻缘的社会关系网上，进而形成包括村外关系的网络。

在女村官的执政特点及领导风格方面，汪力斌等（2007）、任杰（2007）肯定了女村官在执政过程中的优势，认为女村官有其独特执政风格，心思细腻、善于处理人际关系，且女村官注重民主，注重吸纳妇女的意见，维护妇女参政的权利，积极推行村务公开。但与此同时，大部分学者还认为女村官执政道路坎坷，在执政过程中也并没有发挥出作为女性领导人的女性群体意识。刘筱红等（2005）通过对江西女村官的实证调查发现，女性领导的特殊力量并没有表现出来。汪力斌等（2007）对全国 80 多名女村官正职进行问卷调查和访谈，在此基础上，总结女村官正职工作中遇到的最大困难是传统性别歧视、男性村官对工作的不配合、家务劳动负担重、选举程序不规范。任杰（2007）对近百名女村官进行了问卷调查分析也得到了相似的结论。王冬梅（2010）剖析女村官执政过程中的权力运作模式认为，女村官并没有表现出独特的社会性别意识，也没能比男村官更多地考虑妇女群体的利益和要求。高焕清等（2011）认为，受传统观念和男权文化的影响，妇女是以男性或中性领导力获得成功的，成为女村官后会自发"去女性化"。辛湲等（2015）认为，发挥女村官治理作用的关键在于政府支持、政策到位和消除传统性别观念的阻力。

女村官群体数量少、比例低，其参政影响和普通农村妇女参政影响是两个既不相同又有联系的问题，关于女村官执政质量的制约因素，一般认为有社会文化因素、制度政策因素、女村官自身素质因素等。社会文化因素方面，受传统思想的影响，农村中还存在着比较浓厚的男性掌权观念，人们对权力的理解与文化对女性的定义是相悖的，导致村民不认可女村官的工作，特别是男村官的偏见、排斥、不支持以及家人的不理解等阻碍女村官的执政与发展（郑彩华，2010；

汪力斌等，2007；左小川，2005；陈聪，2008；任杰，2007；陈福英，2007；郑憬函，2009；等等）。王冬梅（2010）认为，如果传统的性别规范和性别规则不发生改变，那么女村官权力的运作会出现与政策制定者预期目标相背离甚至完全相反的结果。高修娟（2011）发现性别规范对男女存在双重标准，女村官的行为在性别规范内才是被鼓励的，如果冲破了村落性别规范，则会被排斥在村落文化之外。高焕清等（2011）认为，历史劣势使得女村官在执政时没有底气；从夫居的婚姻制度使女村官缺乏村内的社会资本积累，外籍女村官在工作时很难得到村民的认可与支持，执政需要付出更多的艰辛（陈福英，2007；李琴等，2010；等等）。此外，由于"男主外，女主内"思想的影响，农村妇女承担的家务、田间农活比较重，女村官既要参与村庄治理，又要承担家务农活，承受事业与家庭两方面的压力，从而缺乏角色认同，产生角色困惑和角色冲突（汪力斌等，2007；任杰，2007；唐华容，2009；周仲秋等，2016）。制度政策因素方面。有学者认为，选举程序的不规范增加了女村官执政的困难（汪力斌等，2007；刘筱红等，2005）；相关制度和法律缺乏刚性（杜洁，2006），导致女村官比例低，使得女村官作决策时相对孤立，缺乏支持者（郑彩华，2010；刘筱红，2005）。陈聪（2008）发现女村官常常身兼数职，任务繁重、精力透支，影响了执政的效率和质量。高焕清等（2011）认为男女平等基本国策制度的异化是导致女村官"去女性化"的原因之一。学者们认为，女村官文化素质不足、个人能力不够是制约其执政与发展的因素（杜洁，2006；任杰，2007）；大多数女村官由于没有学过管理方面的知识，导致其执政能力受限（汪力斌，2007）。

从1995年江苏省实施选聘大学生担任村官的"雏鹰工程"以后，女村官中出现了女大学生村官这一特殊群体，女大学生村官具有村官、大学生、女性三种身份，引起了社会和学界的广泛关注（骆江玲等，2014）。学者们发现女大学生村官已成为促进农村基层组织治理和村务管理思维方式转变的一支新生力量。胡桂香（2010）认为，女大学生村官充满活力，她们积极参与公共事务的示范带头作用，转变了传统思想观念对农村妇女的影响，推动了农村妇女积极参与公共事务；祁玥等（2011）指出，女大学生村官在参政中传播了新思想、技术和知识，提高了农村妇女文化水准，带动了农村妇女参政，在很大程度上改变了"男尊女卑"的思维定式；汤仁虹等（2012）认为，女大学生村官在介入农村留守人群的管理上，具有明显的性格优势和办事方式；徐静（2014）认为，女大学生村官是政策的宣传员、村民公共事务的办事员、弱势群体的救助员、高科技使用品的教导员，她们利用性别优势激发了农村妇女的活力和参政积极性；吕膳先（2014）认为，女大学生村官在广西沿边地区的履职表现与成就不亚于男大学生村官，可通过继续教育、完善培训机制、建立社会关怀支持网络等提升女大学生村官能力；统计数据（全国妇联组织部，2013）显示，女大学生村官在农村妇女儿童管理工作中优势突出，该调查结果还表明群众对女大学生村官工作的评价较高；郑明怀（2011）在给展示女大学生村官工作成绩的影片《女大学生部落》做影评时，结合研究实际，充分肯定女大学生村官的履职给农村带来的改变，认为其在农村环境保护、民间艺术发掘、村民纠纷调解等方面成绩突出。

王兆萍（2009）通过调研发现女大学生村官存在自我认知模糊、缺乏对职业信息的了解和工作热情等较为普遍的问题，而解决途径则是从个体和组织两个层面进行职业生涯指导。李梦娟等（2009）指出，急功近利、盲目乐观、缺乏对农村实际情况的了解以及必要的实践工作经验，束缚了女大学生村官能力的施展。张冰（2010）在对河南省女大学生村官的职业生涯发展现状、特点和原因进行分析总结后，认为女大学生村官工作艰辛、提拔机会少、流失率高，建议从政府管理、高校培养、社会支持、个人提升四个方面加强建设，进而促进女大学生村官职业顺利发展。沈蓓绯等（2011）通过对女大学生村官的创业动机、创业困境、创业优势、创业需求调研后指出，缺乏创业经验和创业资金、传统性别偏见、政策不确定性、自身思想不稳定等使她们的工作难以开展，也造成了女大学生村官工作压力大。张亚楠（2013）运用个案访谈法对大学生村官职业困境的现状与原因进行了分析，认为其原因在于政策、社会环境、工作能力等方面，同时由于传统的性别分工和性别观念的影响，女大学生村官的困难和挑战要高于男大学生村官。吕膳先等（2015）认为，学术界采用不同学科方法，对女大学生村官的成就、困难、待遇等方面进行了研究，但仍需从研究角度、研究内容、研究地域等方面进行深入研究。朱仲蔚（2017）从两性比较的视角，运用社会性别理论和角色认同理论探讨了女大学生村官的乡村治理能力，分析了非正式制度和正式制度对女大学生村官的具体运作绩效的影响，还分析了影响女大学生村官参与乡村治理的社会文化因素。

蒋美华等（2009）从选择意愿、任职情况、需求与打算等方面对河南省女大学生村官的情况进行了案例分析，并提出了改善女大学生村官生存状态的建议。陈丹（2011）认为各地在公务员招聘上优先录用女大学生村官，在一定程度上给女大学生吃了"定心丸"，使其更专注于村务管理工作。魏翠妮等（2014）从性别比较视角分析了女大学生村官的生存状态，并从四个方面提出建议以改善其生存状态。刘春春（2014）指出通过提供制度和物质的保障、提升角色认同和自身能力、构建社会支持网络等建立女大学生村官发展的长效机制。夏朝丰等（2015）指出，应完善村委会选举制度，由县级政府统筹大学生村官收入，规范大学生村官的出路等保障女大学生村官的合理合法权益。顾惠玲（2021）采取个人访谈和问卷调查两种方式，分析了影响女大学村官参与乡村治理的因素，并给出了充分发挥其参与乡村治理能力的建议。胡红霞等（2019）从整体性研究、选聘意义与成就、选聘的基本做法、女大学生工作生活现实问题以及职业发展研究五个方面对女大学生村官的研究进行了回顾和展望。

7. 妇女参政评价研究

妇女参政状况与水平是反映妇女政治地位、体现政治生活民主化程度的指标。韦惠兰等（1999）从经济、政治、社会、家庭、文化生活五个方面，构建了评价妇女地位的指标体系，并用层次分析法评价了妇女地位。单艺斌（1999）在对妇女政治权力、间接参政、直接参政评价的基础上，探讨了广义概念下的妇女参政评价指标体系、建构原则以及评价框架，并运用加权算术平均法对妇女政治地位进行了综合评价。单艺斌（2000）运用层次分析法构建了妇女政治地位的评价指标体系，创建了综合评分法和综合指数法两种妇女政治地位评价方法，并进行了实证评价研究。李凡（2011）运用SPSS软件对采集的数据进行了分析，从国家和社会两个层面探讨了妇女参政的政策演进。杨金云（2012）构建了女村官社区治理能力的指标体系，该指标体系包含组织能力、决策能力、沟通协调能力、个人影响力四个方面，在此基础上对女村官社区治理能力进行了详细分析。霍红梅等（2012）通过数据分析发现农村女党员是农村建设中的重要力量，在经济建设和精神文明建设方面都发挥着重要作用。吕膳先（2014）运用统计方法分析了大学生村官的履职成就。杨中兴（2015）通过频数分析研究了女村官的工作情况，并通过多元线性回归等方法评估了女村官在农村社会治理中的功能发挥。王冬（2016）通过对问卷调查得到的数据进行分析后，得到了北票地区农村妇女参政的现状、存在的问题，并提出了提升北票农村妇女参政水平的建议。郭夏娟等（2019）运用女性参与理论和数据分析方法发现，我国农村妇女地位得到了提升，表现在制度性参与比例呈上升趋势、普通妇女在村庄治理的实质性参与中提升了地位，我国农村已经初步形成了多元治理模式，构建了新的治理机制。

第三节 研究方法、内容及创新点

本研究从文献资料角度梳理了妇女参政历程，总结了各时期的成就和经验；从行为主体角度对农村妇女参政进行博弈分析，探讨农村妇女参政的行为选择及影响因素；运用统计方法和综合评价理论对贵州农村妇女参政现状进行描述性统计分析及综合评价，在定量分析的基础上，分析影响贵州农村妇女参政的因素，进而提出提升贵州农村妇女参政水平的途径。

一、研究方法

国内外关于农村妇女参政的研究取得了较多的成果，积累了较丰富的研究资料，但目前关于农村妇女参政的研究主要集中在政治学、社会学、历史学、女性学等领域，没有运用数学建模方法构建博弈模型，从行为主体角度对农村妇女参政的行为选择进行动态分析，进而探讨其演化趋势；关于农村妇女参政的实证调查大都是个案调查或访谈，对实地调查得到的调查数据进行系统性分析的不多见；对调查数据大都是进行简单的描述性统计分析，通过构建指标体系，运用综合评价理论进行定量分析的研究不多见。

本研究在现有研究成果的基础上，以马克思主义妇女理论为基础，结合社会性别理论、女权主义观、政治学理论、博弈论、综合评价理论与方法以及行为科学中的相关知识，通过运用文献资料、实地调查、数学建模和统计分析等方法，重点围绕妇女参政历程、贵州农村妇女参政实地调查、博弈分析和统计分析、贵州农村妇女参政影响因素等展开。具体而言，运用文献资料对近代以来我国妇女参政历程进行梳理，得到各时期妇女参政的主要情况和历史经验；通过实地调查法、博弈分析以及描述性统计分析方法对贵州农村妇女参政现状进行分析；构建贵州农村妇女参政的评价指标体系，运用综合评价理论方法对贵州农村妇女参政状况进行综合评价；根据文献分析、实地调查、演绎归纳探析贵州农村妇女参政的影响因素，在此基础上，提出了解决问题的方法。

二、研究内容

本研究重点围绕妇女参政历程、农村妇女参政博弈分析、贵州农村妇女参政状况统计分析、贵州农村妇女参政影响因素等展开。主要研究内容如下：

1. 妇女参政历程

在搜集、分析现有文献的基础上，将近代以来我国妇女参政历程分为旧民主主义革命时期、新民主主义革命时期、新中国成立后至改革开放前、改革开放后四个时期，各时期又根据具体情况分为若干阶段，在此基础上梳理了妇女参政的主要历程和历史经验。

2. 贵州农村妇女参政的调查与分析

设计调查问卷，并进行实地调查，对 288 名女性、149 名男性，共 437 名贵州农村调查对象的基本情况进行了描述性统计分析。从行为视角，通过对农村妇女参政行为进行博弈分析，运用数学建模方法构建完全信息静态博弈模型和演化博弈模型，分别得到了不同博弈模型的均衡。对贵州农村妇女参政意识、参政制度、参政途径、参政效度、参政广度、参政深度进行了描述性统计分析。

3. 贵州农村妇女参政的综合评价研究

运用模糊综合评价法对贵州农村妇女参政状况进行了评价，依次构建了贵州农村妇女参政的评价指标体系；确定了评价指标体系的主观、客观和综合权重；从参政效度、参政广度和参政深度三个方面进行评价，运用模糊综合评价法得到了综合评价值。

4. 贵州农村妇女参政影响因素

在定量分析的基础上，根据文献分析和实地调查，发现传统思想、自身素质、公共政策是影响贵州农村妇女参政的三个主要因素，并具体分析了三者对贵州农村妇女参政的影响；进而从优化参政环境、提高自身素质、完善政策制度保障三个方面提出提升贵州农村妇女参政水平的途径。

三、创新点

本研究在介绍妇女参政理论并界定了相关概念的基础上，回顾了我国近代以来的妇女参政历程，分析了各个时期妇女参政的成就和特点；运用数学建模方法构建了农村妇女参政博弈模型，分析了农村妇女参政的行为选择和演化趋势；对贵州农村妇女参政状况进行实地调查，并进行统计分析；探讨了影响贵州农村妇女参政的主要因素，结合实际情况提出了相应的建议。本研究的主要结论和创新点体现在以下方面：

1. 近代以来的各个历史时期，我国妇女解放、妇女参政都取得进步，具有鲜明的时代特点和历史烙印。只有中国共产党在马克思主义妇女理论的指导下，领导妇女真正实现了解放，使妇女享有了与男性平等的权利。如今，虽然妇女参政还存在着某些不足，但是已经逐步健全了保障妇女政治权利的法律体系，完善了促进妇女参政的政策规划，提升了妇女参与国家和社会事务管理的水平，妇女参政取得显著进步。

2. 通过运用数学建模法构建了博弈模型。分析发现不同的机制设计会影响农村妇女的参政行为选择，在制定政策时，要避免出现"囚徒困境""搭便车"以及"多劳者未必多得"现象；农村妇女经济收入水平、参政对自身素质的提升程度与其积极参政行为呈正相关关系；女村官积极作为时的成本、消极作为时的收益与其采取积极作为行为呈负相关关系。与此同时，女村官积极作为时的收益、消极作为时受到的惩罚力度与其采取积极作为行为呈正相关关系；对上级主管失职行为的惩罚力度与其采取督查行为呈正相关关系，虽然上级主管督查成本与其采取督查行为不完全呈负相关关系，但是增加督查成本会降低其督查积极性。

3. 通过对贵州农村妇女参政状况实地调查获取的数据进行描述性统计分析，发现贵州农村妇女的文化程度总体较低，经济上的从属性较大。贵州农村妇女对传统社会性别分工不大认同，自身意识和参政意识有所提高，但参政意愿、参政意向和维权意识还有待加强，缺乏对法律法规制度、村级组织职责、妇联组织等的深入了解，采用网络参政途径的人数偏少。参加选举的妇女和女村官人数相对较少，参加村级事务管理、妇联活动的频次较少，缺乏政治效能感，参政状况有待进一步加强。对贵州农村妇女参政状况的模糊综合评价结果表明，贵州农村妇女参政状况整体综合评分尚未达到"较好"等级，仅稍稍超出了一般水平，提升贵州农村妇女参政效度是重点。

4. 影响贵州农村妇女参政的三个主要因素依次是传统思想、自身素质和公共政策。发现传统思想在贵州农村的影响力逐渐减弱，男女平等意识得到了贯彻落实，妇女从家庭角色向社会角色转变，但传统的从夫居婚姻模式、家庭道德观念和传统性别分工仍然制约着贵州农村妇女参政的发展。贵州农村妇女经济上的从属性导致了其政治地位的非独立性，偏低的受教育程度制约了其参政能力，贵州农村妇女尚未完全唤醒自身意识，导致了其参政意识相对薄弱。公共政策的不可操作性、缺乏相应惩罚措施以及政策执行者的理解偏差、村委会选举制度的不完善和运行不协调导致公共政策在执行时常产生偏差，不能真正落实贵州农村妇女参政；某些党政机关职能部门与妇联组织缺乏合作，妇联组织的特殊性以及一些基层妇联组织建设的不完善也导致了贵州农村妇女参政状况有待进一步加强。

5. 通过在农村家庭、农村学校树立正确的性别观念，社会各方力量齐心协力宣传性别平等文化，塑造平等的性别文化；通过适时修订现有法律，尽快制定适应新时代的法律法规和保护性法律条文，构建良好的参政法律环境；通过政府、媒体、村级基层组织营造公平、平等的参政社会环境，优化贵州农村妇女参政环境，消减传统思想对贵州农村妇女参政的影响。通过转变农业经济增长方式、改善农村产业结构、提高女村官工资标准、完善和加强农村妇女财产权益保障，提升贵州农村妇女经济地位；通过解决农村女童的基础教育问题和加强农村妇女继续教育，提高贵州农村妇女受教育程度，提升贵州农村妇女的整体素质；通过促使贵州农村妇女自主意识的觉醒、构建参与型政治文化，唤醒和增强其参政意识，提高贵州农村妇女自身素质，提升其参政水平。通过在妇女参政政策中明确规定妇女参政的比例和数量、强化政策执行者的性别意识教育、建立健全监督检查机制、加强网络参政制度建设，健全贵州农村妇女参政制度；通过加强贵州农村妇女和贵州农村女村官的教育培训，提高其参政能力、参政水平和参政成效；通过发挥各级妇联组织，特别是基层妇联组织的作用，提高贵州农村妇女在乡村振兴和基层民主治理中的地位和作用，完善贵州农村妇女参政的政策制度保障，助力贵州农村妇女参与基层民主政治建设。

第二章　妇女参政的相关基础

　　妇女参政是妇女解放运动发展到一定阶段的必然结果。本研究的研究对象是农村妇女，本章在对妇女参政相关理论和农村妇女参政相关概念作较为详细介绍的基础上，阐述了农村妇女参政的四个意义和遵循的三个原则。

第一节　理论基础

　　妇女参政问题是一个综合性问题，涉及马克思主义基本理论、政治学、社会学、历史学等学科知识，下面对马克思主义妇女理论、社会性别理论和女权主义观进行介绍。

一、马克思主义妇女理论

　　马克思、恩格斯以唯物史观为基础，批判地继承了资产阶级民主主义思想和三大空想社会主义者的思想成果，开展了大量的理论研究工作，创立了马克思主义这一科学的理论体系，揭示了人类社会发展的规律，为无产阶级的解放指明了方向。作为马克思主义理论体系的一个重要组成部分，马克思主义妇女理论在马克思主义的基本立场、观点、方法的指导下，运用辩证唯物主义和历史唯物主义的世界观、方法论，客观、辩证、历史地分析了妇女在人类历史发展进展中的地位演变，深入探讨和分析了妇女受压迫的根源，探寻了妇女解放根本的、现实可行的途径。马克思主义妇女理论是马克思主义者在无产阶级革命实践中逐步形成和发展起来，对世界范围的妇女理论和妇女运动的实践以及社会主义国家的妇女解放运动都产生了深远的影响。

1. 妇女受压迫的根源

在马克思主义妇女理论产生之前，研究妇女理论的学者们、政治家以及思想家从抽象的人性论、两性的生理差异和男权统治的视角探讨了妇女受压迫的根源，这些研究由于其局限性，并没有从根本上找到妇女受压迫的根源。马克思、恩格斯运用历史唯物主义的世界观，从人类社会发展的历史进程中揭示了妇女受压迫的根源，马克思主义认为私有制是男女不平等的根源，阶级压迫是妇女受压迫的根源。

第一，私有制是男女不平等的根源。随着私有制的产生，妇女的家务劳动失去了公共性质，变成了一种辅助性的私人家务劳动。男性成为生活资料的主要获得者、生产工具的制造者和生产资料的占有者，取得了对家庭财产的所有权、管理权和支配权，私有制使男性可以合法并永久地拥有财产权（包括妻子和其后代都成为其私有财产），妇女作为妻子也就丧失了她们的财产和合法地位。生产资料的私有实际上是男性奴隶主的私有，因此，在奴隶主阶级实行阶级压迫的同时，也就产生了男性对女性的奴役。正如马克思和恩格斯所说的：“在历史上出现的最初的阶级对立，是同个体婚制下的夫妻间的对抗的发展同时发生的，而最初的阶级压迫是同男性对女性的压迫同时发生的。"①

第二，一夫一妻制是妇女受压迫的另一根源。恩格斯认为从群婚制到个体婚制是女性沦落的因素之一。个体婚制是与私有制同时产生的，适应了男性的需要，是以私有财产的存在为前提，也是为了保存和继承私有财产而建立的男性对女性的统治。正如恩格斯所说："个体婚制在历史上决不是作为男女之间的和好而出现的，更不是作为这种和好的最高形式而出现的。恰好相反，它是作为女性被男性奴役，作为整个史前时代所未有的两性冲突的宣告而出现的。"②

第三，女性的生理特点是其受压迫的又一根源。在原始社会早期，从事原始农业与采摘劳动的女性因其劳动成果的可靠性和保障性，成为这时期的主要劳动力。随着生产力的发展，出现了第一次社会大分工，从事农业和畜牧业的男性成为主要劳动力，而从事农业生产和家务劳动的女性则成为了次要劳动力。人类社会进入铁器时代后，手工业从农业中分离出来，出现了第二次社会大分工，大量的剩余产品和交换随之发生，家庭私有财产也随之增加。在这两次社会大分工中，女性由于体弱、生育、抚育子女等自身的生理特点，逐渐被挤出了经济活动领域，丧失了主要劳动力和被尊重的地位，进而逐渐成为男性的私有财产和处于被压迫的处境。

2. 马克思主义妇女参政观

第一，妇女参政是实现男女平等的必由之路。马克思主义妇女理论对妇女参政与妇女解放的关系也有其独到的见解。马克思主义妇女理论认为妇女参政是促进男女平等和政治民主的一项重要内容，促进女性在政治领域和社会生活中的性别参与和行使权力，是最终实现男

---

① 《马克思恩格斯选集》第4卷，人民出版社1995年版，第63页。
② 《马克思恩格斯选集》第4卷，人民出版社1995年版，第63页。

女平等的必由之路。马克思和恩格斯充分肯定了妇女在创造人类文明、推动社会发展过程中的伟大作用。他们认为现实社会中的男女不平等，是以性别等级为基础的女性政治从属地位的重要表现之一，并将实现真正意义上的男女平等作为最高的奋斗目标。

第二，妇女参政是实现妇女解放的重要途径。妇女参政既是民主政治的要求，也是评价一个国家政治生活质量及其政治民主化程度的标志之一。马克思主义妇女理论认为妇女参政是实现妇女解放的重要途径，恩格斯指出，"妇女解放的第一个先决条件就是一切女性重新回到公共的事业中去"①。恩格斯还指出，"从前保证妇女在家中占统治地位的同一原因——妇女只限于从事家务劳动——现在却保证男子在家中占统治地位：妇女的家务劳动现在同男子谋取生活资料的劳动比较起来已经相形见绌；男子的劳动就是一切，妇女的劳动是无足轻重的附属品。在这里就已经表明，只要妇女仍然被排除于社会的生产劳动之外而只限于从事家庭的私人劳动，那么妇女的解放，妇女同男子的平等，现在和将来都是不可能的。妇女的解放，只有在妇女可以大量地、社会规模地参加生产，而家务劳动只占她们极少的工夫的时候，才有可能。而这只有依靠现代大工业才能办到，现代大工业不仅容许大量的妇女劳动，而且是真正要求这样的劳动，并且它还力求把私人的家务劳动逐渐融化在公共的事业中。"②马克思主义者一直非常强调妇女平等参政的重要性，李大钊认为，真正的民主"不是男子所行的民权民主的政治，乃是人民全体所行的民权民主的政治。这里所谓人民全体，就是包含男女两性在内"③。

第三，妇女参政是实现妇女全面发展的重要环节。马克思主义妇

① 《马克思恩格斯选集》第4卷，人民出版社1995年版，第72页。
② 《马克思恩格斯选集》第4卷，人民出版社1995年版，第162页。
③ 《李大钊全集》第3卷，人民出版社2006年版，第69页。

女理论认为，私有制将妇女局限于私人领域不被承认价值的劳动里，使女性成为地位低于男性、受压迫的群体。因此，让妇女走出家庭，促进妇女就业，使妇女具备职业自主和人格独立的经济条件，使她们真正能够和男性平等享受合法的政治权利、平等参政，成为妇女真正解放、获得个人自由和全面发展的重要环节和重要途径。马克思主义妇女理论还认为，妇女参与社会公共生活以及和男性一样获得个人的自由和全面发展是其获得真正解放的重要表现之一。因此，妇女参政的意义不仅在于推动民主政治的发展，而且能为妇女提供一个进入社会公共生活领域的机会，从而促进实现男女平等和妇女解放的目标。①

二、社会性别理论

1. 社会性别与社会性别平等

男女在生理上的先天差异决定了男女社会分工和所承担的社会角色的不同，导致男女在社会中的印象被固定，使得对男女两性的要求和评价朝着固定化和模式化发展，形成了男女两性在社会地位、人格发展、自我诉求方面的不平等。美国女权主义者首先使用社会性别概念定义社会文化中形成的男性或女性的行为方式和群体特征。社会性别，是指在不同的历史、文化、社会背景下，人们所认识到的建立在男女生理差异之上的、实际存在的社会性差异和社会性关系，它不是先天存在的，而是由社会文化及其制度造就的，可以理解成一个历史的、社会的、动态的、客观实在的概念。社会性别概念认为生理差异并不是造成男女地位不平等的充分条件，性别意识和性别行为都是在

---

① 张翠：《当代中国民族地区少数民族妇女参政研究——基于女性人类学的视角》，中央民族大学博士学位论文，2010年。

社会文化的引导和制约中形成的，男女的不平等地位是在社会政治、经济、文化发展中逐步形成的，因而是可以改变的。

社会性别平等是指所有人不论男女，都可以在不受各种社会成见、严格的社会性别角色分工观念以及其他各种歧视的限制下，自由发挥个人能力和自由作出选择。社会性别平等意味着男性和女性的不同行为、期望和需求能够得到同等考虑、评价和支持，但并不意味着女性和男性必须一模一样，而是说男女两性在权利、义务、责任、机会、资源、待遇和评价方面平等，并不由生理性别来决定。具体地说，就是两性个体在人格上平等，在社会关系和家庭生活中享有平等的权利和义务，在社会中的机遇和选择权平等，最后体现在法律上也是平等的。

2. 社会性别主流化

社会性别主流化是人们为了在现实中促进社会性别平等而提出的一种战略，它随着社会性别概念和理论一起被引入中国，《1995 年联合国第四次世界妇女大会行动纲领》认为社会性别主流化是，"在处理建立提高妇女地位的机制问题时，各国政府和其他行动者应推行一项积极鲜明的政策，将性别观点纳入所有政策和方案的主流，以便在作出决定之前，分析对妇女和对男子的影响"。1997 年 6 月，联合国经济与社会理事会给社会性别主流化下了定义："把性别问题纳入主流是一个过程，它对任何领域各个层面上的任何一个计划行动，包括立法、政策或项目计划对妇女和男人产生的影响进行分析。它是一个战略，把妇女和男人的关注、经历作为在政治、经济和社会各领域中设计、执行、跟踪、评估政策和项目计划的不可分割的一部分来考虑，以使妇女和男人能平等受益，不平等不再延续下去。它的最终目的是达到社会性别平等。"社会性别主流化本身并不是一个目标，而是实现社会性别平等的一种手段，其目的是使男女双方受益均等，促进社会性别平等，为男女平等基本国策的真正和全面落实提供有效的途径。

社会性别主流化充分体现了以人为本、尊重和保护人权及社会公正，是真正体现效率和公平的新的可持续发展模式。倾听妇女的声音，在决策中纳入性别视角可以提高治理的合法性，性别主流化策略带来的新技术、新方法和新视野，将进一步丰富政治制度的内容，进一步推进民主政治的进程。作为向国际社会承诺社会性别主流化的49个国家之一，中国政府实现社会性别主流化的策略与途径主要包括：强化国家和政府的责任；改变权力结构体系的构成；强化全社会的性别平等意识；立足于全国妇联，充分发挥其优势和影响力。

社会性别主流化是发展模式从"妇女参与发展"到"社会性别与发展"的转换。"妇女参与发展"模式主张让妇女得到更多的资源以便更好地履行既存的角色，从而参与到发展进程中。该发展模式认为，只要把妇女纳入发展过程中，使她们对发展作出贡献，妇女地位自然会提高，妇女自身也会得到发展。然而，该发展模式没有充分考虑男女两性传统的社会性别关系，忽略了阶级、种族、文化等因素，忽略了妇女的再生产劳动，在权力再分配时往往忽视妇女。① 实践表明，实施"妇女参与发展"模式并没有有效提高妇女的社会地位，甚至在一些领域中妇女的地位有所下降。"社会性别与发展"模式从把妇女作为孤立的变量"加入"发展进程，转向把妇女放在她们所处的社会性别与社会关系中来检验；从只在妇女自身方面寻求解决方法，转向把妇女当作发展的能动者，为发挥她们的作用创造条件；从推动以经济增长为目标的发展模式，转向对人的发展的重视。"社会性别与发展"模式强调在增强妇女能力的同时，更要改

---

① 李秋芳主编：《半个世纪的妇女发展——中国妇女五十年理论研讨会论文集》，当代中国出版社2001年版，第647—648页。

善发展的政策和环境，其在分析男女两性角色、利益和需求的基础上，努力赋权妇女，改善妇女地位，从而让两性都能在发展中获益。

在某种意义上，"妇女参与发展"模式追求的主要是在现存社会性别分工下两性角色所产生的在生活上的迫切需求，这些需求和利益的满足将使两性有效完成并继续完成现存角色要求，会使两性的生活得到改善，但并不改变现存的基于社会性别的分工，妇女在社会中的从属地位也不必受到挑战。而"社会性别与发展"模式追求的则主要是针对妇女从属于男性的地位和权力而言，以改变现有社会性别不平等状态为目标，这有助于妇女实现更大程度上的平等，并且挑战了妇女在社会中的从属地位，包括她们的社会角色，促使现存的两性不平等关系有所改变。

3. 社会性别意识政策与农村妇女参政

包括妇女参政在内的男女平等政策实际上是一种社会公共政策。英国女性主义学者卡比尔将政策分成社会性别盲视政策和社会性别意识政策两大类。社会性别盲视政策倾向于排除妇女，它不承认社会造成的两性之间的差异；社会性别意识政策承认男女都是发展的参与者，社会性别关系往往决定了女性常常以与男性不平等的方式参与发展，结果妇女就可能有不同的需要、利益及重点，并且有时与男性的利益相冲突。卡比尔进一步将社会性别意识政策区分为社会性别中立政策、针对特定性别政策和社会性别再分配政策三种类型。① 中国学者李慧英从社会性别视角将中国现行的公共政策归纳为五种政策模式：消极的差别对待政策（性别歧视政策），性别平等对待政策，积

---

① ［英］坎迪达·马奇、伊内斯·史密斯、迈阿特伊·穆霍帕德亚：《社会性别分析框架指南》，社会性别意识资源小组翻译，香港乐施会2000年版，第20—21页。

极的差别对待政策，性别中性政策，社会性别意识政策（社会性别敏感政策）。①

社会性别意识政策有三个显著的特点。

第一，从根本上挑战传统的社会性别结构和性别分工，改变社会普遍认可的但却不利于两性平衡发展的规则。

第二，在制定政策的过程中增加社会性别意识，从社会性别的角度审视和衡量政策的公平性。

第三，强调在制定政策的过程中男女两性要共同参与，尤其要增加女性参与的比例。②

社会性别意识政策被认为是最为可取的政策。妇女参政是政治决策民主化的产物，将性别平等意识纳入决策主流，是确保男女平等参政和决策进程的关键。从社会性别视角探讨农村妇女参政有着重要的意义。

第一，为农村妇女参政提供了保障作用。运用社会性别视角来剖析农村妇女参政中存在的性别歧视现状，深度思考分析农村妇女参政比例小的因素，与此同时深入挖掘男女两性的性别关系对建设农村基层民主政治所起的作用，批判原有的农村不平等社会性别结构，对传统的社会性别关系发起冲击，扭正原有扭曲的社会性别关系，从而能在构建乡村治理新体系中充分表现农村妇女的重要之处，积极稳妥地推动我国农村基层民主和乡村治理的进步。

第二，提出了建设农村基层民主政治的新政策、方法和措施。以往制定的农村政策通常会忽略女性以及她们应该享有的权益。然而在社会性别视角下，农村妇女参政政策给予她们参政的权益，这种方法

---

① 李慧英主编：《社会性别与公共政策》，当代中国出版社 2002 年版，第 274—284 页。

② 沈奕斐：《被建构的女性——当代社会性别理论》，上海人民出版社 2005 年版，第 322 页。

将历史上农村妇女参与政事的不平等和当前农村妇女参政的种种困难都纳入分析思考范围，从而能够拟定相对更加完善的政策来保证农村妇女参政的权益。①

第三，促进了农村社会更加完善的发展。我们需要同时改变农村社会和其中不平等的社会性别关系，以此克服农村社会发展中可能发生的社会性别盲点。作为实际平等的一种生机勃勃的、身体力行的行动策略，性别主流化政策不仅仅避免了原有发展战略和理论的社会性别盲点，而且还提供了许多可行操作策略，如性别平等的指标体系、对现行和新制定政策与性别进行关联评价等。这种政策的推广实施能够让农村女性和男性一样在社会中充分展现自身的智慧和价值。②

三、女权主义观

法国启蒙思想家提出的自由、平等、天赋人权和男女权利平等、妇女受教育权利的思想，为妇女解放运动的兴起和参政理论的产生作好了思想和舆论上的充分准备。妇女参政最初起因于改变妇女现存生活状况的愿望和要求，最初只是反映欧美发达国家白人中产阶级妇女反对性别歧视、争取男女平等的思潮，后来则逐渐发展成为包括黑人妇女和第三世界国家妇女在内的世界性的、与男权文化相对立的一种文化。女权主义提倡用一种特殊的女性视角来对待日常生活中的一切现象，不仅揭示了学术研究中对妇女问题的忽视，呼吁重新发现和评价妇女对人类文化的贡献，而且力图树立女性视角的地位，最终改变

---

① 祁玥：《社会性别视角下农村女性政治参与问题研究》，长春师范学院硕士学位论文，2011年。

② 席飞燕：《村委会选举中的农村妇女参政研究——基于西安市四个自然村的实例调查》，西北大学硕士学位论文，2010年。

男性中心文化支配一切的局面，从而形成一种新的可以与男性中心文化相抗衡的女性文化。①

1. 三次女权运动浪潮

发生在 19 世纪下半叶到 20 世纪初的第一次女权运动浪潮，以妇女争取公民选举权以及政治和法律上男女平等为运动的主要目标。其主要代表人物英国人玛丽·沃斯通克拉夫特（Mary Wollstonecraft）认为，实现价值平等是两性实现权利平等的前提，强调男女在智力和能力上没有区别。她的著作《为女权辩护》（1792 年）是女权运动的经典著作，在书中她呼吁女性应享有工作权、教育权、政治权和投票权。英国人穆勒（Mill）在《妇女的屈从地位》（1869 年）中对男权存在的合理性提出了尖锐的质疑，根据启蒙主义的存在理由在于符合理性的观点，认为女性和男性一样具备相同的理性，因此，两性之间出现主导和依附的关系是不合理的。美国的贝蒂·弗里丹（Betty Friedan）认为传统的社会压迫和误导造成女性能力低下，因此必须接受同等教育；在生产领域与男性结成伙伴关系；女性和男性平等享有立法权；并对妇女的家庭角色展开了锐利的解构和批评，认为男女两性的活动领域应保持一致，女性可以做到事业和家庭两不误。

美国女性在争取选举权的斗争中遇到了强大的阻力，男权主义者甚至用医学的观点来为自己反对女性选举权作辩护，但女性运动争取选举权的斗争还是相继在其他国家取得了一些成功。1894 年，第一个为女性争得选举权的国家是新西兰，第二个是澳大利亚，芬兰和挪威也于 1914 年为女性争得了选举权，其他欧洲国家的女性大多是在第一次世界大战之后争得了选举权。②

---

① 潘杰：《女性人类学概说》，《民族研究》1999 年第 4 期。
② 参见李银河：《女性主义》，山东人民出版社 2005 年版，第 24 页。

　　第二次女权运动浪潮发生在 20 世纪六七十年代，起源于美国，并很快传播到北美和欧洲其他国家，其主要目标是批判性别主义、性别歧视和男性权力，并以消除两性差别为主要基调。法国波伏娃（Simone de Beauvoir）在其代表作《第二性》中，引用了大量的哲学、心理学、人类学、历史、文学等学科资料，提出一个人并非生下来就是女人，而是变成女人的观点。她还从政治、经济、文化、心理等方面阐述了妇女被排除在"人"的地位之外的状况，指出社会造成的男女差别是妇女处于从属地位的主要原因，男女之间被认为是合乎自然和情理的差别都是有史以来对女性加以束缚和奴役的结果。波伏娃提出了"第二性"（The Second Sex）的概念，指出在男权制下女性处于次等人的地位，是有别于男人的根本不同的人。波伏娃论述了不同时代妇女的地位，运用经济学和生理学相结合的方式分析了妇女的从属地位，认为人类通过压抑"他者"的自我意识来确立自己的主体地位；还运用存在主义的观点阐述了不同时期各阶层妇女状况对妇女受奴役的影响；认为生育是女性受奴役的直接原因。在这部著作中，波伏娃还指出男性是如何将自己定义为"自我"，而将女性塑造为"他者"；最后她指出"世上只有一种人性，这个世界是男人的世界"。①

　　第二次女权运动浪潮秉承了女权运动一贯的思想，反对传统的男女不平等，反对男性对女性的歧视和性别压迫。但是与第一次女权主义浪潮不同的是，女权主义者不再把批判的矛头单纯指向男性，而是开始反思与自我批判。第二次女权运动浪潮规模宏大，涉及各主要发达国家，涌现出大量的女性组织。1974 年，美国 58 个工会的 3300 多名女性，代表 40 个州和数百个地方工会在芝加哥成立了第一个美国

---

　　①　周文莲：《马克思主义哲学视野中的女性解放——兼评波伏娃的女性哲学》，中南大学硕士学位论文，2007 年。

全国性的女性工会组织——"工会女性联盟"；1975 年，在底特律成立的美国全国性的黑人女性组织"黑人女性联合战线"，代表少数民族女性抗议针对少数民族女性的阶级、性别和民族压迫。据统计，20世纪 70 年代末，仅英国就有 9000 多个女性协会。这些女性组织为推动女性解放运动作出了重要贡献。

1979 年，第 34 届联合国大会通过了妇女运动史上的一个重要文件《消除对女性一切形式的歧视公约》，之后，许多国家陆续成立从事维护女性权益的专门机构。1981 年 12 月，加拿大政府成立了女性地位部，由政府指派人员成立女性地位顾问委员会专门负责调查女性问题。1979 年，奥地利在联邦总理府设立国务秘书办公室专门负责解决与女性有关的问题。埃及政府也在社会事务部中设立女性事务总局，还成立了由政府各部门代表组成的女性全国委员会，以协调政府各部门间的工作。与此同时，一些国家还修改了宪法和法律，如挪威的《男女平等法》于 1979 年 1 月开始生效；墨西哥在 1979 年修改了80 部法律，删除了原有法律条款中有关歧视女性的内容；奥地利修改了《家庭法》，规定了夫妻双方在维持家庭方面具有同等的权利和义务。

第三次女权运动浪潮始于 20 世纪 90 年代，延续至今。随着西方进入后工业化社会，女权主义根据研究发展需要，在理论和实践中将后现代主义思想和自身理论相融合，随之产生了后现代女权主义。以丹尼斯、赖利、巴特勒、戈尔、卢宾等为代表的女权主义者，广泛吸收了福柯的后结构主义、拉康的心理分析、德里达的解构主义等各种后现代主义理论观点，形成了后现代女权主义。该理论对主体性社会意识、思维习惯和男权思想的影响进行解构，并且否认人的主体性和两性概念，在女性经验的基础上重建女性主体以获取女性解放的路径，重建女性在各个领域的话语权以推翻男性霸权统治。后现代女权主义把爱好和平、重视建设、渴望广泛平等和自由的后男权制社会作为理想目标，旨在提升妇女社会地位，改变不合理的社会权力结构，广泛贯彻落实人权和民权的实现，创造和谐、平等的两性关系、婚姻、家庭和人类社会制度。

2. 女权主义流派及观点

发端于欧美的女权主义流派众多，其中主要包括自由主义女权主义、社会主义女权主义、激进女权主义和后现代女权主义四大流派。此四大流派对于妇女参政问题的观点不尽相同。自由主义女权主义产生于法国革命和西欧的启蒙运动后，秉承了社会契约论的人人生而平等哲学理念，彻底否定了女性智力低下、无能力从事政治社会事务的传统观点，从社会正义和公正的需要出发，尖锐地质疑男权的神圣性，批判法律上的男女不平等。自由主义女权主义认为，性别差异是教育机会不均等造成的而不是生理差异造成的，因而特别强调女性受教育的权利；并认为男女两性在接受同等的教育后都具有同样的理性，因此都有权利参与社会政治生活。自由主义女权主义从社会性别定型错位、男性排斥以及某些制度性障碍等角度来理解政治领域中女性处于劣势的现实，主张在现存的社会制度和框架内，为女性提供更多受教育和参政的机会。[①]

20世纪60年代后期出现的激进女权主义，认为女性受压迫的根源不是阶级压迫和缺少公民权利，而是由于男权制和男女的生理差异。[②]激进女权主义者认为，即使是女性最私有、最隐秘的经验也是由拥有特权地位的男性原则制度和结构造成的，国家只是男权制压迫的工具；主张必须向男权制发起挑战，摧毁传统的法律规定、政治观

---

① 李银河：《女性主义》，山东人民出版社2005年版，第50—51页。
② 李银河：《女性主义》，山东人民出版社2005年版，第61—62页。

念和文化结构这些男权制赖以存在的基础。此外，激进女权主义者还强调男女两性的生理差异，否定男性的生理特征，认为女性在本质上优于男性，呼吁社会要重新评价和接受女性的生理特征，并要求社会赋予女性特征以独特的文化价值。在政治领域，激进女权主义者主张女性应该更多、更有效地参政，用女性特有的善良、细心、关怀、仁慈等性别特征来纠正政治领域内长期充斥的固执、偏颇、傲慢与攻击等男性性别特征。

社会主义女权主义是在马克思主义唯物论的基础上产生的。它在分析女性问题的视野上受到了马克思主义妇女理论和激进女权主义的影响，在融合二者观点的基础上，发展了自己的政治主张。社会主义女权主义认为女性的受压迫地位，从阶级层面来看，源于私有财产制的资源结构；从经济层面来看，归因于女性无偿的家务劳动；从性别层面来看，归因于男权制。因此，社会主义女权主义认为，推翻私有制，使家务劳动社会化，让女性走出家庭，参加社会劳动以及结束男权制，是妇女解放的必由之路。社会主义女权主义在妇女参政问题上主张平等甚于公正，认为妇女在生活的一切方面均处于不利地位是历史和社会文化原因造成的，不是个人能力造成的。女性要改变这些不利地位，仅仅依靠女性个人努力和所谓"公平竞争"是不够的，需要对女性加以补偿，通过立法从法律上争取妇女特别的保护性地位，并采取各种有效措施来救助弱势群体，来帮助女性达到与男性平等的地位，实现男女同工同酬。社会主义女权主义将男性对女性的压迫等同于阶级压迫，主张将参政与阶级斗争结合起来。①

后现代女权主义是随着西方国家进入后工业化社会出现的一个崭新理论流派。它不同于其他女权主义从性别、经济、文化的角度寻找

---

① 罗慧兰：《女性学》，中国国际广播出版社 2002 年版，第 22 页。

原因与出路的模式，而是转向对理论本身提出挑战，试图建立一种全新的女权主义话语系统。后现代女权主义否定一切宏大的理论体系，主张重新审视人类历史和社会法则，摒弃那些打着性别中立幌子而实际上以男性为标准建立的理论，强调小范围特殊群体的经验和男女两性内部具体差别的价值。在政治理论上，后现代女权主义反对传统的二元对立认识论，否定政治领域由男性主导的格局；接受福柯"话语即权力"的思想，主张建立女性自己的话语系统，以此来生产和增加女性权力。[1]

第二节　农村妇女参政

我国约占农村人口一半的农村妇女是农村建设的重要力量，其参政状况对于基层民主政治建设至关重要。理清农村妇女参政的概念与内涵以及探讨农村妇女参政的意义和原则是本节的主要内容。

一、概念界定

参政即参与政治，起源于近代，给政治文明进程带来了重要变量，是研究民主政治的基本要素，是衡量政治发展水平的一个重要指标。西方参政大致经历了自由主义民主观下的参政、古典民主主义视野中的参政、精英民主主义视野下的参政、参与型民主主义理论视野中的参政、多元民主视野中的参政以及社会民主主义视野中的参政等过程。[2] 加强民主政治建设，推进决策的科学化、民主化，扩大公民

---

① 叶文振主编：《女性学导论》，厦门大学出版社 2006 年版，第 57 页。
② 束顺民：《西方政治参与研究述要》，《国家行政学院学报》2005 年第 5 期。

有序的参政，是党在社会主义民主法制建设进程中的重要实践总结。扩大参政是指参政过程中主体数量和构成的增加、参与环节的增多、参政层次的延伸以及参与形式和渠道的增多；有序参政是指在一系列具体制度、法律、程序、规则以及社会规范的保障下维护社会秩序和政治秩序的正常运行。

1. 参政

学术界关于参政的界定依据学者们各自研究的侧重点不同而有所差异，并没有形成统一的认识。从国外学者对参政概念的相关界定来看，凯斯与巴恩思在其著作中指出，"参政是在政治的各个层次中试图影响政治抉择的公民一切自愿行为"[①]，其侧重点主要在影响政治决策，不考虑公民的行为是否合法或是否激烈。该界定与亨廷顿和纳尔逊有关参政的界定有相似之处，亨廷顿和纳尔逊认为，"参政是指公民意图影响国家和地方政府的政治活动。其中包括民众进行的抗议和暴力参政议政行为，同时也包括受人指使、动员或操纵而参与的政治行为，其重点在于强调公民参政的目标指向的是政府"[②]，即他们都把抗议和暴力参政等算在参政范围内。相比之下，尼和伏巴更侧重参政的合法性，他们认为参政是"公民或多或少以影响政府人员的选择及（或）他们采取的行动为直接目的而进行的合法活动"[③]。

国内学者在借鉴西方学者认知的基础上，结合我国的政治特色界定了参政的概念，表述更加清晰和严谨。有学者认为，"参政是指特

[①] 施雪华主编：《政治科学原理》，中山大学出版社 2001 年版，第 766 页。

[②] ［美］塞缪尔·亨廷顿、琼·纳尔逊：《难以抉择》，汪晓寿、吴志华、项继权译，华夏出版社 1989 年版，第 5 页。

[③] ［美］格林斯坦、波尔斯比编：《政治学手册精选》下卷，储复耘译，商务印书馆 1996 年版，第 290 页。

定体制框架内公民或者公民团体影响政治人事构成和政府决策制定的各项行为的总称"①，该界定的特点是将参政范围限定在特定的体制框架内。王浦劬更强调参政的合法性，认为"参政是指普通公民通过各种合法方式参加政治活动，并影响政治体系的构成、运行方式、运行规则和运作过程的行为"②。此外，杨光斌认为，参政是"普通公民通过一定的方式去直接或间接地影响政府的决定或与政府活动相关的公共政治生活的政治行为"③。《中国大百科全书·政治学》将参政界定为"社会成员按照一定的法律程序参与政治生活的政治行为"④，相比之下，该界定更为笼统一些。还有学者从参政途径上进行界定，认为参政表现为政治投票、政治选举、政治结社等。⑤

学者们也探讨了参政功能、形式、特征、类型等，蒲岛郁夫等认为参政包括四个方面的功能：第一，民主参政可以在国家和社会之间稳妥地矫正政府行动与公民意愿和选择之间的矛盾。第二，参政既是对政府进行约束又是教育公民的一种方式。第三，参政反映公民意愿。当政府顺应民意，而且当公民通过参政同国家保持一体时，其政治体制是稳定的。反之，当政府违背民意，公民对政府怀有明显的不信任感时，政府和公民之间的关系将日趋紧张。第四，政府依靠扩大参政，经过多次协调公民之间的不同意愿，并作出艰难的决断，由此提高治理能力。⑥

---

① 麻宝斌：《中国社会转型时期的群体性政治参与》，中国社会科学出版社2009年版，第234页。

② 王浦劬主编：《政治学基础》，北京大学出版社1995年版，第205页。

③ 杨光斌：《政治学导论》，中国人民大学出版社2004年版，第254页。

④ 《中国大百科全书·政治学》，中国大百科全书出版社1992年版，第485页。

⑤ 张蕾：《政治文化对公民政治参与行为的影响研究——基于中国视角》，浙江大学硕士学位论文，2017年。

⑥ ［日］蒲岛郁夫、赵晶：《政治参与和政治平等新论：亚欧十七国（地区）的比较分析》，《复旦政治学评论》2010年第1期。

巴伯在其专著中列出了参政的 12 种途径：（1）乡镇集会与公民沟通机构；（2）村民大会；（3）公民教育和平等取得信息的渠道；（4）辅助性机构；（5）全民创制与投票程序；（6）电子投票；（7）抽签选举；（8）公共选择的兑换与市场途径；（9）全国公民资格与共同行动；（10）邻里范围的公民精神与共同行动；（11）工作场所的民主；（12）改进邻里空间，进行邻里聚会，以便容易进行民主的对话。① 阿尔斯坦将参政方式分为八个层次：（1）操纵；（2）治疗：当作教育过程的团体集会；（3）给予信息；（4）咨询：公民调查、地区交往；（5）安抚：公民协议性的合作程序；（6）合伙关系：地区组织、利益团体的政治活动；（7）授予权力：对方案的功能控制、动作是否决策；（8）公民控制：对地区政府控制。②

参政的特征一般可从以下几个方面进行分类概述：（1）从参政主体来看，参政是普通公民的政治行为；（2）从参政本质来看，参政是公民对于国家的权利、义务和责任关系的体现；（3）从参政外延来看，参政是合法行为，是通过合法手段影响政府的活动，而不包括非法的行为；（4）从参政目标与对象来看，它不只局限于政府决策，参政包括公民所有直接或间接同政府相关的公共活动。参政类型按参与内容，可分为政治性参与和非政治性参与；按参与动机可分为积极参与和消极参与；按参与人数可分为个人参与和组织参与；按参政合法性基础可分为制度内参与和制度外参与。③

2. 妇女参政

妇女参政即妇女参与政治，有广义和狭义两种含义。广义的妇女

---

① ［美］本杰明·巴伯：《强势民主》，彭斌、吴润洲译，吉林人民出版社 2006 年版，第 247 页。

② 陈金贵：《公民参与研究》，《台湾行政学报》1992 年第 24 期。

③ 翟波：《转型期弱势群体政治参与问题研究》，吉林大学博士学位论文，2006 年。

参政又可称为间接参政，是指妇女对国家和社会公共事务的关心和参与，包括知政、议政、参政、执政，并通过言论、出版、结社等途径发表自己的政治见解从而对国家决策产生一定的影响。其中，知政指让广大妇女了解党和国家的政治、经济、文化生活和社会事务各方面情况；议政指使妇女在国家政治、经济、文化生活和社会事务的决策管理中享有充分的发言权；参政指女性参与国家政治、经济、文化生活和社会事务的民主管理和民主监督；执政，即女性进入各级人民代表大会、国家各级权力机关和党政领导机关，担任一定的领导职位。① 狭义的妇女参政又可称为直接参政，是指女性进入国家各级权力机关，担任各级领导职务，掌握、行使政治权力。② 本研究认为妇女参政是指妇女作为公民行使公民权的活动过程，具体地说，是妇女作为一个界别群体同男性一样行使管理国家政治、经济、文化生活及社会事务的权利，积极参与国家、社会及所属单位的管理，并通过妇女群体或团体组织的政治、社会活动，反映妇女的呼声，维护妇女的权益，参与和影响各项政策、法律和法规的制定。③

根据《中华人民共和国宪法》（简称《宪法》）所赋予的男女平等的参政权利，妇女参政活动主要包括如下四个方面：一是妇女能与男性平等地行使选举权和被选举权；二是代表妇女群体利益的妇女组织参与国家民主管理和监督；三是妇女参加政党及其组织活动；四是妇女担任各级党政领导干部，管理国家政务。代表性官僚制理论认为：政府部门成员的构成要与整个社会人口的构成比例吻合；政府人员的社会背景可能会影响政策制定的偏好。如女性占比较高的机构可

---

① 叶文振主编：《女性学导论》，厦门大学出版社 2006 年版，第 317 页。

② 祝平燕、周天枢、宋岩主编：《女性学导论》，武汉大学出版社 2007 年版，第 273—274 页。

③ 王行娟主编：《中国妇女参政的行动》，海豚出版社 1995 年版，第 104 页。

能会更关心性别不平等的问题,女性公务员更倾向于支持提高妇女权益的政策[1],这也是联合国倡导女议员比例不低于30%的原因之一。为此,各国政府采取了一系列干预措施及相应法规条例以提高妇女参政比例,北欧国家政府最早推出性别比例的硬性政策规定。

妇女参政是一个系统工程,包括妇女参政意识、妇女参政制度、妇女参政途径和妇女参政行为,其中妇女参政意识是妇女参政的思想观念基础,妇女参政制度是制度保障,妇女参政途径是中介,妇女参政行为是妇女参政的外在表现。妇女参政既是静态的又是动态的,既是整体的又是部分的,妇女参政的发展与人类政治文明的发展过程具有一致性。

3. 农村妇女

农村妇女即居住在农村的妇女,从生理层面而言是有别于男性群体的另一群体;从居住地而言,是居住在农村而非城市的公民。当前学术界通常从三个方面界定农村妇女:从户籍管理方面而言,是指拥有农业户籍的妇女,享受农业户籍带来的相关权益以及限制条件;从居住地方面而言,是指长期居住在农村的妇女;从从事的职业方面而言,是指从事农业生产活动的妇女。但需要指出的是,由于经济方面的原因,部分农村妇女虽然持有农村户口,但长期在外务工,很少居住在农村,对所在村庄的公共事务了解很少。为此,本研究中的农村妇女特指持有农业户籍,长期生活并居住在农村,以农业生产活动为主的妇女群体。女村官是指在村支两委中担任职务的农村妇女,包括担任村党支部的书记、副书记、委员,村委会主任、副主任、委员及村民小组长等的农村妇女。女村官正职是指拥有农村户籍且在村支两委中担任正职的农村妇女干部。

---

① 马秀玲、赵雁海:《代表性官僚制理论评述》,《公共行政评论》2012年第5期。

4. 农村妇女参政

当前学术界对于农村妇女参政存在着广义和狭义两种观点。广义的农村妇女参政是指农村妇女关心且加入到村庄公共事务中去的过程；狭义的农村妇女参政是指农村妇女参加村级决策并享有相应决策权利的活动。本研究认为农村妇女参政是指享有相应政治权益的农村妇女，通过民主选举、民主决策、民主管理、民主监督等合法渠道，有序参与到本村庄的政治活动之中，影响村级组织管理决策的过程。农村妇女参政表现在权力参与和民主参与两个层面。权力参与表现在农村妇女参与管理村庄事务，出任领导干部，掌握村庄事务处理话语权；民主参与表现在农村妇女行使选举权和被选举权，通过参与选举以及建言献策等方式反映自己的政治诉求，进而影响公共政策的制定。民主参与是参政的基础层面，就农村妇女整体而言，参政使农村妇女行使了她们的基本权利，也是男女平等基本国策的直接体现。

二、农村妇女参政的意义

亨廷顿认为"参政扩大化是政治现代化的标志"，政治现代化就是政治走向善治的过程，所谓"善治"就是政治最大化的民主。他还指出，"在现代化的国家，参政扩大的一个重要转折点就是农村民众开始介入国家政治"[①]。虽然随着我国现代化和城镇化进程的加速，城镇人口快速增加，但是农村人口依然在总人口中占比很大。因此，农民参政是一个不可忽视的问题，这不仅是平等的体现，也是实现乡村振兴和共同富裕的要求。农村妇女在乡村振兴中发挥着不可替代的

---

① ［美］塞缪尔·P. 亨廷顿：《变动社会的政治秩序》，张岱云、聂振雄、石浮、宁安生译，上海译文出版社 1989 年版，第 74 页。

作用，农村妇女参政是男女平等基本国策的体现，也是乡村振兴和创新乡村治理体系的要求。农村妇女参政已经成为我国基层政治民主化进程的重要标志，对于促进我国基层民主建设、坚持以人民为中心、促进农村妇女自身发展、促进乡村振兴等方面发挥着越来越重要的作用。

1. 农村妇女参政有助于推进基层民主建设

妇女参政不仅是社会主义政治文明的内在要求，同时，它也以促进社会主义政治文明系统健康发展作为自己的崇高目标。中国特色社会主义国家的一个特色就是城乡二元化结构较为明显，农村地域和人口都占相当大的比重。农村是我国改革开放的起点，农村基层的政治民主化建设是中国政治民主化建设的根本。村民自治作为农村政治体制改革的重要产物，是我国推进基层政治建设的重要内容，是实现我国政治民主化建设的重要基础，是使农民能够直接行使当家作主权利的重要组织载体，也是乡镇政府与农民建立直接联系、维护农村社会稳定和促进社会和谐不可或缺的重要桥梁。

为更好地落实中共中央关于促进农村发展的各项政策，必须提高农村妇女的政治地位，使其享有与男子平等的参政权利，依法参与村庄各项事务，确保村级事务消息的畅通性与村级选举的透明性，保证她们对村庄事务享有合理合法的监督权利，最大程度调动她们的参政热情，激发她们的参政自主意识，使其主动投身到乡村振兴的伟大浪潮中去。实践证明，没有广大农村妇女参政的乡村治理是不完善的乡村治理，妇女参政体现了基层民主的扩大化和村民自治的深刻内涵。

2. 农村妇女参政是坚持以人民为中心的发展思想的必然要求

"以人民为中心的发展思想"是习近平总书记在党的十八届五中全会上提出的，是习近平新时代中国特色社会主义思想的重要内容。

坚持"以人民为中心"是中国共产党的初心，是中国特色社会主义道路的根本遵循。人民群众是物质财富和精神财富的创造者，是社会生产力、社会生活和社会历史的主体，也是一切政治活动的主体，更是推动历史发展的动力。离开人民群众的政治实践，一切政治活动都无从谈起。

农村妇女是乡村的主体，乡村振兴必然要依靠农村妇女，尊重其意愿，维护其利益，强化其主体地位。男女平等作为我国社会发展的一项基本国策，写进了宪法，得到了全国人民的认可与重视。但男女不平等的现象仍然存在，女性切身权益受到侵害的现象时有发生。因此，调动广大农村妇女参政的积极性，有助于实现真正意义上的男女平等，真正贯彻以人民为中心的发展思想，真正坚持人民主体地位。

3. 农村妇女参政有助于妇女自身发展

唯物史观认为，经济基础决定上层建筑，上层建筑对经济基础具有反作用。妇女参政作为上层建筑的一个重要组成部分，将会推动妇女经济地位的提高。"只要妇女仍然被排除于社会的生产劳动之外而只限于从事家庭的私人劳动，那么妇女的解放，妇女同男子的平等，现在和将来都是不可能的。"[①] 因此，促进妇女经济地位的提高始终是农村妇女参政的一个直接目的，女村官不仅处理村务，有权享受一定的津贴，还从事农业生产或者个体商业等其他职业，在一定程度上提高了她们的经济地位。参政过程本身就是对政府决策的反应并加以影响，在此过程中，农村妇女不仅能切身体会到基层选举的流程规则和竞争现象，还能切身感知政策对于她们的影响，进而激发其主体意识、民主意识，提高其政治素养，通过其特有的经验、思维方式、价值选择等来影响和改造男权社会，丰富和改造农村的政治文化，促进

---

① 《马克思恩格斯选集》第 4 卷，人民出版社 1995 年版，第 162 页。

农村妇女政治地位的提高。农村妇女经济、政治地位的提高，以及它们之间的互动发展，必将推动农村妇女文化素质的提升。农村妇女在参政过程中会促进其观念转变，培养其自信、开放、坚定和热情真诚的心理，有助于打破传统的认知定式，防止和克服不利于农村妇女发展的模式和举措；农村妇女在参政过程中会不断提高实践能力，促使她们感受到知识的作用，从而远离封建迷信，有助于她们文化素质的提高。

4. 农村妇女参政有助于实现乡村振兴

党的十九大报告提出实施乡村振兴战略，明确指出，"按照产业兴旺、生态宜居、乡风文明、治理有效、生活富裕的总要求，建立健全城乡融合发展机制和政策体系，加快推进农业农村现代化"。农村妇女参政不仅有利于广大农村妇女在推动农村经济、政治、生态、精神文明发展的过程中贡献出自己的智慧和力量，也有利于乡村振兴战略的实现与乡村治理的和谐发展。农村妇女作为农村生产劳动的重要参与者和建设者，熟悉农村，了解农村的各种问题，她们参与农村经济发展的每个细节从而推动农村经济结构的发展。

农村妇女参政有助于发挥她们在产业发展上的独特优势，推动产业发展政策的制定与实施，使其参与到产业兴旺发展过程中，为产业发展贡献出更多的力量。农村妇女在家庭中扮演着妻子和母亲的角色，在社会生产中扮演着劳动生产者的角色，她们所扮演的身份角色使其能够在农村生态文明建设中发挥重要作用。农村妇女参政能更好地保障她们在积极参与环保建设中的重要作用，调动她们参与农村环境治理的积极性，促进农村环境政策、规章制度进一步完善和全面，从而从根本上解决农村环境问题，为生态文明建设提供一条有效的路径。农村妇女是乡风文明的塑造者，她们在培育文明乡风、良好家风和淳朴民风方面能够发挥重要作用。农村妇女参政，有利于发挥她们的所长，有助于她们引领大家积极为推动乡风文明建设建言献策，坚持以社会主义核心价值观为引领，加强农村思想道德建设，为社会传递精神食粮，为社会稳定、家庭和谐和乡村振兴这一伟大目标的实现作出贡献。农村妇女参政可以提高农村妇女的政治话语权，推动农村妇女社会经济地位及文化思想素质的提升，同时当妇女利益受到损害时，提供坚实有效的保障机制体系，从而保障其基本生活水平，进而走向富裕生活。

三、农村妇女参政的原则

"原则不是研究的出发点，而是它的最终结果；这些原则不是被应用于自然界和人类历史，而是从它们中抽象出来的；不是自然界和人类去适应原则，而是原则只有在符合自然界和历史的情况下才是正确的。"① 农村妇女参政原则是指农村妇女在参政过程中必须遵循的基本准则，它既是农村妇女参政客观规律的正确反映，也是农村妇女在参政活动中正确处理各种关系，确定参政内容，选择参政方法，增强参政效果，实现参政目的的准则，同时，它也是农村妇女参政规律的体现和农村妇女参政实践的科学总结。它主要包括公正原则、平等原则和人的全面发展原则三个方面的内容。

1. 公正原则

公正是指给人应得的利益，其根本问题是社会对每个人的权利和义务的恰当分配。在形式上，它强调同样的情况应当同样地对待；在内容上，它强调社会如何分配权利和义务才是公正的。坚持公正原则是社会主义的本质体现，是繁荣社会主义市场经济的必然要求，是促

---

① 《马克思恩格斯选集》第 3 卷，人民出版社 1995 年版，第 374 页。

进社会安定团结的重要保障，是社会主义核心价值观的灵魂。

妇女参政是公正原则的体现，坚持公正原则是妇女参政的一个重要指导思想。新中国成立后，我国农村妇女获得了政治权利，但由于历史、经济、政治、文化等因素的影响，"男尊女卑"的传统思想仍然占有一定地位；农村妇女参政的制度和机制还需要进一步完善；农村妇女的政治利益没有得到充分表达，还存在种种影响妇女参政的问题；农村妇女的民主参与和权力参与都还不尽人意，农村妇女并没有和男性一样共同占有政治资源。因此，就要在坚持男女两性政治基本权利和政治非基本权利对等的前提下，对农村妇女政治权利给予补偿，杜绝一切男性特权，倡导政治权利性别平等的观念，保障男性和女性充分行使各项民主权利，为其分享社会利益提供平等竞争的均等条件。

2. 平等原则

平等有机会平等和结果平等两种。其核心是机会平等，是公民享有法律政策规定的平等权利、义务和满足自身发展的需要，以及体现自身价值的平等机会。平等原则包括起点平等和机会实现过程平等两个方面的内容。起点平等是指具有同样素质、条件、能力和潜能的社会成员，应当拥有同样的起点，以便争取同样的前景和发展。机会实现过程平等至少要做到："一是阻碍某些人发展的任何人为障碍，都应当被清除；二是个人所拥有的任何特权，都应当被取消；三是国家为改进人们之状况而采取的措施，应当同等地适用于所有的人"①。机会平等的理念与准则为社会成员提供了广阔的选择余地和有效的发展空间，提供了更高的发展期望，同时还提供了发展的基本规则，从

---

① ［英］弗里德科希·冯·哈耶克：《自由秩序原理》，邓正来译，生活·读书·新知三联书店 1997 年版，第 111 页。

而激发了现代社会的活力，提升了社会进步的质量。

机会平等原则消除了平均主义的机会绝对均等观念。前者强调个体人之间的差异，注重个人潜能的开发；后者则强调每个社会成员之间的相似性，注重社会成员之间的绝对平等。现代意义上的机会平等原则是指在看到了每个社会成员所具有的发展潜能不同的情况下，又为每个个体人在机会方面留出了不同的发展空间，有利于消除极端自由主义倾向。而平均主义的机会绝对均等观念过于强调每个社会成员的平等权利，忽视了个体人之间的差异以及个体人所拥有的自由权利，从而主张按照数量上的平均份额将机会分摊给每个社会成员，追求的是一种机械式的平等目标，抹杀了成员之间的差别，剥夺了那些只能由某些人享有而不能提供给所有的人的利益。①

虽然我国农村妇女取得了同男性政治平等的权利，但并没有完全实现男性和女性的机会平等，其表现在于：一是农村妇女和男性的参政起点不同，农村女性参政条件更高和更为苛刻；二是在政治机会平等实现过程中，还存在某些阻碍农村妇女参政的人为因素，男性仍是政治特权的所有者。因此，在坚持平等原则下促进妇女参政，就要坚持政治起点平等和政治机会实现过程中的平等，政府有责任"平等地发展个人潜力"，"使每个人从一开始就有足够的权力（物质条件）以便得到相同的能力而与所有其他人并驾齐驱"。②

3. 全面发展原则

人的全面发展是指"人以一种全面的方式，也就是说，作为一个完整的人，占有自己的全面的本质"③。即人的全面发展表现为人

---

① 吴忠民：《论机会平等》，《江海学刊》2001 年第 1 期。

② ［美］乔·萨托利：《民主新论》，冯克利、阎克文译，东方出版社 1998 年版，第 142 页。

③ 《马克思恩格斯全集》第 42 卷，人民出版社 1979 年版，第 123 页。

的实践、需要和能力的全面发展；人的社会关系的全面丰富、社会交往的普遍性和人对社会关系的全面占有与共同控制，以及人的各种潜能得到充分发挥。具体来讲，人的全面发展包括人的实践活动的全面发展，人的社会关系的全面丰富、社会交往的普遍性和人对社会关系的全面占有与共同控制，人的需要和能力的全面发展，人的各种潜能将得到充分发挥。

人的全面发展是马克思主义的一个重要原理，也是马克思主义的最高价值理念。坚持人的全面发展是马克思主义追求的理想目标和最终目的，是中国共产党人的执政理念，是社会主义的重要价值目标和伦理原则，是当今时代发展的客观要求。在坚持人的全面发展原则下促进妇女参政，就是要不断缩小农村男女两性政治权利之间的差距，避免悬殊、两极分化。只有这样，农村妇女的政治实践、政治需要和能力等方面才能够得到全面发展，从而推动人的全面发展。

第三章 近代以来我国（农村）妇女参政历程

我国的妇女解放经历了漫长的过程，为了解近代以来中国（农村）妇女参政取得的成就和存在的问题，有必要对中国（农村）妇女参政历程进行概括性梳理。

第一节 旧民主主义革命时期的妇女参政历程

近代中国妇女参政起源于近代民主思想的传播和资产阶级民主运动的兴起，妇女受维新运动和辛亥革命的影响，自身意识开始觉醒，进行了资产阶级性质的女权运动，开始要求参政。

一、维新运动时期

随着农业和畜牧业在生产中地位的提升，母系氏族时代开始向父系氏族时代转变，出现了男权制的统治，男性逐渐取得了社会主导地位，男女不平等的历史也由此开始，女性成为了"最先做奴隶的人类"①。从秦始皇统一中国后，我国进入了漫长的封建社会，女性作为男性的附属品，背上了"男尊女卑"的历史重负。始于汉代，发展于唐宋，明清时期达到极致的以"三从四德"为核心的封建礼教，长期束缚着妇女的思想、行动。妇女在封建礼教束缚下，除了洗衣做饭、生儿育女、料理家务外，其他事情一概无权过问，更不能参与政事、国事，她们被隔离和限制在社会政治生活之外。在我国长达几千年的男权文化统治社会里，"妇以夫荣"，这足以说明女性只是男性的附庸。虽然古代中国先后出现邑姜、吕后、窦太后、武则天等登上过政治舞台的女性，也发挥过出色的政治作为，然而，她们毕竟只是中国妇女中极少数的特例，改变不了整个妇女群体在封建社会无政治地位的残酷现实。

中国妇女从身受奴役到自我意识的觉醒经历了漫长的过程。19世纪60—90年代的洋务运动时期，早期的维新派接触到以倡导男女平等为目标的妇女解放思想，开始关注妇女群体、重视妇女作用，如陈虬、郑观应，对一夫多妻、娼妓制、童养媳、包办婚姻、女子缠足等问题，都表示过强烈的反对②，出现了从"男尊女卑"到"男女并重"的重大思想转变，具有一定进步性，但是并未明确阐述男女平等意识和权力平等的内涵和外延。

中日甲午战争后，以康有为、梁启超、谭嗣同等为代表的资产阶级改良主义者提出了变法维新的主张，把妇女问题同挽救民族危亡联系在一起，并作为变法主张的组成部分明确提出来，开启了中国妇女解放运动的重要启蒙时期。康有为、梁启超、谭嗣同等著名的改良派

---

① ［德］奥古斯特·倍倍尔：《妇女与社会主义》，葛斯、朱霞译，中央编译出版社1995年版，第17页。

② 孙晓梅编著：《中外妇女运动简明教程》，天津大学出版社2008年版，第12页。

代表人物，对如何实施男女平等提出了许多具体主张。康有为在其早年代表著作《大同书》中对君主专制下妇女受压迫的惨状进行了深刻揭露，并从多个角度对男女不平等的社会制度进行批判，还阐述了"男女平等，各有独立之权"，女子之权是"天予人之权"，谁也不得剥夺的主张，从政治学角度确认女性的权力，虚构了一个理想的"大同世界"，阐述了一种超越现实的妇女解放意识。梁启超特别关注妇女教育问题，他将发展妇女教育同国家富强、民族振兴联系起来，主张兴办"女学"，让每个妇女接受应有的教育，让每个妇女有职业，这样能为国家创造物质和精神财富，国家就会逐渐富强起来。谭嗣同在其代表著作《仁学》中猛烈抨击封建"三纲"对妇女的束缚和压制，认为社会上一切不平等现象都是由"三纲"衍生出来的，"三纲"是产生专制制度的总根源，在批判中开始触及妇女问题产生的根源。

拥有男女平等思想的维新派推动妇女解放的主要议题是兴女学、戒缠足，通过不缠足运动从形体上解放妇女，这是妇女解放的关键一步。为了改变人们对待妇女教育的陈腐观念，从精神上解放妇女，维新派人士在上海创办了第一所民办女学堂——中国女学堂，打开了妇女教育的禁区，开启了创办女学的社会风气，对开发女性智力，提倡男女平等均具有积极意义；还创办了我国历史上第一份女子刊物——《女学报》，为妇女解放而呐喊。维新女志士们以《女学报》为阵地，向"男尊女卑"的封建礼教猛烈开火，大胆喊出了男女平等的口号，提倡女学，争取妇女参政，婚姻自主，学习科学，反对迷信，走出国门，走向世界等主张，还大力宣传妇女在挽救民族危亡中的社会责任，在促进妇女自我意识觉醒方面发挥了重要作用。她们还创建了近代中国第一个妇女社团组织——中国女学会。中国女学会的历史功绩在于：一是组织妇女志士参加中国女学堂的筹建和成立后的管理工作；二是创办出版了既是女学会会刊，又是女学堂校报——《女学报》。总之，"这女学会、女学堂、女学报三桩事情，好比一棵果树，女学会是个根本，女学堂是个果子，女学报是个叶、是朵花"①，它们相辅相成，构成了维新变法时期引人瞩目的景观，也成为妇女解放史上一道亮丽的风景。

二、辛亥革命时期

20世纪初，国际妇女参政运动的快速发展，极大地激发了中国妇女的参政热情。资产阶级革命派在猛烈抨击中国封建专制政体时，以西方资产阶级天赋人权、自由平等学说为理论武器，宣传革命思想，其中从天赋人权哲学观念中演绎出来的性别平等话语为当时的妇女参政运动提供了理论支持。1903年，金松岑在其著作《女界钟》中第一次明确提出妇女参政是妇女运动的主要问题，极力提倡妇女参政，并提出了妇女监督和组织政府的具体设想，被认为是"第一本探讨女性与男性平等政治国民权的专著"②。孙中山将男女平等作为民权思想的重要组成部分，态度鲜明地支持妇女参政，主张女性应在政治、经济、社会、教育等各方面都享有与男性同等的权利，在建设国家方面也要与男性一样承担责任和义务。

1. 成立妇女团体和创办妇女报刊

随着革命运动的发展，成立了一系列的妇女团体。1911年11月，林宗素在上海发起成立了女子参政同志会，该会以"普及女子之政治学识，养成女子之政治能力，期得国民完全参政权"为宗旨，

---

① 吴燕编著：《从小脚女人到社会半边天》，四川人民出版社2003年版，第49页。
② ［澳］李木兰：《性别、政治与民主：近代中国的妇女参政》，方小平译，江苏人民出版2014年版，第35页。

积极组织妇女参政，探讨政治问题，培养妇女参政能力。[①] 1912 年 4 月，上海女子参政同志会、金陵女子同盟会、湖南女国民会、女子后援会和女子尚武会五个妇女团体组成女子参政同盟会，以实现在宪法中明文规定的男女一律平等，享有选举权和被选举权为宗旨，提出了 11 条政治纲领：实行男女权利平等，实行普及女子教育，改良家庭习惯，禁止买卖奴婢，实行一夫一妻制，禁止无故离婚，提倡女子实业，实行慈善事业，实行强迫放脚，改良女子装饰，禁止强迫卖娼。

女子参政同盟会第一次以团体纲领的形式提出妇女运动的奋斗目标，是妇女运动逐渐走向成熟的标志。据统计，1903—1913 年间中国共成立了妇女团体 103 个，除辛亥革命前在日本东京成立的 7 个外，上海先后成立了 45 个，北京 12 个，天津 4 个，其余分布在湖南、江苏、江西、浙江、广东、贵州、辽宁、云南、四川、吉林等地。[②]

辛亥革命前后，资产阶级革命派中的进步女性通过创办妇女报刊宣传群众和组织群众。1902 年，陈撷芬创办《女学报》；1903 年，丁初我创办《女子世界》；1905 年，张展云创办《北京女报》；1906 年，燕斌创办《中国新女界杂志》；1907 年，秋瑾创办《中国女报》；1911 年，唐群英创办《留日女学生会杂志》。据统计，1902—1913 年共创办妇女报刊 46 种。这些妇女报刊在社会上宣传妇女解放新思想、传播新观念，从而也锻炼了先进知识女性的参与能力，培养了一大批妇女理论家和社会活动家。

---

① 上海社会科学院历史研究所编：《辛亥革命在上海史料选辑》，上海人民出版社 1981 年版，第 910 页。

② 顾秀莲主编：《20 世纪中国妇女运动史》上卷，中国妇女出版社 2008 年版，第 122—132 页。

2. 妇女参政运动

辛亥革命不仅推翻了封建君主专制制度，建立了中国历史上的第一个资产阶级民主共和国——中华民国，而且还引爆了中国历史上第一次妇女参政运动，出现了中国妇女参政运动的第一次高潮。本次妇女参政运动的目标是争取将男女平权写入国家根本大法，争取妇女享有平等的选举与被选举权，争取妇女参与地方选举。但是，中华民国的建立并没有给予妇女平等的权利，在中华民国成立半年之后，妇女的参政期望被无情地粉碎。临时宪法将妇女排斥在外，"无论男女，一律平等"没有被写入其中，要求增设妇女参政席位的要求也没有得到满足，同盟会的"男女平等"原则在改组国民党时也被剔除了，妇女参政运动随着辛亥革命的失败而进入低潮。

在这次参政运动中，涌现出的杰出妇女代表们提出了实现妇女解放的纲领，组织成立了妇女团体，依靠妇女自身的力量以争取妇女解放，为中国的妇女解放运动奠定了坚实的基础。中国共产党早期妇女运动领袖向警予曾评价道："中国女子参政运动随辛亥革命成功而发轫，其时颇有组织，有领袖，有行动，因而亦激起少数群众，然北洋军阀第一首领袁世凯掌握政权，民党失败，政治上之反动日甚一日，此新苗之嫩芽无不旋踵而与民权同斩。"[1]

这次妇女参政运动的失败的原因有四：一是袁世凯的阻挠和摧残；二是革命派内部的压制；三是社会舆论的冷遇；四是妇女运动自身的弱点。[2] 它虽然不成熟，在民国初年的政治舞台上只是昙花一现，却拉开了中国妇女参政运动的帷幕。

---

① 《向警予文集》，人民出版社 2011 年版，第 84—85 页。
② 刘巨才编著：《中国近代妇女运动史》，中国妇女出版社 1989 年版，第 377—378 页。

第二节　新民主主义革命时期的
妇女参政历程

五四运动吹响了新民主主义革命的号角，中国共产党在领导以反对帝国主义、封建主义、官僚资本主义为主的人民民主革命过程中，以马克思主义妇女理论为指导，支持和推动妇女参政，把妇女解放同民族解放、阶级解放结合在一起，走出了一条和西方妇女解放运动很不相同的道路，具有鲜明的特点。

一、五四运动至抗日战争前（1919—1931）

辛亥革命失败后，妇女参政运动一度陷入了沉寂状态，但是随着五四运动的蓬勃开展和民主与科学思想的进一步传播，妇女的觉悟和参政意识进一步提高，触动了知识女性的参政情结，妇女参政运动再次被掀起高潮，揭开中国妇女解放运动新篇章。

1. 五四运动时期的妇女参政

五四运动时期，中国各阶层妇女中的先觉者在国难关头都以其特有的方式表达了自己的政治立场和政治觉悟，表达了她们在民族危亡之际的爱国赤心，表达了她们对同胞们的热切期待和对妇女政治意识的全力召唤。在妇女政治意识的觉醒和社会进步人士妇女政治斗争意识的召唤相结合下，五四运动时期妇女以全新的面貌登上了政治舞台。在巴黎和会中国外交失败后，北京的女学生们挺身而出，女高师举行了罢课，此后，北京多数女校相继举行罢课，以各种形式开展了爱国宣传活动。这种高昂的政治热情不失为"中国女子自己解放自己取得平权的第一声"①。天津各校女生宣传抵制日货运动，使得天津"妇女们不仅起来抵制日货，提倡国货，有的还加入了女界爱国同志会"②，她们用爱国纱做成各种手帕等物品到街上售卖，受到了女界的广泛欢迎。上海女子中学、中西女塾、神州女校、启秀女校等12 所女校加入了上海学生联合会，女生和男生并肩战斗。

与此同时，上海上层知识妇女发起成立了"上海女界联合会"和"中华女子救国团"，积极为国事奔忙。上海女工也积极投入到爱国政治斗争的洪流中，女工的奋勇助战强化了反帝的声势，上海进入了"三罢"斗争高潮。③ 全国其他省份如江苏、山东、湖南、广东、四川、河南、浙江、福建、江西、安徽等省的大中城市，甚至较为偏僻的小城镇，都有女学生和各界妇女开展的反帝反军阀的政治斗争。五四时期呈现出以女学生为先锋、女工为主体的妇女政治斗争局面。

2. 省自治和联省自治运动时期的妇女参政

1920 年下半年到 1923 年间的省自治和联省自治运动为妇女参政提供了新的机遇和良好契机，妇女参政运动在此期间走向了另一个高潮。湖南是最早开展省自治、联省自治的省份。1921 年 3 月，湖南女界联合会成立，该会利用湖南《大公报》为主要舆论阵地，宣传该会追求"人权平等"的政治主张，并向省制宪委员会提出了六点要求：女子须有选举与被选举权，女子教育当与男子平等，女子职业须与男子同视不得歧异，女子须有婚姻自主权，女子须有承受父母遗

---

① 中华全国妇女联合会：《中国妇女运动史（新民主主义时期）》，春秋出版社1989 年版，第 72 页。

② 中国社会科学院近代史研究所编：《五四运动回忆录》，中国社会科学出版社1979 年版，第 610—611 页。

③ 蒋美华：《20 世纪中国女性角色变迁》，天津人民出版社 2008 年版，第 62 页。

产保管权，男子须实行一夫一妻制度。① 经过妇女界的不懈努力和激烈斗争，1922 年 1 月 1 日，正式颁布的湖南省宪法第三十条规定，"中华民国国籍之男女，年满二十一岁以上……在湖南继续住居满两年以上……皆有选举省议员之权"②，这种规定是中国破天荒的一次。同年冬天，湖南举行议员选举，经女界努力，王昌国、吴家瑛、周天璞等当选为省议员，在桃源、衡阳、宁乡、湘潭等地也均有女子当选为县议员。③

　　1921 年 9 月 9 日，《浙江省宪法》公布，其中第五条规定，"省民无种族、宗教、阶级、男女之分，在法律上一律平等"；第四十条规定，"省民年满二十岁……均有选举权"；第四十一条规定，"有选举权之省民，年满二十五岁……均得被选为省议院议员"。④ 全浙女界联合会会长王璧华随后被选为浙江省议员。1921 年 2 月，广东知识妇女邓惠芳、伍智梅等人趁广东议会起草省宪法的机会，组成女子参政团，于 3 月 29 日集合数百人举行妇女参政示威，提出妇女参政要求。向省议会提出省宪法应规定女子有与男子同享选举大总统及省长的权利；县自治条例中应规定妇女有当选县议员和县长的权利。经过坚持不懈的斗争，广东妇女参政"得到了女议士，县议会选举、被选举权，及市政厅市参事等胜利"⑤。此外，四川、浙江、江西等省的女界联合会也都积极投入地方参政活动，它们成立组织，发表宣言，并取得了一定的成果，各省的新宪法都先后承认妇女的参政权。

----

① 谈社英编著：《中国妇女运动通史》，上海书店 1936 年版，第 106—107 页。
② 赵凤喈：《中国妇女在法律上之地位》，商务印书馆 1928 年版，第 124 页。
③ 谈社英编著：《中国妇女运动通史》，上海书店 1936 年版，第 107—108 页。
④ 李又宁、张玉法编：《中国妇女史论文集》，台湾商务印书馆 1981 年版，第 292 页。
⑤ 中华全国妇女联合会妇女运动历史研究室：《中国妇女运动历史资料（1921—1927）》，人民出版社 1986 年版，第 181 页。

1922 年，黎元洪复任总统，北京旧国会恢复。妇女们利用召开议会、制定宪法之机，再次掀起参政高潮，形成了多种妇女参政团体，并在某些省宪法中求得了男女政治权平等的法律保障，甚至有些妇女还当选为省议员、县议员并任职于政府。"女子参政协进会"和"女权运动同盟会"等进步团体的主张已经突破了资产阶级女权运动的水平，认识到妇女参政运动必须与反帝反封建斗争结合起来，闪烁着无产阶级解放运动的火花，反映了资产阶级女权运动向无产阶级妇女解放运动过渡的某些特征①，也是旧民主主义革命向新民主主义革命过渡的必然过程，具有历史进步意义。正如中国共产党妇女部所言，"在中国幼稚的妇女运动之时，此本为应有的过程，并且也颇适用于封建宗法社会的中国妇女，因为有了这种运动，才有使中国妇女开步走的可能"②。

此期间的妇女参政运动，从参政程度来看，参政的妇女数量不多，仅仅局限于资产阶级、小资产阶级上层妇女和知识妇女群体，后虽然也吸纳了一些劳动妇女，但始终没有真正与劳动妇女相结合。从参政层次来看，层次较高，且多是主动参与和团体参与，其参政目的是为了争取整个妇女群体的政治权利。从参政强度来看，强度有限，对政治系统决策活动的影响比较小，缺乏持续性，对政治运作过程更没有产生重要影响。这一阶段妇女参政的特点还在于男性启蒙者先走一步，向全社会召唤妇女解放，呈现出一定的"男性特色"。然而，由于此时期的女权运动和妇女参政运动仍以资产阶级民主思想为武器，存在着缺乏思想基础、缺乏广泛的群众基础、脱离了革命斗争实际、斗争方

---

① 张莲波：《1922 年前后中国妇女参政的特点》，《山西师大学报（社会科学版）》2001 年第 3 期。

② 中华全国妇女联合会妇女运动历史研究室：《中国妇女运动历史资料（1921—1927)》，人民出版社 1986 年版，第 183 页。

式软弱等弱点和局限性，最终必然导致失败的命运。随着省自治运动的销声匿迹，那些由妇女力争得来的法律条文也不了了之。

3. 马克思主义者的最初探索

"十月革命一声炮响，给我们送来了马克思列宁主义"，"中国人找到了马克思列宁主义这个放之四海而皆准的普遍真理，中国的面目就起了变化了"。① 从此，马克思主义理论及其妇女解放思想开始在我国广泛传播。《新青年》等进步刊物，开始大量报道十月革命后苏俄妇女地位的变化和获得解放的情况；《共产党宣言》《家庭、私有制和国家的起源》等马克思主义经典著作被译介流传；各类报刊上不断刊登列宁关于妇女解放的言论。

一批先进的知识分子开始运用马克思主义理论来分析和探讨中国的妇女问题，思考妇女解放的性质、目标和道路等问题。李大钊、陈独秀、李达、向警予等早期马克思主义者，致力于从加强舆论宣传、组织建设等方面将马克思主义妇女理论与中国实际状况相结合。李大钊从经济基础、阶级划分、社会制度等方面探讨了中国妇女问题，希望将妇女运动纳入民主和阶级解放运动中去。他明确指出，妇女解放的根本途径是："一方面要合妇人全体的力量，去打破那男子专断的社会制度；一方面还要合世界无产阶级妇人的力量，去打破那有产阶级（包［括］男女）专断的社会制度"②。陈独秀主张妇女解放必须依靠建立社会主义制度来完成，提出，"妇女问题虽多，总而言之，不过是经济不独立"③。李达的著作《女子解放论》初步运用唯物史观系统分析了妇女受压迫的经济原因和妇女获得解放的根本条件。向

---

① 《毛泽东选集》第 4 卷，人民出版社 1991 年版，第 1470、1471 页。
② 《李大钊文集》上卷，人民出版社 1984 年版，第 640 页。
③ 中华全国妇女联合会妇女运动历史研究室：《五四时期妇女问题文选》，生活·读书·新知三联书店 1981 年版，第 80—82 页。

警予认为，"劳动解放了，妇女才得以真正的解放"①。

4. 中国共产党成立初期的探索

中国共产党的成立使中国妇女解放运动有了正确的领导，使中国妇女解放运动的面貌焕然一新。在成立之时，党就把上海中华女界联合会改组为党的临时中央妇女机构，领导和推动妇女工作，强调中国的妇女运动应该与民族独立及无产阶级革命运动紧密结合。中国共产党人运用马克思主义理论深刻剖析妇女受压迫的社会根源，"强调男女两性在互助中求得解放与进步的价值和意义，并明确提出只有社会主义才能有根本上解决中国妇女各种问题的理论高度"②。

1922年7月，中共二大通过的《关于妇女运动的决议》依据马克思主义基本原理和苏俄妇女解放的实践经验，总结分析了中国在此之前的妇女运动状况，提出了"帮助妇女们获得普通选举权及一切政治上的权利与自由"③的奋斗目标。这是中共历史上的第一个妇女运动决议，其历史意义在于划清了中国共产党领导下的妇女运动与资产阶级妇女运动之间的理论界限，明确指出了无产阶级革命才是妇女解放的根本途径，确立了中国共产党在新民主主义革命时期的妇女运动总方针和指导思想，奠定了中国妇女运动的理论基础。此后，中共三大成立了妇女委员会，中共四大提出了吸收发展女党员。

5. 大革命时期的妇女参政运动

大革命时期，国共两党实行第一次合作，共同领导妇女运动，中国共产党又倡导和推动了中国妇女争取自身参政运动，建立了妇女运

---

① 《向警予文集》，湖南人民出版社1980年版，第135—140页。

② 顾秀莲主编：《20世纪中国妇女运动史》上卷，中国妇女出版社2013年版，第194页。

③ 中华全国妇女联合会妇女运动历史研究室：《中国妇女运动历史资料（1921—1927）》，人民出版社1986年版，第68页。

动统一战线。统一战线形成后，中国妇女第一次召开大会纪念自己的节日"三八"节。国民党第一次全国代表大会，通过了何香凝提出的"于法律上、经济上、教育上、社会上，确认男女平等之原则，助进女权之发展"提案，并写入了一大"宣言"。[①] 确立了国民革命是女权和参政运动"先决条件"的新思想，此后，国民党各级党部均设立了妇女部，中国妇女运动开始了有组织有系统的活动，成立了各种妇女团体。据 1926 年底统计，全国的国民党女党员人数达 1.6 万余人；1927 年初，隶属国民党各省特别是市党部妇女部，或与之有关系的妇女组织 62 个；有组织的女工约 35 万人，农妇约 15 万人，女学生及普通妇女 69 余万人。[②] 妇女运动统一战线还组织各地妇女成立女界国民会议，推动了国民会议运动的发展。在国民会议全国代表大会上，经过讨论，把妇女问题作为专项列入大会报告，并提出"妇女在政治上、经济上、法律上、教育上、职业上绝对与男子享受同等权利"[③]，这是中国历史上首次将妇女问题提到全国性的人民代表大会上讨论。

五卅运动把妇女运动推向一个新的高潮。在五卅运动中，劳动妇女成为妇女运动的一支生力军。据统计，上海参加五卅反帝斗争的女工超过 10 万人，全国参加各地政治示威的劳动妇女不少于 200 万人，全国工会和农民协会中的妇女不少于 50 万人。[④] 五卅运动使妇女觉醒起来，认识到民族解放是妇女解放的先决条件，妇女解放必须同民

---

① 中华全国妇女联合会：《中国妇女运动史（新民主主义时期）》，春秋出版社1989 年版，第 158 页。

② 中华全国妇女联合会：《中国妇女运动史（新民主主义时期）》，春秋出版社1989 年版，第 160 页。

③ 中华全国妇女联合会妇女运动历史研究室：《中国妇女运动历史资料（1921—1927)》，人民出版社 1986 年版，第 432 页。

④ 中华全国妇女联合会：《中国妇女运动史（新民主主义时期）》，春秋出版社1989 年版，第 195 页。

族解放紧密结合。从此，妇女运动进入了以反帝斗争为主要内容的新时期。五卅运动之后，各地妇女组织有很大发展，到1925年底，先后建立了福建女界联合会、广西妇女联合会、湖北妇女协会、湖南青年妇女学艺社等16个妇女组织。

北伐战争发动后，广大妇女积极支援和参加北伐战争，湖南、湖北、福建、浙江及两广地区，农村妇女运动高涨，妇女革命团体更是"如雨后春笋，鼎芽怒放"。[1] 省港大罢工期间，召开的省港女工代表大会通过了《女工保护法》，在历史上首次将女工权利以法律的形式固定下来，保障了女工享有工资平等、产后休假、避免危险作业、受伤免费治疗等方面的权利。

大革命时期的妇女运动是新民主主义革命时期妇女运动的第一次高潮。这一时期的妇女运动是在国共合作旗帜下进行的，妇女运动和反帝反封建的民族民主革命斗争紧密结合，中国共产党领导下的劳动妇女成为这一时期妇女运动的主体。大革命时期妇女运动的实践证明：同反帝反封建的民族民主革命斗争紧密结合，是中国妇女解放的唯一正确道路。这是因为，这条道路适合中国半殖民地半封建社会的特点。这次运动是一次同资产阶级女权运动相区别的女权运动，是在中国共产党的倡导和推动下，团结各个阶层广大妇女群众的运动，是把争取女权同争取民权相结合的妇女参政运动，是中国妇女参政运动同民族解放运动相结合的转折点。这次运动锻炼了一批妇女运动的组织者和领导者，为以后开展大规模的群众运动积累了经验，也为大革命高潮中的妇女运动作了舆论和组织准备。[2]

---

[1] 中华全国妇女联合会妇女运动历史研究室：《中国妇女运动历史资料（1921—1927）》，人民出版社1986年版，第717页。

[2] 中华全国妇女联合会：《中国妇女运动史（新民主主义时期）》，春秋出版社1989年版，第186页。

6. 农村妇女参政的探索

国共合作关系破裂后，中国共产党开始探索农村包围城市的革命道路，十分关心根据地农村妇女的解放，进行了农村妇女参政的实践。1927 年，毛泽东深入调查中国农村妇女的生存状况后，在《湖南农民运动考察报告》中首次专门谈到广大农村妇女受到政权、族权、神权和夫权的深重压迫，依据"人民群众是历史的创造者"的历史唯物主义观点，运用阶级分析方法阐述了妇女对革命运动的迫切需要，指出广大妇女是不可或缺的革命主力，作出了中国妇女是决定中国革命胜败重要力量的判断。《湖南农民运动考察报告》是中国共产党人第一次从革命全面的高度考察妇女问题，是马克思主义妇女理论中国化的重要标志。

1927 年 11 月，中共江西省委制定的《苏维埃临时组织法》规定，"凡在苏维埃国家境内的劳动者无论男女均有选举权和被选举权"。1928 年 7 月，中共六大通过的《农民运动决议案》指出："党的最大任务，是认定农民妇女乃最积极的革命参加者，而尽量的吸收到一切农民的革命组织中来，尤其是农民协会及苏维埃。"1929 年 7 月，在毛泽东的倡导下，闽西苏维埃政府创办了第一所夜校——新泉妇女工农夜校，并指出："广大妇女的努力生产，与壮丁上前线同样是战斗的光荣的任务。提高妇女的政治地位、文化水平，改善生活，以达到解放的道路，亦须从经济丰裕与经济独立入手。多生产、多积蓄，妇女及其家庭的生活都过得好，这不仅对根据地的经济建设起重大的作用，而且依此物质条件，她们也就能逐渐挣脱封建的压迫了。"① 1930 年，闽西工农兵代表选举条例中规定，"凡在闽西赤色

---

① 中华全国妇女联合会妇女运动历史研究室：《中国妇女运动历史资料（1937—1945）》，中国妇女出版社 1991 年版，第 647 页。

政权所处地方，年满 16 岁以上的劳动男女均有选举权和被选举权"。随着一系列符合妇女切身利益的法律条文的颁布，农村妇女逐渐成为建立革命政权的一支重要力量，兴起了一场以农村妇女为主体的妇女运动。

二、抗日战争时期（1931—1945）

1. 革命根据地时期的妇女参政

中华苏维埃共和国临时中央政府成立后，毛泽东签署了《中华苏维埃共和国婚姻条例》，解除了旧的婚姻制度对妇女的束缚，为妇女参政进一步扫清了障碍。在瑞金召开的第一次全国工农兵代表大会为革命根据地实现妇女参政开了先河，大会通过的《中华苏维埃共和国宪法大纲》规定：在苏维埃政权领域内的工人、农民、红军士兵及一切劳苦民众和他们的家属，不分男女、种族、宗教，在苏维埃法律面前一律平等，皆为苏维埃共和国的公民。并且规定：为了全面地确保实现妇女解放的目标，苏维埃承认在婚姻选择方面的自由，它将实施各种计划来保护妇女……使得妇女能够全面地参与到社会经济和政治领域中去。① 这是我国历史上第一部体现人民意志和男女平等原则的法律，结束了妇女在政治上受压迫的地位。

1932 年，《临时中央政府文告人民委员会训令（第六号）——关于保护妇女权利与建立妇女生活改善委员的组织和工作》专门就组织、动员劳动妇女参加革命工作遇到的问题，提出了具体的解决方案，规定如何保障妇女逐渐参加全社会经济的政治的文化生活。要求各级党委和苏维埃政府尽量吸收妇女参加，在城乡建立女工农妇代表

---

① 中华全国妇女联合会：《中国妇女运动史（新民主主义时期）》，春秋出版社1989 年版，第 297—298 页。

会议制度，并在苏维埃政府中成立专门组织咨询机构——妇女生活改善委员会。中华苏维埃共和国颁布的《妇女生活改善委员会组织纲要》提出妇女生活改善委员会的目的是，"使劳动妇女能切实地享受苏维埃政府对于妇女权利之保障，实际取得与男子享受同等的权利，消灭封建旧礼教对于妇女的束缚，使她们在政治上、经济上得到真实的解放以领导她们积极的来参加革命。"

根据地建立之初，妇女干部异常缺乏。据 1933 年江西 16 个县的统计，419 名县级干部中，妇女干部仅占 6.4%。各根据地党和政府通过举办各种培训班和选拔妇女深造等形式，培养出一批又一批苏区妇女运动中坚力量，妇女参政积极性得到了极大的提高，取得了前所未有的成就。1933 年 9 月，在一次大规模的选举中，中共中央组织局特别规定，"经过女工农妇代表会来切实动员，必须达到妇女代表占 25% 的任务"[1]。经过广泛的宣传发动，多数乡的苏维埃妇女代表近 25%，江苏个别县妇女代表甚至达到了 30% 以上，女性机关人员在川陕苏区各级苏维埃政府中的比例接近 25%，省级机关中女干部达 150 名以上。[2] 在苏区也出现了第一批从事司法工作的女干部。女党团员、各级各类干部学校招收女学员的数量都有较快增加，中国共产党积极探索培养妇女干部的有效路径，并取得有益经验。

2. 全面抗战时期的妇女参政

1937 年，抗日战争全面爆发后，妇女运动也随之发生了变化，"全国抗战发动以后，妇女运动随即服从于民族的最高利益，服从于

---

① 中华全国妇女联合会：《中国妇女运动史（新民主主义时期）》，春秋出版社 1989 年版，第 310 页。

② 顾秀莲主编：《20 世纪中国妇女运动史》上卷，中国妇女出版社 2013 年版，第 332 页。

抗日的利益，以抗战为中心而出现于抗战工作的各个战线"①。为适应全面抗战的新形势，中国共产党调整了妇女运动方针和组织，1937年9月，中共中央组织部颁发的《妇女工作大纲》将民族解放运动与推动男女平等和妇女解放运动有机结合，认为妇女运动的总目标是：在争取抗战民主自由中争取政治上、经济上和文化上的平等地位，改善与提高妇女地位。

中国共产党重视妇女特别是农村妇女的培养，大力支持和推动妇女参政。1939年7月，专为培养女干部而创建的中国女子大学在延安成立，毛泽东同志在开学典礼上指出：女大的成立，在政治上是有着非常重大的意义。它不仅是培养大批有理论武装的妇女干部，而且要培养大批做实际工作的妇女运动干部，准备到前线去，组织二万万二千五百万妇女，来参加抗战。② 中国女子大学的创办，提高了农村妇女的文化素质和政治修养，培养了大量的农村政治优秀人才，为新中国的妇女解放事业作出积极贡献。自1938年夏天到1940年8月，山东省共举办各级妇女干训班700多期，受训人数达1.16万余人。③

1939年，陕甘宁边区第一届参议会通过的《提高妇女政治经济文化地位案》强调："鼓励妇女参政，各级参议会应有25%的女参议员，各机关应大量吸收妇女工作"④。妇女们普遍享有了选举权和被

---

① 转引自中华全国妇女联合会：《中国妇女运动史（新民主主义时期）》，春秋出版社1989年版，第386页。

② 仝华、康沛竹主编：《马克思主义妇女理论发展史》，北京大学出版社2004年版，第130页。

③ 中华全国妇女联合会：《中国妇女运动史（新民主主义时期）》，春秋出版社1989年版，第412页。

④ 中华全国妇女联合会妇女运动历史研究室：《中国妇女运动历史资料（1937—1945）》，中国妇女出版社1991年版，第176页。

选举权，在政治上取得了和男子同样的权利。第二届陕甘宁边区参议会选举时，全边区 30% 的妇女参加了选举，青涧县达 90%。选出乡级女参议员 2005 人，县级女参议员 167 人，边区级女参议员 17 人，许多妇女被选为乡长、区长。在各县乡的参议员中，妇女都占有相当比例，如绥德县女参议员占 22%，赤水县女参议员占 14%，子长县女参议员占 20%。[①] 1940 年，135 万多名妇女参加了晋察冀边区进行的区村政权改选运动，参选的女选民占边区全体女公民的 80%，全边区共有 1926 位妇女当选为村、区级干部，5052 名妇女当选为村代表，139 名妇女当选为正副村长，1425 名妇女被选为村委会委员，362 名妇女当选为区代表。[②] 1941 年夏天，三分之二的妇女参加了晋西北根据地的村选，当选的女代表占总代表的 17.6%。山东根据地也十分重视妇女参政工作。据 1940 年统计，山东省专署级以上的女干部有 11 人，县级女干部 128 人。1943 年 2 月，胶东地区女干部中，地委级 25 人，县级 120 人，区级 750 人。到 1945 年，区级以上妇女干部增至 770 人，胶东参议会中有女参议员 16 人，占参议员总数的 12%。[③]

妇女不仅积极参加民主选举，而且积极参加议政、参议会发言等。如 1940 年，90 多位妇女界人士在延安发起成立延安妇女界宪政促进会。它是陕甘宁边区时期中国共产党领导下的妇女群众团体，以协同全国各党、各派、各阶层先进妇女为组织方式，提出了关于妇女获得与男子平等权利的提案。该提案首先要求制定有真正民主的选举

---

① 陕甘宁三省区妇联：《陕甘宁边区妇女运动大事记述》，内部资料 1987 年版，第 101 页。

② 中华全国妇女联合会妇女运动历史研究室：《中国妇女运动历史资料（1937—1945）》，中国妇女出版社 1991 年版，第 342—343 页。

③ 中华全国妇女联合会：《中国妇女运动史（新民主主义时期）》，春秋出版社 1989 年版，第 496—499 页。

法；其次，要有真正的民主选举机关；再次，要求有竞选的自由，提案还要求制定切实真正保护妇女利益的宪法。

1939 年 1 月，陕甘宁边区第一届参议会中共有六名女参议员，农民出身的小脚妇女刘生云被选举为东一区区长，她成为了陕甘宁边区第一位女区长。这次参议会制定的《陕甘宁边区抗战时期施政纲领》明确提出："实行男女平等，提高妇女在政治上、经济上、社会上的地位，实行自愿的婚姻制度，禁止买卖婚姻与童养媳。"[1] 在这次参议会上，女参议员首次提出了与妇女切身利益相关的提案——提高妇女政治经济文化地位案。她们认为，提高妇女的政治、经济、文化地位，有助于加强其工作能力与服务热忱和取得抗日战争的最后胜利。随后，她们提出了关于妇女参政、提高妇女社会地位等七条意见。一是鼓励妇女参政，指出各级参议会应有 25%的女参议，各机关应大量吸收妇女工作；二是设立妇女训练班，教授妇女文化、政治、救护、卫生、生产等知识，并培养妇女干部及专门人才；三是建立妇孺保健设备，教育妇女卫生知识；四是命令禁止妇女缠足、贩卖妇女、抢婚等行为，保证一夫一妻制，废除一切歧视妇女制度；五是酌增女生及女工作人员津贴，优待产妇，解决妇女干部困难；六是保育儿童，禁止打骂虐待，建设儿童防疫医疗之设置，加强保育院工作，解决医药困难，开办保姆训练班；七是帮助抗属妇女开办纺织等工厂，推动妇女参加生产。[2]

在陕甘宁边区第二届参议会第一次会议上，17 名妇女被选为边区级参议员。在这次参议会上，参议员们共提出了与妇女相关的七个

---

① 中国科学院历史研究所第三所编辑：《陕甘宁边区参议会文献汇辑》，科学出版社 1958 年版，第 40 页。

② 中国科学院历史研究所第三所编辑：《陕甘宁边区参议会文献汇辑》，科学出版社 1958 年版，第 46—47 页。

政法提案、三个文教提案、三个经济提案，都通过了审查意见。在陕甘宁边区第二届参议会第二次会议上，议员们提出了与妇女相关的五个政法提案、一个财经提案、三个文教提案，都通过了审查意见。

从陕甘宁边区两届三次参议会上妇女代表提出的提案以及男参议员提出的关于妇女问题的提案可看出：首先，妇女代表的提案数量呈上升趋势；其次，妇女代表的提案反映了当时妇女的要求，提案从较为笼统变得更为具体，质量越来越高；最后，妇女在政治生活中的地位愈来愈高，与妇女切身利益相关的提案的占比增加，越来越多的男性和社会团体开始关注妇女问题。①

三、解放战争时期（1945—1949）

解放战争时期，为了动员妇女群众积极参加各种民主政治建设工作，中共中央号召全国各界妇女组织广泛的民族民主统一战线。当时妇女工作的指导思想是："男女干部同等能力者，应当分配同等工作，给予同等培养和教育机会，不得加以歧视。"② 1946 年 4 月前，各解放区的民主选举基本结束，妇女参加民主选举投票的比例最低为60%，一般为80%，最高的达到90%。妇女已经参与到各级政府机构工作中，华中解放区妇女中有 209 人参加乡政府工作，有 1374 人当选为村长、村委会委员。解放区各级参议会都有女参议员，晋绥解放区有省级女参议员 6 人，县级有女参议员 55 人；山东解放区有省级女参议员 12 人。③

---

① 罗琳：《抗战时期陕甘宁边区妇女参政研究》，湘潭大学硕士学位论文，2014 年。
② 中华全国妇女联合会妇女运动历史研究室：《中国妇女运动历史资料（1945—1949）》，中国妇女出版社 1991 年版，第 305 页。
③ 中华全国妇女联合会：《中国妇女运动史（新民主主义时期）》，春秋出版社1989 年版，第 544 页。

解放区妇女与男子享有同等受教育的权利，各解放区在知识分子中选拔了大量妇女干部，这些妇女干部和国统区进行地下斗争的妇女干部们一道，成为接管城市、建立新政权的一个重要干部来源，为新中国成立后的妇女参政准备了大批妇女干部力量。例如，曾担任妇女独立师师长的张琴秋，新中国成立后担任了国家纺织部副部长；曾在国统区中共地下党南方局任组织部长的钱瑛，新中国成立后担任中央监察部部长；曾在淮南负责治水工程的干部钱正英，新中国成立后任中央水利部副部长、部长；曾在苏北根据地任淮阴县县长的孙兰，新中国成立后任南京、上海等市的教育局局长；等等。[①]

解放战争时期的土地改革运动，政府保障了妇女的土地权，使其经济地位发生了重大变化，进而推动了其社会地位和政治地位的改变，使其参加土地改革运动的积极性高涨。1948 年 5 月 15 日，中共中央向各解放区发出的《中共中央关于目前妇女工作的指示》指出：将妇女参政与土改、支前、生产三项任务相提并论；提出以农村家庭妇女及城市贫民为主要对象，以妇女运动的阶级路线代替抗日民族统一战线的政策；还提出解决妇女的特殊利益问题，强调在阶级的一致性与全体利益之下，争取妇女的解放与权益。1949 年 3 月，中国妇女第一次全国代表大会在北京召开，这是有史以来第一次全国规模的妇女会议。参加此次大会的 467 名代表，代表全国 2.5 亿妇女，选举了由 51 名执行委员、21 名候补执行委员组成的中华全国民主妇女联合会，大会通过了《中国妇女运动当前任务的决议》。从此，中国有了全国性的妇女运动统一领导机构，为中国妇女全面参与新中国的社会主义革命和社会主义建设作好组织准备。

新民主主义革命时期的妇女参政具有如下特点。

---

① 郑必俊、陶洁主编：《中国女性的过去、现在与未来》，北京大学出版社 2005 年版，第 118—119 页。

第一，中国共产党及其领导下的政权对推动中国妇女参政作出了巨大努力，这是由马克思主义妇女理论对中国共产党人的影响及中国共产党对马克思主义的信仰所决定的。在革命战争时期，革命是最大规模的参政，因此，参加革命是此历史时期中国妇女参政的主渠道。

第二，中国妇女运动不是单纯为妇女争取权利的运动，这种非独立性是中国妇女运动不同于西方女权运动的特征之一。"在中国共产党的领导下，把妇女解放同民族解放、阶级解放结合在一起，把妇女解放运动同反帝反封建的民族民主运动结合在一起，在发动妇女参加革命斗争的同时，重视和维护妇女的特殊利益，提出和解决争取妇女自身解放的具体要求，这就是我国新民主主义革命时期妇女解放的道路。"① 在这条道路上，张扬的是马克思主义妇女理论，不是女权主义，妇女运动外在的推动力大于内在的驱动力。

第三，无产阶级劳动妇女是妇女参政的主体。深受政权、族权、神权和夫权压迫的劳动妇女对革命有着迫切需要，这决定了广大劳动妇女是革命的一支重要力量。② 中国共产党根据马克思主义妇女理论，将妇女运动划分为资产阶级与无产阶级两大派别，在实践中主要是领导广大劳动妇女开展妇女解放运动。

第三节　新中国成立后至改革开放前的
妇女参政历程

新中国成立后到 1978 年党的十一届三中全会召开前，既是从少

---

① 李静之、张心绪、丁娟：《马克思主义妇女观》，中国人民大学出版社 1992 年版，第 77 页。

② 中华人民共和国全国妇女联合会编：《毛泽东主席论妇女》，人民出版社 1978 年版，第 4 页。

数妇女精英参政到大多数妇女参政的大发展、大繁荣时期，出现了新中国历史上妇女参政的第一次高峰；也是妇女参政因为政治运动而遭受严重破坏的时期，妇女参政伴随着我国对社会主义建设道路的探索，走过了一段曲折的路程。

一、新中国成立初期妇女参政的第一次高峰（1949—1956）

1949 年 10 月 1 日，毛泽东同志在天安门城楼向全世界庄严宣告中华人民共和国成立了。新中国的成立，开辟了男女平等和妇女解放的新天地。马克思主义妇女理论认为私有制是妇女受压迫的根源，新中国的成立消除了我国妇女受压迫的经济基础。广大妇女在党和政府的教育引导下，开始从家庭走向社会，积极参加了基层政权建设，部分优秀妇女被选拔为基层政治机构的领导人，与此同时，国家高层权力机构中也开始出现女性领导人。

1. 有关妇女参政的法律政策的完善

列宁曾指出，"任何一个资产阶级共和国，即使是最先进的资产阶级共和国，对于占人类半数的妇女，既没有给予在法律上同男子完全平等的地位，也没有给予不受男子监护和压迫的自由。"① 新中国成立后，党和政府颁布实施了一系列以男女平等为原则，保障和推动妇女参政的法律政策，明确规定了妇女的各项具体权利，使我国妇女参政有了具体的和相对完善的法律保障，我国妇女在很短的时间内实现了男女平等参政的历史性跨越。

被视为新中国临时宪法的《中国人民政治协商会议共同纲领》（简称《共同纲领》），首次在法律上赋予了妇女平等的政治权利，

---

① 《列宁全集》第 37 卷，人民出版社 2017 年版，第 282—283 页。

其总纲规定，"中华人民共和国人民依法有选举权和被选举权"，第六条明确指出，"中华人民共和国废除束缚妇女的封建制度。妇女在政治的、经济的、文化教育的、社会的生活各方面，均有与男子平等的权利"。《共同纲领》充分体现了党和政府对妇女的尊重，为妇女广泛参与新中国的各项建设提供了法律依据和制度保障。1954年，作为我国根本大法的《中华人民共和国宪法》诞生了，在这第一部《宪法》中明确规定妇女在政治等五个方面与男性享有同等权利，拥有同等的言论、出版、集会、结社、游行、示威的自由和宗教信仰的自由，国家保护妇女的权利和权益，实行男女同工同酬，培养和选拔妇女干部。

1950年通过的《中华人民共和国婚姻法》赋予了妇女在婚姻家庭中的平等地位，打破了封建婚姻的束缚，提高了妇女的家庭和社会地位，为妇女平等参与社会活动和公共事务提供了法律支撑。1953年颁布的《中华人民共和国全国人民代表大会及地方各级人民代表大会选举法》，赋予了女性与男性同等的选举权和被选举权，充分体现了人民民主原则，更有利于妇女参加选举。通过这些法律，在新中国成立后的几年内妇女的各项权益，如选举权、就业权、受教育权、婚姻自主权、财产继承权等都得到了法律上的确认和保护，为妇女参政创造了良好的条件。在此期间，出现了新中国历史上第一次妇女参政高峰，初步实现了"乡乡都有女乡长，县县都有女县长"的参政目标。

同时，保障妇女参政的规章制度也不断完善，如1956年《高级农业生产合作社示范章程》第六十一条规定："在合作社的领导人员和工作人员里面，女社员要占有一定的名额。在合作社主任、副主任里面，至少要有妇女一人。"1956年，国家756000个农业合作社中的70%—80%存在着妇女正副社长，据统计有50多万人。如广东省梅县龙坪乡一个名叫"红旗"农业合作社的正副主任都是妇女，9个社务委员中有 7 名妇女，6 名正副生产小组的组长也全是妇女。有一些当时的合作社领导，长期活跃在中国政坛，如山西平顺县李顺达农林畜牧生产合作社副社长申纪兰、陕西大荔县马廷海农业生产合作社副社长侯玉琴等。①

2. 基层妇女参政

1953 年，各级党委、政府为调动妇女参加中国有史以来第一次普选运动的积极性，成立了包括妇女在内的选举委员会，通过编写、翻印多种宣传材料加大对妇女的宣传力度，通过运用说唱、快板、图画等群众喜闻乐见的形式宣传男女平等的思想，动员妇女行使公民的民主权利。据选举统计数据，在进行选举的 16 个省市区中，女选民占到 48.68%，参选率为 84.17%，北京城区女选民投票率高达 98%，天津市参选妇女达到 95% 以上，选出了基层妇女代表 98 万人，占代表总数的 17.31%。②

1956 年全国第二次基层人民代表选举时，参加投票的妇女数量比 1953 年有所增加，当选的女代表人数占代表总数的 20.3%。并且，在当时负责行使农村行政权力的代行机构——农民协会、农民代表会中，都有一定数量的女委员、女代表。据统计，实行土地改革后，女代表占冀中地区村人民代表的 30%；河北通县八区女农民代表 177 人，占总代表人数 833 人的 21.2%。1952 年，全国乡一级人民代表会议的女代表，占代表总数的 22%，县级人民代表会议的女代表约占代表总数的 15%。1950 年，城市市级女代表平均占代表总数的 12%，区级女代表占代表总数的 19%。到 1952 年，市级女代表占比达 18%，区级女代表占比达 24%，城市街道人民代表中女代表则占

---

① 刘晓燕：《建国初期妇女参政议政研究》，曲阜师范大学硕士学位论文，2014 年。

② 《中国农村基层民主政治建设年鉴》编委会编：《2002 年中国农村基层民主政治建设年鉴》，中国社会出版社 2003 年版，第 23—24 页

代表总数的 50% 左右。① 在各级政权机构中，均有妇女政府工作人员。据统计，1951 年，全国已有女干部 15 万人，占干部总数的 8.5%；到 1955 年底，全国的女干部已增加到 76.4 万人，占干部总数的 14.5%。②

3. 高层妇女参政

建国初期，我国妇女参政的一个突出表现为妇女开始在国家高层权力机构中担任一些重要的领导职务。1949 年 9 月，宋庆龄、何香凝、邓颖超等妇女领袖参加的第一届中国人民政治协商会议，有 69 位女代表，占代表总人数的 10.4%，中华全国民主妇女联合会副主席邓颖超在大会发言中指出，中国人民政治协商会议"开辟了中国妇女在政治地位上的新纪录"，希望各级人民政府"注意保障《共同纲领》中所赋予妇女的各项权利，尽可能吸收妇女参加各级政府工作……使她们在实际工作中得到更多的锻炼机会"，并号召广大妇女为建设新中国而努力奋斗。③ 1954 年 12 月，在北京召开的中国人民政治协商会议第二届全国委员会第一次全体会议上，559 名参会委员中有女委员 86 名，占委员总数的 14.3%。④ 之后的两届全国人民代表大会上，女代表的比例分别为 12% 和 12.2%。⑤

同时，一批久经考验的妇女领袖和有影响力的女性担任了中央人

---

① 《新中国妇女参政的足迹》编写组编：《新中国妇女参政的足迹》，中共党史出版社 1998 年版，第 37—38 页。

② 《新中国妇女参政的足迹》编写组编：《新中国妇女参政的足迹》，中共党史出版社 1998 年版，第 40—41 页。

③ 顾秀莲主编：《20 世纪中国妇女运动史》中卷，中国妇女出版社 2013 年版，第 3 页。

④ 《新中国妇女参政的足迹》编写组编：《新中国妇女参政的足迹》，中共党史出版社 1998 年版，第 48 页。

⑤ 《2019 年〈中国妇女发展纲要（2011—2020 年）〉统计监测报告》，国家统计局网，2020 年 12 月 18 日。

民政府机构的重要领导职务。在第一届中央人民政府中，宋庆龄担任中央人民政府副主席，占比为 16.7%；蔡畅、何香凝为中央人民政府委员，占委员总数的 3.1%；罗叔章任中央人民政府办公厅副主任，李培元任最高人民法院委员，何香凝、陈少敏任最高人民检察署委员，许广平任政务院副秘书长，丁玲、沈兹九、雷洁琼、刘清扬任文化教育委员会委员，帅孟奇、张秀岩任人民监察委员会委员，孟庆树任法制委员会委员，何香凝任华侨事务委员主任，史良任司法部部长，李德全任卫生部部长，张琴秋任纺织部副部长，等等，副部级以上领导干部中有 20 名女性，分别担任 26 个职务，约占总数的 4%。[①]妇女作为主体参与国家事务的决策和管理，实现了历史性跨越，开辟了中国妇女参政的崭新一页。

新中国成立初期，社会主义制度的优越性使得中国妇女享有的政治、经济、文化教育和社会权力发生了翻天覆地的变化。这种状况，一方面加速了中国妇女解放运动的进程，使多数中国妇女省却了西方国家女权运动为获得与男性同等权力、争取女性应有社会地位而经历的百余年苦苦追求过程；另一方面使得中国妇女缺乏独立性，也缺乏自主的主体意识，使得众多女性在妇女权力的相应意识、要求、素质等方面，较少表现出自主性。[②] 这种情况导致了新中国成立初期妇女参政层次普遍较低，其参与多为动员型参与。

二、妇女参政的"繁荣"发展时期（1956—1978）

此期间发生了"大跃进"和"文化大革命"，在这样特殊的历史

---

① 《当代中国》丛书编辑委员会编：《当代中国妇女》，当代中国出版社 1994 年版，第 33 页。

② 刘宁：《妇女权力：转型时期的主体回归与社会实现》，《山西师大学报（社会科学版）》1998 年第 3 期。

背景下，妇女参政伴随着我国社会主义建设道路的探索，走过了一段曲折的路程。1956 年中共八大以后，中国进入全面建设社会主义的新时期。1958 年至 1960 年间，中国掀起了工农业生产"大跃进"的社会主义建设高潮，"大跃进"把妇女推向社会，加速了妇女走向社会的进程，妇女们开始大规模地参与经济建设。据统计，1958 年，参加农业生产劳动的妇女达到妇女总数的 90% 左右，妇女劳动力占农业劳动力的半数以上。另据 22 个省（市、区）的统计，1958 年兴建的 73 万多个民办工业企业中，85% 以上的职工是妇女，1959 年国有企业女职工人数猛增到 800 万人。[①]

大规模的经济建设参与对妇女参政最突出的影响是女劳模大规模走向基层领导岗位，担任的领导职务主要是农业生产合作社的社长或副社长和城市小型民办企业的女厂长，女劳模成为这一时期妇女参政的主要力量，改变了普选运动以来基层妇女参政着重于民主参与的格局。1960 年冬，随着中共中央"调整、巩固、充实、提高"八字方针的实施，女干部队伍因调整中精简机构措施的影响，精简人数过多，女干部占比下降较快，跌入低谷。后经多方努力，到 1965 年底，女干部增至 76 万余人，占干部总数的 14.5%[②]，但是，女干部队伍断层问题没能实现根本好转。特别是，1959 年至 1964 年间，全国人大和全国政协的女代表和女委员以及所产生的领导机构中的妇女比例，出现了明显的反差。全国人大的女代表、女常委占比都呈上升现象，与此同时，全国政协的女委员及女常委的占比却呈持续下跌现象。

---

① 《新中国妇女参政的足迹》编写组编：《新中国妇女参政的足迹》，中共党史出版社 1998 年版，第 78 页。

② 师凤莲：《社会性别视角下当代中国女性政治参与问题研究》，山东大学博士学位论文，2010 年。

在"文化大革命"中，民主和法制遭到肆意践踏，国家的政治生活秩序被打乱，全国政协及民主党派机关、全国及各地的妇联、工会、共青团组织也被迫停止了工作，妇女参政的正常渠道不畅通；人民公社以及乡镇人民代表大会代表的直接选举终止，民主选举已经失去了任何意义。新中国成立后培养起来的妇女领导干部，在此期间有很多受到冲击，被剥夺了工作权利。仅以全国妇联机关为例，此期间39.32%的工作人员被牵连进冤假错案。[①]

与此同时，妇女参政比例达到了有史以来的最高水平。国家规定各级"革命委员会"[②] 都要配有一名女干部，1975 年召开的第四届全国人大会议上，女代表的比例达到 22.6%，女常委的比例达到 25.1%[③]，不仅远远高于第一届全国人大女代表 12%的比例，而且直到第十二届全国人大女代表的比例才超过这个水平。中共十大选举产生的 195 名中央委员中，20 女委员占委员总数的 10.3%；124 名当选的候补委员中有女性 21 人，占比 16.9%，女委员的人数和占比在当时都达到我党历史上的最高点。[④] 但从质量上看，此时期参政的妇女绝大多数是"红卫兵小将"和"革命造反派"中的"女将"，她们当中大多数是青年女学生，不懂也没有能力管理国家事务，并没有真正代表广大妇女群众的利益，不是真正意义上的妇女参政。此情况损害了妇女参政的主体力量，阻碍了妇女后备干部的选拔和培养，使妇女干部选拔任用工作出现断裂。

---

① 《新中国妇女参政的足迹》编写组编：《新中国妇女参政的足迹》，中共党史出版社 1998 年版，第 104 页。

② "革命委员会"是"文化大革命"时期，集党政大权于一身的领导机构，是当时各省、市、县及基层单位的最高权力机构。

③ 张家智：《新时期农村妇女政治参与研究》，首都师范大学博士学位论文，2009 年。

④ 董妙玲：《建国以来妇女干部选拔任用的历程及其基本经验》，《河南大学学报（社会科学版）》2001 年第 4 期。

此时期我国社会生产力遭到了破坏，生产关系也出现了前所未有的混乱，和其他行业一样，妇女参政格局也处于一种非理性状态。虽然妇女参政比例较高但不是实质性的，是一种虚假的妇女参政"繁荣"现象，既没有增强妇女的民主意识，也没有提高妇女的政治效能感，她们往往是消极的或积极的被动参与，且多为信念型参与。根据社会存在决定社会意识的马克思主义基本原理，这一时期片面地追求形式上的平等而实际忽视了男女两性的生理差异，具有明显的男性化倾向，女性并没有取得"人"的独立自尊意识，更未真正获得"女性"意识，她们还没有来得及在政治上争平等，更没有看到性别差异。[①] 参政的女干部也没有从妇女自身的特点出发，摆脱男权文化以及男女不平等权力结构的影响，其政治行为仍然是对男性所建构的政治行为的复制而已，并没有真正代表妇女的利益。

第四节　改革开放后的妇女参政历程

改革开放后，随着社会主义民主与法制的逐步完善，男女平等基本国策的确立，四部妇女发展纲要和相关公共政策的颁布和实施，给中国妇女参政带来新的机遇和挑战，中国妇女参政也展现出新的特点。

一、恢复发展时期（1978—1992）

"文化大革命"结束后，尤其是党的十一届三中全会后，纠正了

---

① 李钧：《论大跃进文学中的女性形象》，《齐鲁学刊》2004 年第 5 期。

指导思想上"左"的错误，畸形发展的妇女参政逐步恢复并正常发展。以邓小平同志为核心的党的第二代中央领导集体，高度重视妇女参政和妇女的作用，倡导妇女积极参与解放和发展社会生产力，并提出了发展经济是解决妇女问题的基础的重要思想。经济基础决定上层建筑，妇女只有实现经济自由才能实现参政的目标。1979 年 10 月，邓小平同志指出："党是搞什么的？工会是搞什么的？共青团是搞什么的？妇联是搞什么的？还不都是做政治工作的？政治工作是要做的，而且是要好好地做。但是，政治工作要落实到经济上面，政治问题要从经济的角度来解决。经济不发展，这些问题永远不能解决。"[1]他还强调指出："党还应当特别加强妇女群众的工作，注意吸收妇女群众中的先进分子入党"，"党必须用很大的决心培养和提拔妇女干部，帮助和鼓励她们不断前进，因为她们是党的干部的最大的来源之一。"[2] 邓小平同志的"解放思想，实事求是""发展是硬道理"等理论思想为妇女运动工作奠定了扎实的理论基础，也为探索妇女工作的发展道路开辟了新的航程。

随着改革开放和经济体制改革的推进，妇女大量从事经济活动，有了一定的经济收入，经济独立带来了妇女的人格独立，她们开始作为独立的个体参加全国的改革建设。[3] 随着法律制度的不断完善，妇女参政机会增多；随着妇女经济地位和自身素质的提高，妇女干部队伍也得到了初步整顿和补充。逐步恢复发展的妇女参政呈现三个方面特点。

---

[1] 《邓小平文选》第 2 卷，人民出版社 1994 年版，第 195 页。

[2] 《邓小平文选》第 1 卷，人民出版社 1994 年版，第 247、251 页

[3] 韩湘景：《经济不发达地区农村妇女社会参与问题初探》，《社会科学》1990 年第 5 期。

1. 妇女参政群体中知识女性的比例不断提高

随着我国社会对知识和人才的重视程度不断提高，尊重知识、尊重人才成为人们接受的主要价值取向，全社会形成了重视知识女性参政的良好氛围。与此同时，"革命化、年轻化、知识化、专业化"的干部选拔标准，使知识女性参政有了政策保障。广大妇女不断提高自身素质，在竞争机制的保障下，一批优秀的女教授、女专家、女科技工作者开始进入高层次的领导岗位，到 20 世纪 80 年代末，全国 50% 以上的地区均有高级女知识分子担任领导工作。[①] 这不仅改变了妇女干部队伍的知识结构，而且促进了妇女群体参政意识的觉醒。[②]

2. 社会上出现了一系列促进妇女参政的活动

在报刊界，越来越多的报刊开始讨论妇女参政滑坡现象，《中国妇女报》和《中国妇女》等女性报刊开辟专栏讨论妇女参政。这次讨论涉及妇女参政现状、妇女干部成长规律等问题。通过讨论，提高了全社会对妇女参政的关注度和认识度，达成了妇女参政不仅是妇女自身发展问题，也是社会问题的共识，在一定程度上形成了有利于妇女参政的舆论环境，增强了党和政府对妇女参政的重视。1988 年，中共中央组织部和全国妇联联合下发《在改革开放中加强培养选拔女干部工作的意见》，该意见要求，各级党委和组织部门要为优秀的妇女后备干部提供更好的成长条件，"在三、五年内，使县、乡两级女干部的比例有较大幅度的增长，基本做到县县有女领导干部"。该意见下发后，女干部在整个干部队伍中的比例有所上升，也促使女干部的选拔更加规范化、制度化。1989 年 11 月，江泽民同志在接见全

---

① 斯琴：《农村女性的参政问题研究——以呼和浩特市 A 旗为例》，中央民族大学硕士学位论文，2013 年。

② 杨湘岚、张晶：《中国妇女参政百年的回顾与展望》，《中国妇运》1997 年第 11 期。

国妇联六届二次执委会执委时明确指出，"在领导班子中女干部比例过低的状况，要引起各级党委的重视，应积极采取措施加以解决"。1990年，在纪念"三八"国际劳动妇女节80周年大会上，江泽民作了题为《全党全社会都要树立马克思主义妇女观》的重要讲话，强调："各级党委和政府要认真倾听妇女的呼声，关心她们的疾苦，维护她们的合法权益，努力为她们排忧解难；要切实加强对妇联工作的领导，帮助妇联解决工作中的困难和问题，社会各有关方面也应努力为妇女群众多办好事、实事。"同年，中共中央组织部和全国妇联在长春召开了20个省（市、区）组织部和妇联等参加的培养选拔女干部工作座谈会，会上交流了各地的经验和做法，并就进一步加强培养选拔女干部工作，进行了充分的讨论和深入的研究。明确妇女干部选拔工作要制度化，且要有领导分管；规定了妇女参政的人数和比例，力争五年内实现县、乡两级党政领导班子中妇女干部数量的增加；同等条件下优先提拔妇女干部；等等。长春会议第一次将妇女参政的比例纳入相关决策文件，是一次政治体制改革过程中探索和保障妇女参政机制的尝试，也是基于我国国情的参政倾斜性政策。此后，许多省（市、区）党委组织部门将选拔和培养妇女干部工作列入工作日程，选拔任用一批优秀妇女干部，改善了妇女参政数量下降的状况，妇女参政整体状况得到了一些恢复。[1]

二、稳步推进时期（1992—2002）

自邓小平南方谈话和中共十四大召开后，我国改革开放和社会主义现代化建设进入新的发展阶段，党和政府加大了妇女干部选拔任用

---

[1] 参见王艳利：《改革开放以来我国女性政治参与研究》，哈尔滨商业大学硕士学位论文，2019年。

工作的力度，取得了显著成就。同时，相关法律政策的颁布和实施为妇女参政提供了良好的保障。1992 年施行的《中华人民共和国妇女权益保障法》规定：国家采取措施，逐步提高全国人民代表大会和地方各级人民代表大会的代表中女性代表的比例。该法还对"国家保障妇女享有与男子平等的政治权利"，"妇女有权通过各种途径和形式，管理国家事务，管理经济和文化事业，管理社会事务"等妇女的政治权利作出了明确规定，为进一步保障和落实包括妇女参政权利在内的各项妇女权益提供了重要的法律依据和参考。1995 年，在北京举行的第四次世界妇女代表大会引起了社会各界对妇女参政的广泛关注和持续研究，并达到了历史新高。在这次大会上，江泽民同志代表党和国家宣布男女平等是我国的一项基本国策，并指出："妇女的解放，是同民族的独立和人民解放联系在一起的……在当代，和平与发展两大问题的解决，必须有广大妇女充分和平等的参与"。他还强调指出："妇女和男子同是人类历史前进的推动者，同是社会物质文明和精神文明的创造者，应该具有同等的人格和尊严、同等的权利和地位。尊重妇女，保护妇女，是社会进步的一个重要标志，是文明社会应有的法律规范和道德风尚。"[1] 这是我国首次将男女平等观念上升到基本国策的层面，既是顺应历史发展潮流的英明举措，也是切实保障和维护妇女权益、深入践行马克思主义妇女观的突出体现。此后，我国还成立了各类性质的女性研究协会、组织、团体，创办了大量的女性研究报刊。

　　1995 年颁布的《中国妇女发展纲要（1995—2000 年）》明确提出"积极实现各级政府领导班子中都有女性"的妇女参政目标。1995 年 2 月，中共中央组织部和全国妇联在北京召开第三次全国选拔女干部、发展女党员工作座谈会，会议明确提出："到本世纪末，

---

　　① 《江泽民文选》第 1 卷，人民出版社 2006 年版，第 107 页。

省、自治区、直辖市党政领导班子至少要有 1 名女干部，地（市）、县（区）、乡（镇）党政领导班子至少要有 1 名女干部，争取配备 2 名女干部；省、地、县党委部门和政府部门，要有一半以上的领导班子至少配备 1 名女干部；中央和国家机关部委领导班子要尽可能多地配备女干部；担任党政领导班子正职的女干部数量要有所增加；女职工比较集中的行业、部门以及企事业单位，要多选配一些女干部；村党支部、村民委员会中也应有女同志。"中共中央组织部还提出了相应的强制性措施，"今后在换届和届中调整领导班子时，必须按照规定配备女干部……本地区、本部门难以产生人选的，可通过交流选配"①。

1998 年，正式颁布的《中华人民共和国村民委员会组织法》（简称《村委会组织法》）明文规定：村民委员会成员中，妇女应当有适当的名额，此规定客观上有利于吸引农村妇女参政，具有里程碑式的作用。1999 年民政部印发的《关于努力保证农村妇女在村委会成员中有适当名额的意见》，推动了村委会选举中妇女当选比例的不断提高。2001 年 4 月，在中共中央组织部出台的《关于进一步做好培养选拔女干部、发展女党员工作的意见》中，重申了"同等条件下优先选拔女干部"的原则，并要求省、自治区、直辖市和市（地、州、盟）党委、人大、政府、政协领导班子中至少要各配一名以上女干部，县（市、区、旗）党委、政府领导班子要各配一名以上女干部，提出了省、市、县三级党政领导班子后备干部队伍中的女干部应分别不少于 10%、15%、20%。② 2001 年发布的《中国妇女发展纲要（2001—2010 年）》对妇女参政的目标和策略措施作出明确规定：

---

① 中共中央组织部、全国妇联：《全国培养选拔女干部、发展女党员工作座谈会纪要（摘要）》，《中国妇运》1995 年第 6 期。

② 中共中央组织部：《关于进一步做好培养选拔女干部、发展女党员工作的意见》，2001 年 4 月。

努力提高妇女在国家权利管理和行政管理中的比例；各级政府领导班子中必须设有一名以上的妇女干部；国家机关部（委）和地方政府工作部门要有一半以上的领导班子配备女干部，不断提高妇女干部占比；保证妇女干部在正职或重要岗位的数量有较大的增加。该纲要的发布对提高和改善我国妇女参政水平具有重大意义。

随着男女平等观念的深入人心，妇女参政水平呈稳步增长的趋势。据统计，截至 1997 年底，全国妇女干部总数已达 1383.8 万人，占干部总数的 34.4%，是 1951 年 15 万女干部的 84 倍多，31 个省（市、区）实现了 1990 年长春会议提出的 100% 的县和 50% 以上的乡镇党政班子中有妇女干部的目标。同时，担任政府部门高级职务的女性增加，有 1 名国务委员，17 名正副部长，18 名副省长，3000 多名女正副市长，1200 多名女正副县长。在 1997 年全国乡镇基层人大换届选举中，女代表占比 22%，其中北京市女代表高达 35.6%；第九届全国人大和第九届全国政协女代表的占比与新中国成立初期相比，分别增加了 9.8 个百分点和 8.8 个百分点。[1] 全国妇联和国家统计局联合组织实施的第二期中国妇女社会地位抽样调查数据显示：15.1% 的妇女主动给所在单位、社区提过建议；女性参加地方人大代表的参选率为 73.4%，投票时，65.8% 的妇女能"尽力了解候选人情况，认真投票"；全国省、地两级党政领导班子中都至少有一名女领导，女省部级干部占同级干部的 8%；1178 个村委会样本中，妇女担任村委会委员的村庄占比为 75.9%。[2] 可见，中国妇女参政群体呈现崛起趋势，并且开始朝着更高境界迈进。

---

[1]　董妙玲：《建国以来妇女干部选拔任用的历程及其基本经验》，《河南大学学报（社会科学版）》2001 年第 4 期。

[2]　《第二期中国妇女社会地位抽样调查主要数据报告》，国家统计局网站，2001 年 9 月 4 日。

三、积极拓展时期（2002—2012）

党的十六大召开后，我国妇女参政在科学发展观的指导下，得到了持续推进。胡锦涛同志在继承和发展马克思主义妇女理论的同时，结合我国妇女发展实际国情，进一步完善了妇女发展思想。胡锦涛同志指出，男女平等是社会和谐稳定发展的前提，占全国人口半数的妇女是推动社会改革与发展的重要参与者，要在社会主义和谐社会建设中充分发挥妇联组织作用，引导和服务妇女，保障妇女的合法权益。在纪念第四次世界妇女大会 10 周年大会上，胡锦涛同志发表了重要讲话，表明要从我国妇女发展的实际出发，在科学发展观的指导下，以坚定的决心贯彻落实男女平等基本国策，并将这一基本国策作为继续开展妇女相关工作的指导方针和遵循原则。继续强调，要注重保障广大女性在社会各发展领域中享有同男性一样的平等权利，不断提高广大女性参与民主管理、决策、监督的水平，继续发挥女性在社会发展进程中的重要作用和特殊价值。① 2008 年，胡锦涛同志在同第十届全国妇女代表大会部分女代表座谈时强调：广大妇女要对当前社会发展形势和大局有清晰的定位和把握，不断增强社会责任感和使命感，在实践发展中抓住机遇并努力作为，这一讲话精神极大促进了我国妇女参政的新发展。

2010 年 3 月 7 日，胡锦涛同志在纪念"三八"国际劳动妇女节 100 周年大会上的讲话中指出："长期以来，中国共产党始终把实现妇女解放和男女平等作为孜孜以求的奋斗目标，为我国妇女事业发展提供了坚强领导和重要保证。中国共产党自成立之日起，就把

---

① 胡锦涛：《在纪念联合国第四次世界妇女大会 10 周年会议开幕式上的讲话》，《人民日报》2005 年 8 月 30 日。

妇女运动作为自身工作的一个重要方面和推进中国发展进步的一支重要力量，根据党的中心任务和我国妇女实际制定实施了一系列方针政策。新中国成立后，我们从政治上彻底结束了旧中国广大妇女受压迫受奴役的悲惨历史，我国妇女运动发展进入一个崭新时代。党和国家坚持把妇女事业发展纳入国家发展总体布局，加强对妇女工作的领导，综合运用法律、政策、行政、教育、舆论等手段促进妇女事业与经济社会协调发展。"① 此次讲话不仅为妇女工作的开展指明了方向，同时也为我国妇女事业发展提供了坚强的领导和保障。

2007 年下发的《关于第十一届全国人民代表大会代表名额和选举问题的决定》，首次对我国人民代表大会中女代表比例作出了明确硬性规定，明确规定第十一届全国人大代表中女代表占比不得少于 22%。2008 年全国妇联和民政部联合下发的《关于进一步加强新形势下妇女参加村民委员会工作的意见》，2009 年中共中央办公厅、国务院办公厅印发的《关于加强和改进村民委员会选举工作的通知》，推动了提高村委会选举中妇女当选的比例。2010 年《村委会组织法》修订时，将"村民委员会成员中，妇女应当有适当的名额"修改为"村民委员会成员中，应当有妇女成员"，并增加了"妇女村民代表应当占村民代表会议组成人员的三分之一以上"等内容，对保障农村妇女参与村庄公共事务管理、拓展她们的参政渠道发挥了积极作用。

为将性别平等纳入中国立法决策主流，2011 年颁布的《中国妇女发展纲要（2011—2020 年）》首次提出，"将社会性别意识纳入法律体系和公共政策……加强对法规政策的性别平等审查"，并以"提

---

① 胡锦涛：《在纪念"三八"国际劳动妇女节 100 周年大会上的讲话》，《人民日报》2010 年 3 月 7 日。

高妇女参与决策和管理的意识和能力"为改善妇女参政的主线，对人大女代表、政协女委员、国务院各部委中的女性以及其他社会管理决策层中女性比例作出明确要求。同时，提出到 2020 年"村委会成员中女性达到 30% 以上，村委会主任中女性比例达到 10% 以上，居委会成员中女性比例保持在 50% 左右"的发展目标。江苏省妇联于 2011 年首创"政策法规性别平等咨询评估机制"，致力于从源头保障妇女权利、促进妇女发展，形成了可操作、可复制的"江苏模式"。[①]

此时期，妇女参政呈现妇女参政群体来源广泛、妇女参政数量增加、妇女参政素质提高三个方面的特点。

1. 妇女参政群体来源广泛

妇女参政群体来自社会各界，代表性不断增强，体现了广泛意义上的妇女参政。如全国政协九届四次会议中的 349 名政协女委员来源于 34 个界别组，其中文艺界 47 名，教育界 15 名，妇女组 59 名，经济界 8 名，科技界 18 名，医药卫生界 17 名，民主党派和工商界 57 名，新闻出版界 5 名。[②]

2. 妇女参政数量不断增加

2004 年，女居委会委员达 23.7 万人，女村委会委员达 44.3 万人，分别占居委会和村委会委员总数的 55.8% 和 15.1%。女代表占第十届全国人大代表总数的 20.2%；女常委占全国人大常委总数的 13.2%，比上届增长 0.5 个百分点；第十届全国政协中，女委员和女常委的占比分别为 16.7% 和 11.7%。[③] 2007 年，第十一届全国人大女

---

①　江苏省妇女联合会编著：《江苏省法规政策性别平等评估机制的探索与实践》，江苏人民出版社 2018 年版，第 112 页。

②　斯琴：《农村女性的参政问题研究——以呼和浩特市 A 旗为例》，中央民族大学硕士学位论文，2013 年。

③　《中国性别平等与妇女发展状况》，中华人民共和国中央人民政府网，2005 年 8 月 24 日。

代表和第十一届全国政协女委员的比例分别比上届提高了 1.1 个百分点和 1 个百分点；人大常委会中有女常委 26 人，占常委总数的 16.1%；政协中女委员和常委的占比分别为 17.7%和 10.5%。全国党员中女党员占到了 19.2%，达到了 1357.3 万人；全国党政群机关县处级以上女干部已达 7.73 万人，分别比 2001 年和 1995 年提高了 1.8%和 41.8%。①

3. 妇女参政素质不断提高

中国共产党第十六届中央委员会中，女委员和女候补委员共 27 人，占比为 7.58%。2004 年底，国务院副总理和国务委员中各有 1 位女性，十届全国人大有 3 名女副委员长，十届全国政协中有 4 名女副主席，最高人民法院、最高人民检察院以及国务院组成部门中有 25 位正副部长级女干部，省（部）级以上女干部占同级干部总数的 9.9%，正副女市长（专员、州长）共 368 人。② 中国共产党第十七届中央委员会中，女委员和女候补委员共 37 名，占比 9.97%。据报道，2009 年底，在任国家领导人中有 8 位是女性，有 230 多位女性任省部级领导职务，全国省部级以上干部中省（部）级以上女干部占同级干部总数的 11%，正副女市长超 670 人，地厅级干部中女性占比 13.7%，县处级干部中女性占比 16.6%，国家公务员队伍中女干部已经占干部总数的 40%以上。③

---

①　转引自斯琴：《农村女性的参政问题研究——以呼和浩特市 A 旗为例》，中央民族大学硕士学位论文，2013 年。

②　《中国性别平等与妇女发展状况》，中华人民共和国中央人民政府网，2005 年 8 月 24 日。

③　《我国女官员格局现状：在最高层和基层比例很低》，凤网，20012 年 3 月 8 日；《中国国家领导人中有 8 位女性　正副女市长 670 名》，中国日报网，2010 年 3 月 2 日。

四、全面深化时期（2012 年以后）

党的十八大以来，习近平总书记在继承和发展马克思主义妇女理论的同时，结合妇女发展的实际情况，对推进和完善妇女工作提出了一系列新思想和新观点，并为马克思主义妇女理论赋予了新的时代内涵，从而推动妇女事业朝更好的方向发展。2013 年，习近平总书记在同全国妇联领导干部代表谈话时指出："实现党的十八大提出的目标任务，实现中华民族伟大复兴，是党和国家工作大局，也是当代中国妇女运动的时代主题。要牢牢把握这一时代主题，把中国发展进步的历程同促进男女平等发展的历程更加紧密地融合在一起，使我国妇女事业发展具有更丰富的时代内涵，使我国亿万妇女肩负起更重要的责任担当。要坚定不移走中国特色社会主义妇女发展道路，这是实现妇女平等依法行使民主权利、平等参与经济社会发展、平等享有改革发展成果的正确道路。"并且进一步强调："做好新形势下妇联工作，一定要把工作重心放在基层……要坚持走出机关、走向基层，沉下身子，拓宽工作渠道，创新工作手段，用自己的眼睛看最真实的情况，用自己的耳朵听最真实的声音，帮助广大妇女排忧解难，通过实实在在的服务把党和政府的关怀、妇联'娘家人'的温暖送到广大妇女心中，使妇女工作常做常新、充满活力。"[①] 2015 年 9 月 27 日，习近平总书记在联合国全球妇女峰会上发表讲话时指出："追求男女平等的事业是伟大的，纵观历史，没有妇女解放和进步，就没有人类解放和进步"，"男女共有一个世界，消除对女性的歧视和偏见，将

[①] 《习近平在同全国妇联新一届领导班子集体谈话时强调 坚持男女平等基本国策发挥我国妇女伟大作用》，《人民日报》2013 年 11 月 1 日。

使社会更加包容和更有活力"。① 此次讲话继续重申了男女平等的基本国策，并高度强调妇女在社会发展进程中的重要作用，为继续推进妇女参政提供了基本遵循。

党的十九大报告指出，"经过长期努力，中国特色社会主义进入了新时代，这是我国发展新的历史方位。"并强调指出："我国社会主要矛盾是人民日益增长的美好生活需要和不平衡不充分的发展之间的矛盾。"进入中国特色社会主义新时代，党和政府对妇女工作和妇女发展的重视并没有丝毫放松，牢记初心和使命，继续坚持以文明进步妇女观为指导，对新时代包括妇女参政在内的妇女发展问题作出了全面思考和深刻回应，进一步明确了新时代我国妇女工作发展的方向及所面临的任务，开创了马克思主义妇女理论中国化的新境界，为中国特色妇女参政事业的发展提供了行动指南，对更好发展中国特色社会主义妇女事业具有指导意义。2018 年 11 月，习近平总书记在第十二届全国妇女代表大会期间同妇联领导班子谈话时指出，妇女事业是党和人民事业的重要组成部分，要切实加强党对妇女工作的统一领导，重视发挥占我国人口半数的女性同胞的作用，鼓励支持妇女建功立业并在改革稳定发展中充分发挥自己的积极作用，为实现新时代党和国家事业的顺利推进提供强大动力。② 这次大会的胜利召开，为新时代我国妇女参政提供了强有力的支持，为进一步推进妇女参政开拓了新局面。2021 年 3 月 6 日，习近平总书记在看望参加全国政协十三届四次会议的医药卫生界、教育界委员时指出："实现党和国家发展的宏伟蓝图，需要包括妇女在内的全体中华儿女共同奋斗。希望广大妇女做伟大事业的建设者、做文明风尚的倡导者、做敢于追梦的奋

---

① 习近平:《促进妇女全面发展　共建共享美好世界——在全球妇女峰会上的讲话》,《人民日报》2015 年 9 月 28 日。

② 《习近平关于妇女儿童和妇联工作的重要论述》, 中国妇女网, 2019 年 9 月 24 日。

斗者，在全面建设社会主义现代化国家新征程上，为实现中华民族伟大复兴的中国梦作出新的更大贡献。各级妇联组织要承担引领广大妇女听党话、跟党走的政治责任，激发广大妇女的历史责任感和主人翁精神，为推动我国妇女事业发展作出新贡献。各级党委和政府要充分认识发展妇女事业、做好妇女工作的重大意义，加大重视、关心、支持力度，严厉打击侵害妇女权益的违法犯罪行为，依法维护妇女权益。"①

2012 年以来，我国不断强化男女平等的法治保障，目前已形成以宪法为基础，以《妇女权益保障法》为主体，以国家各种单行法律法规、地方性法规和政府规章为补充的保障妇女权益和促进性别平等的完整法律体系。2015 年第十二届全国人大常委会通过的《中华人民共和国反家庭暴力法》，标志着家暴行为正式进入了法律监管范畴，对我国反对家庭暴力、保护妇女儿童等弱势群体具有里程碑意义。2018 年 12 月，第十三届全国人大常委会第七次会议第二次修订了《村委会组织法》；2022 年 10 月，第十三届全国人大常委会第三十七次会议审议通过了《妇女权益保障法》。这些为保障妇女合法权益提供了法律依据。

2013 年民政部印发的《村民委员会选举规程》，对村委会选举不同阶段如何保障妇女的平等参与作出了具体规定。规定在提名确定候选人阶段"候选人中应当有适当的妇女名额，没有产生妇女候选人的，以得票最多的妇女为候选人"；规定在确认当选阶段"如果委员的候选人中没有妇女获得过半数选票的，应当从应选名额中确定一个名额另行选举妇女委员，直到选出为止"。② 2018 年民政部、中组部、

---

① 《习近平关于妇女儿童和妇联工作的重要论述》，中国妇女网，2021 年 3 月 6 日。
② 《民政部关于印发〈村民委员会选举规程〉的通知》，中华人民共和国民政部网，2013 年 5 月 2 日。

全国妇联等七部门联合颁布的《关于做好村规民约和居民公约工作的指导意见》，2019 年中央一号文件《中共中央国务院关于坚持农业农村优先发展做好"三农"工作的若干意见》等，推动了农村妇女突破传统男性家庭/家族等"村民自治中性别鸿沟"的限制，促进她们参与到农村的经济生产、精准脱贫、土地出让流转分红、发展项目和贷款的管理、技术经营信息的获取、村民家庭矛盾调解、村庄的环境和村民的健康保护、村规民约修订、村委会选举等农村转型和创新治理中，使得广大农村妇女正在成为促进基层民主建设、维护社会公正、推进农村现代化转型的重要力量（金一虹，2019；王晓莉等，2014；胡松涛，2016；周韵曦，2019；等等）。

　　2011 年，江苏省妇联首创的政策法规性别平等咨询评估机制引领了全国参政议政模式的创新。到 2018 年底，全国已有 30 个省（市、区）建立了法规政策性别平等评估机制，将性别平等理念和妇女声音引入法规政策的制定、实施和监督中，丰富了新时代科学立法和民主立法的实践。[1] 2020 年 4 月，国务院妇女儿童工作委员会（简称"妇儿工委"）印发的《关于建立健全法规政策性别平等评估机制的意见》，标志着国家层面的法规政策性别平等评估机制取得突破。类似的社会性别主流化机制的创新和变革还有 2016 年浙江省妇儿工委与省统计局联合编制的地方性的"妇女发展指数"，并在全省及 11 个设区的市开展年度监测，推动了男女平等基本国策和《中国妇女发展纲要》等治理行动在浙江省的贯彻落实。[2] 此外，2016 年发布的《中华人民共和国国民经济和社会发展第十三个五年规划纲要》要求

---

　　① 《平等发展共享：新中国 70 年妇女事业的发展与进步》，中华人民共和国中央人民政府网，2019 年 9 月 19 日。

　　② 郭夏娟、魏苁.：《数量代表与实质代表：理解女性政治地位的一个理论视角》，《妇女研究论丛》2019 年第 5 期。

"保障妇女平等获得就学、就业、婚姻财产和参与社会事务等权利和机会""提高妇女参与决策管理水平"。① 中国政府在《国家人权行动计划（2016—2020年）》中再次明确了保障妇女参政权利的行动计划，重申了逐步提高各级人大代表、政协中女委员的比例及各级人大、政府、政协中女领导成员的比例，女村委会委员比例达到 30%、女居委会委员比例保持在 50% 左右的目标。②

妇女组织和研究者也积极推动解决影响妇女发展的突出问题。如全国妇联和全国总工会的女工部，积极推动国家人力资源和社会保障部等部门发布《关于进一步规范招聘行为促进妇女就业的通知》（2019年2月），制止和纠正劳动力市场在"全面二孩"政策出台后的性别歧视行为，加强了妇女组织参与现代化治理的作用和能力。类似的积极成果还表现在国务院办公厅《关于促进3岁以下婴幼儿照护服务发展的指导意见》（2019年4月）中的相关规定；妇联吸收各领域的优秀女性代表担任妇联兼职副主席或执行委员，至 2019 年底，乡村两级妇联执委壮大到 770 多万人。③ 专家学者们，积极参加了《民法典》的制定，《反家庭暴力法》的贯彻落实和《反就业歧视法》等的论证，以及省（市、区）一级《妇女权益保障条例》《女职工劳动保护特别规定实施细则》《性别平等条例》的制定，以求将公平正义之声融入法治中国和"五位一体"中国特色社会主义建设的主流。④

为了实现妇女人才发展和领导干部性别结构趋于合理的战略目

---

① 《中华人民共和国国民经济和社会发展第十三个五年规划纲要》，《人民日报》2016年3月18日。

② 《国家人权行动计划（2016—2020年）》，中华人民共和国中央人民政府网，2016年9月30日。

③ 《充分发挥妇女在推进国家治理体系现代化和治理能力现代化中的重要作用》，《中国妇女报》2019年12月3日。

④ 刘伯红、范思贤：《妇女参政助推科学民主决策和社会治理——近五年中国妇女参政状况简要评估》，《山东女子学院学报》2020年第6期。

标，《国家中长期人才发展规划纲要（2010—2020年）》提出，"加强女干部、少数民族干部、非中共党员干部培养选拔和教育培训工作"[1]。自2014年开始，国家公务员调训计划中特别设立女性领导力专题培训等针对女干部培养的规定和要求；2015年10月，中共中央召开的培养选拔年轻干部和女干部、少数民族干部、党外干部工作座谈会，要求各级党委要把年轻干部和女干部、少数民族干部、党外干部培养选拔工作，放到整个领导班子和干部队伍建设中来谋划，纳入党建目标责任制来推进。2018年，中共中央印发的《中国共产党农村基层组织工作条例》要求，"重视发现培养选拔优秀年轻干部、女干部和少数民族干部"（第七章第二十五条），"注意吸收妇女入党"（第八章第三十九条）。[2] 在领导班子建设、人才选拔和培养中融入性别平等要求，是对新时代妇女更加广泛深入参与民主管理和立法决策的有力引导和支持。

《中国妇女发展纲要（2021—2030年）》明确指出：中国共产党各级党员代表大会中女党员代表比例一般不低于本地区党员总数中女性比例；各级人大代表和常委会委员中的女性比例逐步提高，各级政协委员和常委中的女性比例逐步提高；国家机关部委和县级以上地方政府部门领导班子中的女干部比例逐步提高，担任正职的女干部占同级正职干部的比例逐步提高；各级各类事业单位领导班子成员中的女性比例逐步提高；村党组织成员、村党组织书记中女性比例逐步提高，村委会成员中女性比例达到30%以上，村委会主任中女性比例逐步提高；社区党组织成员、社区党组织书记中女性比例逐步提高。社区居委会成员中女性比例保持在50%左右，社区居委会主任中女

---

① 《国家中长期人才发展规划纲要（2010—2020年）发布》，中华人民共和国中央人民政府网，2010年10月6日。

② 《中国共产党农村基层组织工作条例》，《光明日报》2019年1月11日。

性比例达到40%以上。①

2012年以来，我国妇女参政取得了新的进展，具体表现在以下方面。

1. 妇女参与决策和管理的占比提高

此时期非常重视发挥妇女在人大、政协中的作用，女代表、女委员的占比持续提高。2013年召开的第十二届全国人民代表大会第一次会议女代表占比为23.4%；2018年召开的第十三届全国人民代表大会共有女代表742人，占代表总数的24.9%，是历届人大代表中女代表占比最高的一届（见图3-1），超过2019年全球国家议会女议员平均占比24.3%的水平。② 2013年全国政协第十二届第一次会议女委员占比为17.8%；2018年全国政协第十三届委员会中有女委员440人，占委员总数的20.4%，也是历届政协委员中女委员占比最高的一届（见图3-1），实现了《国家人权行动计划（2016—2020年)》的相关规定。

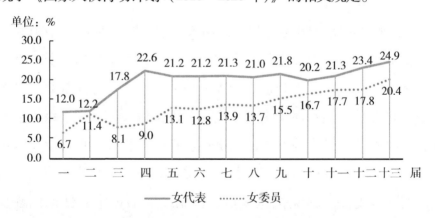

单位：%

图3-1　历届全国人大女代表、政协女委员占比③

---

① 《国务院关于印发中国妇女发展纲要和中国儿童发展纲要的通知》，中华人民共和国中央人民政府网，2021年9月27日。

② 国家统计局社会科技和文化产业统计司编：《2019中国妇女儿童状况统计资料》，中国统计出版社2020年版，第60页。

③ 《2019年〈中国妇女发展纲要（2011—2020年）〉统计监测报告》，国家统计局网，2020年12月18日。

　　《中国妇女发展纲要（2011—2020 年）》明确要求，国家机关部委和县级以上各级地方政府领导班子中女干部人数要逐步增加，担任正职的女干部占比要逐步提高。2018 年，全国 31 个省（区、市）政府换届后，106 名女干部当选为副省级领导干部，其中担任正省级领导的女性有 12 人，这是我国历史上少见的。[①] 全国党政机关女干部人数、占干部总数的比例，从 1951 年的 15 万人、8.5%分别增加到 2017 年的 190.6 万人、26.5%；中央机关及其直属机构新录用公务员中女性占比为 52.4%；地方新录用公务员中女性占比为 44%。[②]

　　参与外交和国际事务领导和管理的中国妇女也逐渐增加。2015 年，中国女外交官的人数为 1695 人，占外交官总数的 30.7%；到 2018 年，两者分别增加到 2065 人和 33.1%，其中，女大使由 2015 年的 12 人上升为 14 人、女总领事由 19 人上升为 21 人、女参赞由 132 人上升为 326 人[③]；出现了如薛捍勤、柳芳、王彬颖等一批出任国际公务员并担任国际组织领导人的中国妇女；还出现了如张弥曼、严金秀等为国际科学技术机构所尊重和接受的中国女科学家。

　　中国共产党女党员的占比从 1949 年的 11.9%[④]增加到 2013 年的 24.3%、2015 年的 25.1%、2017 年的 26.7%、2021 年的 29.4%（女党员有 2843.1 万人）。[⑤] 中国共产党全国代表大会中女代表的占比从

---

　　① 王长路等：《106 名女性当选副省级以上领导干部》，《中国妇女报》2018 年 2 月 5 日。

　　② 《平等发展共享：新中国 70 年妇女事业的发展与进步》，中华人民共和国中央人民政府网，2019 年 9 月 19 日。

　　③ 刘伯红、范思贤：《妇女参政助推科学民主决策和社会治理——近五年中国妇女参政状况简要评估》，《山东女子学院学报》2020 年第 6 期。

　　④ 《9514.8 万！中国共产党党员总数比 1949 年增长约 20 倍》，央广网，2021 年 6 月 30 日。

　　⑤ 《中国共产党党内统计公报》，《人民日报》2022 年 6 月 30 日。

中共十七大的 20.1%，增加到中共十八大的 23% 和中共十九大的 24.2%①，连续三次呈现递增趋势，反映出女性在党内民主决策中的作用和影响日益提高。

各民主党派女性成员占比也有提高，2016 年我国八个民主党派中女性的占比均超过 30%，其中中国民主促进会、中国农工民主党、台湾民主自治同盟中妇女成员占比分别为 49.6%、49.7% 和 51.2%②，占全体成员的一半左右，超过《北京行动纲领》（1995）要求的 30% 的标准。通过参加民主党派施展政治抱负，参与立法决策与管理，是我国知识女性与专业人员参政的一个特点。2017 年，各民主党派中央领导班子换届后，在中央一级领导中有 18 名女性，占 85 名领导总数的 21.2%；在新一届民主党派中央委员会委员中有 401 名女性，占总数的 26.1%，比 2015 年时的女中委 352 人、占比 22.5% 有了较大提升。③

在卫生、教育、艺术等我国女性比较集中的工作部门，女性领导者或管理者的比例有明显增长。以女性参与高等教育管理为例，2015 年 10 月至 2016 年 5 月期间，北京、天津、上海、重庆四个直辖市的 272 所高校的 1873 位校级领导人中有女领导 349 名，占四地高校领导总数的 18.63%；女书记占比为 15.5%；校长（院长）占比 7%；女副书记的占比为 26.8%。④ 其中校长占比，相比 2006 年的 4.5% 有所增长。⑤

---

① 国家统计局社会科技和文化产业司编：《2019 中国妇女儿童状况统计资料》，中国统计出版社 2020 年版，第 62 页。

② 国家统计局社会科技和文化产业司编：《2019 中国妇女儿童状况统计资料》，中国统计出版社 2020 年版，第 65 页。

③ 王恒：《8 个民主党派全部完成换届 18 位女性领导履新》，《中国妇女报》2017 年 12 月 27 日。

④ 张李玺编：《中国妇女教育发展报告 No.3：高等教育中的女性》，社会科学文献出版社 2018 年版，第 395 页。

⑤ 牛维麟、詹宏毅：《中国大学校长素质调查》，《中国教育报》2008 年 8 月 17 日。

2. 妇女参与基层民主管理更加广泛

第四期中国妇女社会地位调查结果显示，在村/居委会和人大代表选举时，女选民中认真投票的比例为 87.5% 和 83.3%，分别比 2010 年提高 7.1 百分点和 9.7 个百分点；31.1% 的妇女表示将来愿意参加村/居委会成员竞选，18—24 岁城镇妇女和农村妇女参与意愿比例分别为 37.6% 和 31.3%，25—34 岁城镇妇女和农村妇女参与意愿比例分别为 36.4% 和 33.5%；近三年来至少参与一种民主管理、民主监督、社会公益活动的妇女比例为 39.8%，其中城镇妇女为 44.4%，农村妇女为 31.9%，18—24 岁农村妇女相对更积极，比例为 52.5%，比同年龄段农村男性高 4.5 个百分点，比 2010 年提高 8.8 个百分点。妇女参与社会组织的比例显著提升，在社会组织中的影响力明显增强。至少参与一种社会组织的妇女比例为 27.4%，比 2010 年提高 12.5 个百分点；其中 18—24 岁妇女参与比例最高，为 46.7%，比同年龄段男性高 8.2 个百分点。在社会组织中担任负责人的妇女比例由 2010 年的 37.6% 提高到 2020 年的 46.6%。①

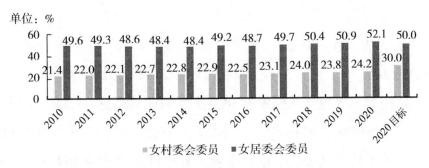

图 3-2　2010—2020 年村委会、居委会女委员占比②

---

① 《第四期中国妇女社会地位调查主要数据情况》，《中国妇女报》2021 年 12 月 27 日。

② 《〈中国妇女发展纲要（2011—2020 年）〉终期统计监测报告》，国家统计局网，2021 年 12 月 21 日；《2019 年〈中国妇女发展纲要（2011—2020 年）〉统计监测报告》，国家统计局网，2020 年 12 月 18 日；等等。

居委会和村委会成员中妇女占比均有所提高。从 2010 年后，女居委会委员的占比保持在 50%左右，女居委会主任的占比保持在 40%左右，2020 年，女居委会委员的占比为 52.1%，是 2010 年后占比最高的一次（见图 3-2）。居委会领导和成员的受教育程度和管理能力，经历了由"街道老大妈"到"大学毕业生"和"军队转业干部"的转变，城市社区的治理水平和服务能力有了明显提升。与此同时，女村委员委员的占比总体也呈现上升趋势，2020 年达到 24.2%，是 2010 年后占比最高的一次（见图 3-2）。2019 年，女村委会主任的占比为 11.9%，基本实现了《中国妇女发展纲要（2011—2020 年》"村委会主任中女性比例达到 10%以上"的目标要求。伴随城乡社区基层协商制度的发展，妇女通过参加妇女议事会等方式，在各类议事协商活动中发挥着日益重要的作用。

3. 男女平等基本国策不断落实

性别平等观念更加深入人心，年轻女性平等意识更强。第四期中国妇女社会地位调查结果显示，95.4%的被访者认同"有一份有收入的工作对女人很重要"。不赞同"男人应该以社会为主，女人应该以家庭为主"的男女占比分别为 50.9%、58.3%，比 2010 年分别提高 14 个百分点和 14.7 个百分点，其中 35 岁以下妇女中的 80%不赞同该观点。认同"男人应该兼顾家庭和工作"的比例高达 93.3%。八成以上的被访者不赞同"照料孩子只是母亲的责任"，其中 35 岁以下妇女中的 94.6%不赞成该观点。近七成被访者不赞同"在家里妻子应该顺从丈夫"，其中 35 岁以下妇女中不赞同比例达 87.3%。不赞同"女生不适合学理工科"的女性比例为 77.9%，男性为 77.3%。①

---

① 《第四期中国妇女社会地位调查主要数据情况》，《中国妇女报》2021 年 12 月 27 日。

4. 女大学生村官和扶贫工作队女成员工作成效显著

我国农村中还活跃着女大学生村官和扶贫工作队的女队长、女成员们两股力量。其中大学生村官始于 1995 年江苏省实施的"雏鹰工程"，20 多年来，大学生村官经历了各地自行探索和试点的早期阶段（1995—2004 年）、在全国大面积推进展开阶段（2005—2007 年）、上升到国家战略高度的整体实施阶段（2008—2012 年）、从脱贫攻坚到乡村振兴阶段（2013 年至今）四个阶段。进入中国特色社会主义新时代后，随着精准扶贫、精准脱贫任务与乡村振兴战略工作的交叉推进，各地紧紧围绕党中央打赢脱贫攻坚战的重大决策部署，积极引导大学生村官在脱贫攻坚第一线发挥作用，与大学生村官选聘政策相关的工作内容与制度安排正逐渐稳定下来，成为一项常规性的工作。[1] 据统计，截至 2016 年底，女大学生村官人数为 59663 人，占比58.2%。[2] 女大学生村官们不忘初心，大学毕业后不是远离农村，而是反哺家乡，立志改变乡村贫穷落后的面貌，如北京师范大学硕士毕业生、在 2019 年抗洪救灾中牺牲的广西乐业县新化镇百坭村驻村第一书记黄文秀就是典型代表。

女大学生村官在提高农村妇女参政中发挥了重要作用。

第一，有效改善了农村干部队伍结构，颠覆了"男主外，女主内"的传统思想。女大学生村官工作推动了人才资源向农村流动和倾斜，为农村干部队伍增添了新鲜血液，改善了基层干部队伍老化问题；同时，女大学生村官将社会性别理念、男女平等基本国策带入农村，帮助农村妇女平衡家庭角色和社会角色之间的关系，使农村妇女认识到自己在基层民主政治建设中的地位。

---

① 胡红霞、李达：《近十年中国女大学生村官研究回顾与展望》，《中华女子学院学报》2019 年第 1 期。

② 《报告解读：2016—2017 中国大学生村官发展报告》，中国青年网，2017 年 8 月 9 日。

第二，提高了农村妇女的文化素质。由于受教育机会的不均等，农村妇女自身素质普遍偏低。女大学生村官学历层次高、年纪轻、专业丰富，用自己所学、所知，传播新知识、新技术，服务于农村，帮助农村妇女创新思想意识，拓宽视野，使她们认识到自身的价值，从而主动投身到农村的参政中，加入到管理、建设社会主义新农村的队伍中。[1]

第三，架构了农村妇女参政的桥梁。大多数农村妇女长期生活在偏远地区，与外界沟通少，常不愿正面解决问题。女大学生村官富有亲和力和同情心，有利于其与农村妇女深层次沟通，拉近干群关系，帮助农村妇女主动参与村务管理，增强民主权利意识。

第四，营造了农村妇女参政的良好氛围。女大学生村官通过多种形式宣传国家的法律、法规，帮助农村妇女把握国家法规政策的内涵，引导农村妇女依法办事，依法享受民主权利，为农村妇女参政营造了良好的政治氛围。由此可知，女大学生村官在乡村治理中具有严谨细致的工作作风、女性具有的柔性治理方式、性别意识强烈的治理绩效等优势，提高了农村妇女的整体素质，改变了农村妇女的参政困境，推动了乡村建设。[2]

扶贫工作队的女队长、女成员们离开大城市，甚至举家前往地处偏僻、条件艰苦的贫困村，与那里的村民们寻找脱贫致富方案，脚踏实地地帮助老百姓改变贫困面貌，赢得了村民和当地干部的尊重和信任。如安徽省金寨县花石乡大湾村党总支第一书记、驻村扶贫工作队队长余静[3]，为了兑现"一户不脱贫，我坚决不撤岗"的誓言，坚守深山6年

---

① 交巴吉、郭倩雯：《四川省少数民族地区大学生村官执行力调查——以松潘县为例》，《人民论坛》2012第26期。

② 朱仲蔚：《女大学生村官的乡村治理能力研究》，南京农业大学硕士学位论文，2017年。

③ 周林、窦芒：《2020年全国"诚信之星"、安徽省金寨县大湾村扶贫工作队队长余静："一户不脱贫，我坚决不撤岗"》，《雷锋》2021年第6期。

多，带领全村建成4000多亩茶园，32家农家乐，开发开放多个景点，帮助大湾村旧貌换新颜。怀化日报社新闻中心记者龙丽芳将扶贫女干部杨琴如何克服困难、始终没有放弃扶贫工作的事迹写进了报道《比恩女还耐烦的女队长》，这篇报道不仅感动了作者，也打动了许多读者。①

表3-1 历届女全国人大常委会委员长、女政协主席的人数和占比②

	全国人大常委会委员长人数（人）	女全国人大常委会委员长人数（人）	占比（%）	全国政协主席人数（人）	女全国政协主席人数（人）	占比（%）
第一届	13	1	7.69	6	0	0.00
第二届	16	1	6.25	17	2	11.76
第三届	19	1	5.26	16	1	6.25
第四届	23	3	13.04	23	1	4.35
第五届	21	3	14.30	39	2	5.13
第六届	21	1	4.80	39	3	7.69
第七届	20	2	10.00	33	2	6.06
第八届	20	2	10.00	29	2	6.90
第九届	20	2	10.00	32	1	3.13
第十届	16	3	18.80	28	4	14.29
第十一届	14	3	21.40	26	4	15.38
第十二届	14	2	14.30	23	2	8.70
第十三届	15	1	6.70	25	2	8.00

通过梳理，可知在中国共产党的领导下，保障妇女政治权利的法律体系逐步健全，促进妇女参政的政策规划不断完善，妇女参与国家和社会事务管理的水平大幅提升，妇女参政取得显著进步，妇女实现了真正的解放，享有与男性平等的权利，各项权益得到了保障。但也存在着男女干部占比不协调、权力尖端缺损现象、非均衡发展等问

① 龙丽芳：《比恩女还耐烦的女队长》，《怀化日报》2019年1月13日。
② 数据来源于中央人民政府网、中国人民政治协商会议全国委员会网，其中历届全国人大常委会委员长以当届第一次选举结果为准，历届全国政协主席名单包括增选人员。

题。如从表 3-1 可发现妇女担任国家一级领导人的占比偏低，从表 3-2 可发现妇女在党内民主决策的影响力有限。非均衡发展体现在地域分布不均衡和工作领域分布不均衡两个方面。2010 年后，女居委会委员的占比保持在 50% 左右，女居委会主任的占比保持在 40% 左右，实现了《中国妇女发展纲要（2011—2020 年）》的目标；女村委会成员的占比虽然整体呈现上升趋势，但到 2020 年也只有 24.2%，距"达到 30% 以上"的《中国妇女发展纲要（2011—2020 年）》目标有较大差距（见图 3-2）；2019 年女村委会主任占比为 11.9%，虽已提前实现"达到 10% 以上"的《中国妇女发展纲要（2011—2020 年)》目标，但仍有半数地区在目标值以下。妇女在卫生、教育、艺术等领域的参政数量和参政质量相比其他领域要好。

表 3-2　中共十一大至今历届女政治局（候补）委员、女中央（候补）委员的人数和占比①

	政治局（候补）委员总数（人）	女政治局（候补）委员数（人）	占比（%）	中央（候补）委员总数（人）	女中央（候补）委员数（人）	占比（%）
十一大	26	1	3.85	333	38	11.41
十二大	28	2	7.14	348	24	6.90
十三大	18	0	0.00	285	22	7.72
十四大	22	0	0.00	319	24	7.52
十五大	24	1	4.17	344	25	7.27
十六大	25	1	4.55	356	27	7.58
十七大	25	1	4.00	371	37	9.97
十八大	25	2	8.33	376	33	8.78
十九大	25	1	4.00	376	30	7.98

---

① 数据根据中国共产党历次全国代表大会数据整理计算得出，主要来源于中华人民共和国中央人民政府网、中国共产党新闻网、中国机构编制网等。

第四章　贵州农村妇女参政的
调查与分析

新中国成立后，特别是 2012 年国务院制定出台《关于进一步促进贵州经济社会又好又快发展的若干意见》后，贵州的经济社会得到了快速的发展，经济增速多年位居全国前列，已撕掉绝对贫困的历史标签。在此背景下，有必要对贵州农村妇女参政情况进行调查与分析，以便了解贵州基层政治民主化进程。

第一节　调查的基本情况

贵州是我国 56 民族齐全的 15 个省份之一，人口数居全国前列的民族有汉族、苗族、布依族、土家族和侗族等。据第七次全国人口普查统计，贵州汉族人口占总人口的 63.56%，苗族占 11.7%，布依族占 7%，土家族占 4.4%，侗族占 4.3%；贵州女性人口占比为48.9%；农村人口占比为 46.85%，比第六次全国人口普查时下降了近 20 个百分点；第一产业增加值对地区生产总值增长的贡献率从

2016 年的 8.9% 增加到 2020 年的 19.6%。[①] 2017 年 12 月 25 日至 2018 年 2 月 4 日，我们组织 23 名调查员对从江、丹寨、独山、惠水、开阳、荔波、册亨、纳雍、平塘、普定、仁怀、三都、水城、思南、松桃、威宁、习水、兴义、沿河、镇宁、正安 21 个县（市）的 40 个乡镇 80 个村进行了农村妇女参政状况调查。本次调研共发放 500 份调查问卷，剔除空白问卷、含有缺失值的问卷和明显逻辑错误的问卷后，回收的有效调查问卷 437 份，回收率为 87.4%。其中女性为 288 人，男性为 149 人。如图 4-1 所示，本次调查的对象共涉及 9 个民族，主要有汉族、苗族、布依族、土家族，其中汉族调查对象占总样本数的 40%，苗族占 19%，布依族占 21%，土家族占 10%。

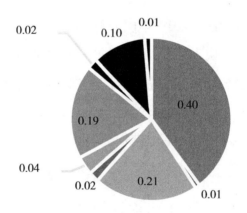

■汉族　■白族　■布依族　■穿青人　■侗族　■苗族　■水族　■土家族　■瑶族

图 4-1　调查对象的民族分布情况

本次调查对象主要是 29—45 岁的村民，由于年龄偏大的人特别是 60 岁以上的老人因体力、精力有限，几乎不参与政治活动，故该年龄段的样本较少。此外，本研究的重点是农村妇女，所以妇女样本较多，实际调查对象的男女比例约为 1∶2，具体的样本分性别、年龄

---

① 《2021 年统计年鉴》，贵州省统计局网，2021 年 12 月 6 日。

段分布情况如图 4-2 所示。

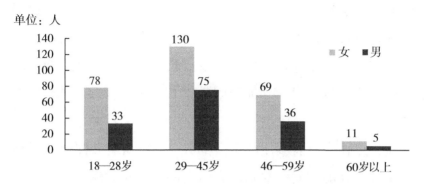

图 4-2　调查对象的分性别年龄段分布情况

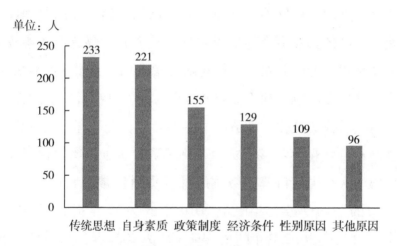

图 4-3　影响贵州农村妇女参政的主要因素

　　通过大量的文献对比和咨询相关专家，总结认为传统思想、自身素质、政策制度、经济条件和性别原因等是影响农村妇女参政的主要因素。图 4-3 是调查对象对影响农村妇女参政主要因素的选择（多选题），据此可以发现调查对象认为传统思想束缚、自身素质、政策制度是影响贵州农村妇女参政的三个主要因素。尽管改革开放已 40多年，但突破农村传统思想束缚的任务依然任重道远，传统思想的束缚仍是制约贵州农村妇女参政的最主要因素，只有打破传统思想的禁锢，才能使更多的农村妇女参与到乡村治理中来。自身素质原因是影响贵州农村妇女参政的第二个主要因素，贵州农村妇女文化程度相对偏低，缺乏管理能力和沟通能力，因此只有进一步提高贵州农村妇女的自身素质，才能更好地促进其积极参政。政策制度是影响贵州农村妇女参政的第三位因素。其他原因是指"家庭事务多""家里人不支持"等。

文化程度作为自身素质的重要部分，对参政有着深远的影响。首先，文化程度高的妇女获取知识和信息的能力相对较强，更能深刻理解国家政策法规，同时文化程度的高低对参政形式的选择也有重要影响。文化程度高的妇女能更好地控制自己的情绪，抑制非理性行为，即文化程度高的妇女更容易形成和具备较强的参政意识和参政能力；反之，文化程度低的妇女不仅相对缺乏参政意识，而且容易采取非理性行为，即使参政也不利于参政效果的实现。其次，妇女的文化程度往往会对其后代的文化程度造成一定的影响，受教育年限越长，文化程度越高，也就越容易接受妇女参政理念，从而推动妇女参政的发展。据第七次全国人口普查数据统计，贵州省常住人口中，15 岁及以上人口的平均受教育年限由 2010 年的 7.65 年提高至 2020 年的 8.75 年，文盲率由 2010 年的 8.74% 下降为 2020 年的 6.68%，下降了 2.06 个百分点；具有大学文化程度的占比为 10.95%，具有高中文化程度的占比为 9.95%，具有初中文化程度的占比为 30.46%，具有小学文化程度的占比为 31.92%。[①]

通过调查对象男女文化程度的对比更能反映贵州农村妇女文化程度的特点，从图 4-4 可以发现，54% 的女性文化程度是小学或没上过学，同学历段的占比超过男性 22 个百分点；男性的文化程度主要集

---

① 《贵州举行第七次全国人口普查数据新闻发布会》，国务院新闻办公室网，2021 年 5 月 25 日。

单位：%

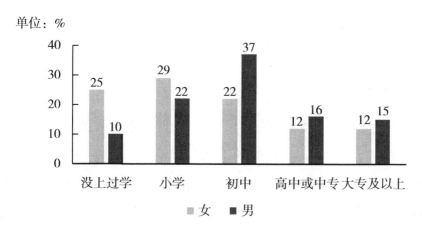

图 4-4　调查对象分性别文化程度分布情况

中在初中，占到了 37%。只有 24% 的妇女具有高中及以上学历，不到四分之一，与此相比，31% 的男性具有高中及以上学历。可见，农村妇女的文化程度偏低，与第七次全国人口普查中贵州受教育程度的数据相比，妇女调查对象的文化程度呈现两头高中间低的特点，即高中文化以上、未上过学的占比高于全省平均水平，小学文化、初中文化的占比低于全省平均水平。

根据经济基础决定上层建筑这一马克思主义基本原理可知，作为上层建筑重要组成部分的参政，会受到经济水平的影响。因而，家庭经济水平是影响贵州农村妇女参政的又一主要因素。贵州精准扶贫的人均年收入标准为 3200 元，即人均年收入低于 3200 元的为贫困人口。因此，定义人均年收入在 3200 元以下为低收入，人均年收入 3200—6600 元为中等偏下收入，人均年收入 6601—9500 元为中等收入，由于贵州农村地区高收入群体占比很少，因而定义人均收入 9500 元以上为高收入。由表 4-1 可知，73% 的家庭人均年收入在 6600 元以下，其中，40% 的家庭人均年收入在 3200 元以下，说明贵州农村地区的家庭经济水平相对偏低。

表 4-1　调查对象家庭人均年收入分布占比（%）

3200 元以下	3200—6600 元	6601—9500 元	9500 元以上
40	33	17	10

288 名妇女调查对象中有未婚妇女 50 人，收入来源是种植农作物的 3 人，打工的 23 人，经商的 1 人，其他收入来源的 23 人。238 名已婚妇女中，收入来源完全依靠丈夫的 22 人，主要依靠丈夫的 82 人，和丈夫一人一半的 87 人，主要依靠自己的 12 人，完全依靠自己的 1 人，依靠子女的 28 人，其他的 6 人；完全和主要依靠丈夫的 104 人，占比 43.7%，完全和主要依靠自己的只有 13 人，占比 5.46%。可见，已婚农村妇女的家庭收入来源是丈夫占主导地位，经济上的从属地位决定了贵州农村妇女在家庭中的从属地位。另外，由于农村家庭妇女对家庭收入贡献少，妇女被限定"主内"，主要扮演家庭主妇角色，从事家庭事务，忽略了社会角色，较少与外界接触和交流，继而影响了农村妇女的参政热情和参政能力。只有当贵州农村妇女实现从家庭角色向社会角色的转变时，她们才能更积极地参与政治活动。

党员身份是村民进入村支两委的一个重要条件，村支部要求支委成员必须是中共党员，村委会希望其成员尽量是中共党员。因此，政治面貌是影响农村妇女能否加入村支两委的一个重要因素。由图 4-5可知，288 名妇女中仅有 14 名是中共党员。在访谈中了解到，贵州农村地区党员发展对象的名额较少，一方面村里更愿意发展男性党员，另一方面女性对入党的积极性不高，导致农村妇女党员较少，使得两委中妇女成员的比例较低。

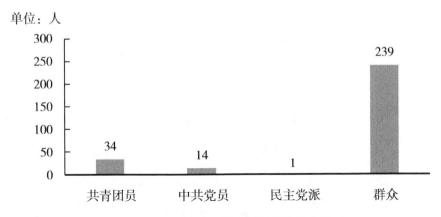

图 4-5　妇女调查对象政治面貌分布情况

表 4-2　调查村女村官情况

	村支书或村主任	两委委员	村民小组长	妇联成员	村民代表
人数	14	45	144	150	150
占比	8.75%	12%	22%	47%	54%

　　在所调查的 80 个村中，妇女担任村官的情况如表 4-2 所示，可知贵州农村妇女主要担任村民代表和妇联成员；女村委会主任和女村委会委员的占比不仅低于《中国妇女发展纲要（2011—2020 年）》的发展目标，而且也低于同期全国平均水平。288 名妇女调查对象担任村官的情况如表 4-3 所示，可见妇女调查对象中担任过村官的占比只有 34.03%，相对偏少；担任村官正职的更少，主要是担任村民代表和妇联成员。

表 4-3　调查对象担任村官情况

	村支书或村主任	两委委员	村民小组长	妇联成员	村民代表	未担任过职务
人数	2	5	16	28	47	190
占比	0.69%	1.74%	5.56%	9.72%	16.32%	65.97%

第二节　农村妇女参政的博弈分析

博弈论探讨冲突对抗条件下的最优决策问题，是一门研究交互式决策理论。博弈论作为现代数学的一个新分支和运筹学的一个重要组成内容，在经济学、政治学、生物学、国际关系、计算机科学、交通运输管理学等学科都有广泛的应用。农村妇女参政涉及不同行为主体之间的决策，每个行为主体的决策行为不仅取决于自己的选择，而且还受其他行为主体的影响。本节通过构建农村妇女参政的非合作博弈模型和演化博弈模型，探讨各行为主体的策略选择和博弈模型的均衡，在此基础上给出建议。

一、农村妇女参政的非合作博弈分析

非合作博弈理论建立在博弈方是完全理性的基础上，能较好地解释和预测博弈方的行为选择。本部分将构建农村妇女参政的完全信息静态博弈模型，分析农村妇女在参政过程中的策略选择和均衡。

1. 模型构建

在本研究中，我们只考虑农村妇女在完全信息下的静态博弈问题。将农村妇女群体抽象成农村妇女甲和农村妇女乙两个个体，假设她们在参政过程中有参政和不参政两种选择，即她们的策略集都为{参政，不参政}。假设她们都选择参政策略时，各自获得的收益为 P；若一方选择参政策略，另一方选择不参政策略，则选择参政策略一方的收益为 T，选择不参政策略一方的收益为 S；若双方都选择不

参政策略时，各自获得的收益为 R。假设这里的参数均为正数，则此完全信息静态博弈的收益矩阵如表4-4所示。

表4-4　农村妇女参政对称博弈的收益矩阵

	农村妇女乙 参政	农村妇女乙 不参政
农村妇女甲 参政	(P, P)	(T, S)
农村妇女甲 不参政	(S, T)	(R, R)

表4-4表示的博弈是一个对称博弈，也就是说此博弈是一个无角色区分的博弈，博弈的收益只依赖于博弈方所选择的策略而不依赖于进行博弈的博弈方。在上面博弈的基础上，作如下修改。假设农村妇女甲的能力和素质比农村妇女乙高，且只要有妇女参政，则农村妇女甲和农村妇女乙就可以一起获得8个单位的总收益，选择参政策略的博弈方需要付出2个单位的直接成本。同时，由于存在参政需要付出间接成本，假设只有农村妇女乙选择参政策略时，则农村妇女甲可分得7个单位收益，农村妇女乙分得1个单位的收益；如果只有农村妇女甲选择参政策略时，则双方都获得4个单位的收益；如果双方都选择参政策略时，则农村妇女甲获得5个单位收益，农村妇女乙获得3个单位收益。如果农村妇女甲和农村妇女乙都选择不参政策略，则双方的收益都为0。那么，农村妇女参政对称博弈的收益矩阵（表4-4）变为如下的农村妇女参政非对称博弈的收益矩阵（表4-5）。

表4-5　农村妇女参政非对称博弈的收益矩阵

	农村妇女乙 参政	农村妇女乙 不参政
农村妇女甲 参政	$(3, 1)$	$(2, 4)$
农村妇女甲 不参政	$(7, -1)$	$(0, 0)$

2. 模型分析

先分析表4-4所示博弈的均衡情况。由于不同策略组合下的收益是用参数表示，则显然双方都选择参政策略时的收益大于只有一个博弈方选择参政策略时参政方的收益，只有一个博弈方选择参政策略时不参政方的收益高于双方都选择不参政策略时的收益，即有 $P > T$、$S > R$ 成立，下面分情况来讨论参数的相对大小对博弈均衡的影响：

（1）若 $P > T$、$S > R$ 且还满足 $S > P$、$R > T$，即还满足只有一方选择参政策略时不参政方的收益大于双方都选择参政策略时的收益；双方都选择不参政策略时的收益大于只有一方选择参政策略时参政方的收益。也就是说在此情形下，妇女参政氛围较差，妇女参政需要付出很大的努力才能获得权利。显然，此情形下对每个博弈方而言，不参政策略是上策，此时策略组合（不参政，不参政）是纳什均衡。这是典型的囚徒困境型博弈，虽然双方都选择参政策略时的总收益大于双方都选择不参政策略时的总收益，但是从个人理性上来说，没有博弈方愿意选择参政策略。

（2）若 $P > T$、$S > R$ 且还满足 $S > P$、$T > R$，即还满足只有一方选择参政策略时不参政方的收益大于双方都选择参政策略时的收益；只有一方选择参政策略时参政方的收益大于双方都选择不参政策略时的收益。此时，对每个博弈方而言，没有哪个策略是上策，通过划线法或者箭头法可得此情形下有两个纯策略纳什均衡，即策略组合（参政，不参政）、（不参政，参政）是纳什均衡，也即如果一方选择参政策略时，另一方的最优选择是不参政策略。此情形下，在均衡状态下是有一方选择参政策略的，比第一种情况略好，但是无法预测会出现哪一个均衡。

（3）若 $P > T$、$S > R$ 且还满足 $P > S$、$T > R$，即还满足双方都选择参政策略时的收益大于只有一方选择参政策略时不参政方的收益，同时只有一方选择参政策略时参政方的收益大于双方都选择不参政策略时的收益。此时，说明妇女参政氛围较好，妇女选择参政策略时付出的负效用相对较少。此情形下，参政策略是每个博弈方的上策，此时大家都愿意选择参政策略，策略组合（参政，参政）是纳什均衡。

（4）若 $P > T$、$S > R$ 且还满足 $P > S$、$R > T$，即还满足双方都选择参政策略时的收益大于只有一方选择参政策略时不参政方的收益，同时双方都选择不参政策略时的收益大于只有一方选择参政策略时参政方的收益。此时，没有哪个策略对每个博弈方来说是上策，通过划线法或者箭头法可得策略组合（参政，参政）、（不参政，不参政）是纯策略纳什均衡，即双方要么都选择参政策略，要么都选择不参政策略。此情形下，具体会出现哪一个均衡还需要根据博弈方的情况而定。

接下来，我们分析表4-5所示博弈的均衡。在此非对称博弈中，可以发现对于农村妇女乙而言，不参政策略是她的上策，故策略组合（参政，不参政）是纳什均衡，即能力和素质高的农村妇女甲选择参政策略，能力和素质相对低的农村妇女乙选择不参政策略，但是可以发现此时选择参政策略的农村妇女甲的收益比农村妇女乙的收益小。此情形属于典型的智猪博弈，存在着搭便车现象，且"多劳者未必多得"。为体现"多劳者多得"，需要调整机制，现将原来的假设"如果只有农村妇女甲选择参政策略时，则双方都获得4个单位的收益"修改为"如果只有农村妇女甲选择参政策略时，则农村妇女甲获得6个单位的收益，农村妇女乙获得2个单位的收益"，其他假设条件不变。则表4-5所示的收益矩阵变为如表4-6所示的收益矩阵。

可以发现，策略组合（参政，不参政）仍然是纳什均衡，但此时选择参政策略的农村妇女甲的收益大于选择不参政策略的农村妇女乙的收益，此时，虽然不能避免搭便车行为，但可以避免出现"多劳者未必多得"现象。

表 4-6　修改后的情形 1 对应的收益矩阵

	农村妇女乙 参政	农村妇女乙 不参政
农村妇女甲 参政	(3, 1)	(4, 2)
农村妇女甲 不参政	(7, −1)	(0, 0)

我们再次对表 4-5 所示的博弈进行修改，对不同策略组合下各博弈方的收益作如下修改：如果双方都选择参政策略时，则双方都获得 4 个单位的收益；如果一方选择参政策略，另一方选择不参政策略时，则参政方的收益为 7 个单位，不参政方的收益为 1 个单位；如果双方都选择不参政策略时，则双方都没有收益。则表 4-5 所示的收益矩阵变为如表 4-7 所示的收益矩阵。由划线法或者箭头法可得策略组合（参政，参政）是纳什均衡，此时没有搭便车现象。

表 4-7　修改后的情形 2 对应的收益矩阵

	农村妇女乙 参政	农村妇女乙 不参政
农村妇女甲 参政	(2, 2)	(5, 1)
农村妇女甲 不参政	(1, 5)	(0, 0)

3. 提出建议

根据上面的分析，可知博弈方在不同策略组合下的收益会直接影响其策略选择，为实现政策目标，需要设计合理的机制，避免出现偏差，故提出如下建议：

（1）为避免出现因徒困境型的农村妇女参政现象，需要营造良好的农村妇女参政氛围，增加农村妇女选择参政策略时的收益或减少农村妇女选择不参政策略时的收益，这有助于提高农村妇女参政的积极和主动性。

（2）为避免出现搭便车或"多劳者未必多得"现象，需要综合考虑博弈方不同行为选择下的收益，降低农村妇女参政需要付出的间接成本，提高农村妇女参政时所获的收益，有助于激励农村妇女选择参政策略。

二、农村妇女参政的演化博弈分析

非合作博弈理论要求博弈方必须是完全理性的，在博弈过程中是不会犯错误的，这种严格理性的要求限制了博弈论在对实际问题研究中的应用范围。建立在有限理性基础上的演化博弈论，不仅能成功解释生物进化过程中的某些现象，同时也比非合作博弈论能更好地分析和解决现实问题。本部分运用演化博弈论构建农村妇女参政的演化博弈模型，探讨各博弈方的策略选择、变化趋势及其稳定性，从而为提高农村妇女参政水平提出合理的建议。

1. 模型构建

为方便起见，将农村妇女参政群体抽象为两个个体，不考虑制度环境等因素对农村妇女参政的影响，从行为主体视角，假设农村妇女参政过程中只有积极参政和消极参政两种策略，即农村妇女的策略集是{积极参政，消极参政}。若农村妇女选择积极参政策略，则对农村妇女自身素质造成的正面影响收益为 n，对农村妇女家庭经济收入造成的损失为 p；若农村妇女一方选择积极参政策略，另一方选择消极参政策略，则选择积极参政策略的博弈方会受传统思想观念等的负面影响，此负面影响为 m；若农村妇女都选择消极参政策略，则对其原来的生活不产生影响，故其收益为0。所以，农村妇女都选择积极参政策略时的收益为 $(n-p, n-p)$，若农村妇女一方选择积极参政策略，另一方选择消极参政策略时的收益为 $(-m+n-p, 0)$，农村妇女都选择消极参政时的收益为 $(0, 0)$。则农村妇女间参政博弈的收益矩阵如表4-8所示。

表4-8 农村妇女参政博弈的收益矩阵

	农村妇女乙 积极参政	农村妇女乙 消极参政
农村妇女甲 积极参政	$(n-p, n-p)$	$(-m+n-p, 0)$
农村妇女甲 消极参政	$(0, -m+n-p)$	$(0, 0)$

2. 复制动态方程

此博弈是一个对称博弈，假设农村妇女参政群体中，有比例为 x 的农村妇女选择积极参政策略，则选择消极参政策略的农村妇女比例为 $1-x$。于是，农村妇女选择积极参政（消极参政）策略的期望收益和群体的平均收益分别为：

$$u_1 = x(n-p) + (1-x)(-m+n-p) = n-m-p+xm$$

$$u_2 = 0$$

$$\bar{u} = x(n-m-p+xm) + (1-x)0 = x(n-m-p+xm)$$

可知，农村妇女选择积极参政策略的复制动态方程为：

$$F(x) = \frac{\mathrm{d}x}{\mathrm{d}t} = x(u_1 - \bar{u}) = x(1-x)(n-m-p+xm) \qquad (4-1)$$

3. 演化稳定策略

在方程（4-1）中，令 $F(x) = 0$ 得到三个可能的均衡点为

$$x_1^* = 0, \quad x_2^* = 1, \quad x_3^* = \frac{m+p-n}{m}$$

根据演化原理，可得如下命题

命题1：当 $n \leq p$ 时，$x_1^* = 0$ 是系统（4-1）唯一的演化稳定策略。

此命题表明若农村妇女选择积极参政策略时，其选择对家庭经济收入的损失大于自身素质的提高收益，则 $x_1^* = 0$ 为演化稳定策略。即此时农村妇女都会选择消极参政策略，即使最初农村妇女都选择积极参政策略，但只要有农村妇女选择消极参政策略，则选择积极参政策略的农村妇女会慢慢减少，直至都选择消极参政策略。

命题2：当 $n \geq m + p$ 时，$x_2^* = 1$ 是系统（4-1）唯一的演化稳定策略。

此命题表明若农村妇女选择积极参政策略时，其自身素质的提高收益大于家庭经济收入的损失与传统思想束缚影响之和，则 $x_2^* = 1$ 为演化稳定策略。即传统思想虽然对农村妇女参政有影响，但是影响有限，总之，参政对农村妇女的生活是带来正面影响的，则农村妇女慢慢地都将选择积极参政策略，这是希望得到的结果。

命题3：当 $p < n < m + p$ 时，$x_3^* = (m + p - n) / m$ 是系统（4-1）唯一的演化稳定策略。

此命题表明若农村妇女选择积极参政策略时，其自身素质的提高收益小于家庭经济收入的损失与传统思想束缚影响之和，且大于农村妇女参政对家庭经济收入的损失。则此时选择积极参政策略的农村妇女比例为 $(m + p - n) / m$，选择消极参政策略的农村妇女比例为 $1 - (m + p - n) / m$，即 $x_3^* = (m + p - n) / m$ 为演化稳定策略。

4. 提出建议

由上面分析可知，农村妇女参政群体选择积极参政策略与农村妇女参政对家庭经济收入的损失是负相关的，即农村妇女参政对家庭经济收入损失越大，则农村妇女选择积极参政策略的可能性就越小；农村妇女参政群体选择积极参政策略与农村妇女参政过程中对自身素质的提高收益是正相关的，即农村妇女参政过程中对自身素质的提高越大，则农村妇女选择积极参政策略的可能性就越大。经济基础是实现农村妇女参政的重要基础，因此建议加快农村产业改革步伐，加强农村经济建设，减少农村妇女参政对家庭经济收入带来的损失，增大农村妇女参政时自身素质的提高力度，都有助于促使其积极参政，进而促进更多的农村妇女选择积极参政策略。

三、女村官参政的演化博弈分析

1. 模型构建

先作如下假设：设博弈的一方为女村官，博弈的另一方为督查女村官参政实施情况的上级有关政府职能部门，简称为上级主管。女村官在履行参政职责时，有两种选择：一种是按照有关法律和自己的职责，积极参与各种政治活动，积极建言献策；另一种是不认真履行自己职责，得过且过，消极作为，即女村官的策略集为{积极作为，消极作为}。上级主管也有两种选择，一种是认真督查女村官在参政过程中是否积极作为；另一种是不对女村官的参政行为进行督查，即上级主管的策略集为{督查，不督查}。假设女村官选择积极作为策略时的成本为 c，收益为 a；女村官选择消极作为策略时的收益为 b，成本为 d；上级主管在女村官参政时，因其促进了基层民主建设，获得的收益为 r，若女村官积极作为，将给上级主管带来的额外收益为 n；如上级主管对女村官参政行为不督查，女村官选择消极作为策略时，则会对上级主管造成大小为 q 的负面影响，若进行了督查，则不受影响；只要上级主管采取督查策略，就一定会发现女村官参政状况的真相，若发现女村官消极作为时，则对女村官给予大小为 m 的惩罚；上级主

管的督查成本为 e。假设参数都大于零，则此博弈的收益矩阵如表 4-9 所示。

表 4-9 女村官参政的收益矩阵

	上级主管 督查	上级主管 不督查
女村官 积极作为	$(a - c, r + n - e)$	$(a - c, r + n)$
女村官 消极作为	$(b - d - m, r + m - e)$	$(b - d, r - q)$

2. 复制动态方程（组）

表 4-9 是单个女村官和单个上级主管之间博弈时的收益矩阵，显然为非对称博弈，故不能套用前面对称博弈的分析框架。设女村官选择积极作为策略（消极作为策略）的比例为 $x(1 - x)$；上级主管选择督查策略（不督查策略）的比例为 $y(1 - y)$。可得女村官选择积极作为策略的复制动态方程为：

$$F(x) = \frac{\mathrm{d}x}{\mathrm{d}t} = x(1 - x)(a + d - c - b + ym) \qquad (4-2)$$

上级主管选择督查策略的复制动态方程为：

$$F(y) = \frac{\mathrm{d}y}{\mathrm{d}t} = y(1 - y)[(m + q - e) - x(m + q)] \qquad (4-3)$$

系统的全体动态由方程（4-2）和（4-3）组成的方程组来刻画，即此方程组为：

$$\begin{cases} \dfrac{\mathrm{d}x}{\mathrm{d}t} = x(1 - x)(a + d - c - b + ym) \\[2mm] \dfrac{\mathrm{d}y}{\mathrm{d}t} = y(1 - y)[(m + q - e) - x(m + q)] \end{cases} \qquad (4-4)$$

Friedman 提出系统均衡点的稳定性可通过分析其雅可比行列式的局部稳定性得到（Friedman，1991），方程组（4-4）的雅可比矩阵为：

$$J = \begin{pmatrix} (1-2x)(a+d-c-b+ym) & mx(1-x) \\ -(m+q)y(1-y) & (1-2y)[(m+q-e)-x(m+q)] \end{pmatrix} \quad (4-5)$$

J 的行列式和迹分别为：

$$\det J = (1-2x)(a+d-c-b+ym)(1-2y)[(m+q-e)-x(m+q)]$$
$$+ m(m+q)x(1-x)y(1-y)$$

$$\mathrm{tr}J = (1-2x)(a+d-c-b+ym) + (1-2y)[(m+q-e)-x(m+q)]$$

3. 演化稳定策略

下面的分析建立在女村官与上级主管之间不存在相互勾结行为的基础上，通过对女村官和上级主管的博弈过程分析，可得到如下六种情况。

情形 1：当 $a-c>b-d$ 且 $m+q<e$ 时，由方程组（4-4）可知复制动态方程有四个均衡点，即 $O(0,0)$，$A(1,0)$，$B(1,1)$，$C(0,1)$，则它们对应的雅可比矩阵行列式与迹符号分析如表 4-10 所示。

表 4-10 情形 1 时各均衡点雅可比矩阵行列式与迹符号分析

均衡点	$\det J$（符号）	$\mathrm{tr}J$（符号）	局部稳定性
$(0,0)$	$(a+d-b-c)(m+q-e)(-)$	$(a+d-b-c)+(m+q-e)$	鞍点
$(1,0)$	$e(a+d-b-c)(+)$	$-(a+d-b-c)-e(-)$	稳定点
$(1,1)$	$-e(a+d-b-c+m)(-)$	$-(a+d-b-c+m)+e$	鞍点
$(0,1)$	$-(a+d-b-c+m)(m+q-e)(+)$	$(a+d-b-c+m)-(m+q-e)(+)$	不稳定点

由表 4-10 可知，点 $A(1,0)$ 是演化稳定策略，即当女村官选择消极作为策略时的总收益小于其选择积极作为策略时的总收益，则女村官选择积极作为策略，而上级主管在其督查成本大于女村官消极作为时的督查收益与不督查受到的处罚之和，则将选择不督查策略。

情形 2：当 $a-c>b-d$ 且 $m+q\geqslant e$ 时，由方程组（4-4）可知复制动态方程有四个均衡点，即 $O(0,0)$，$A(1,0)$，$B(1,1)$，$C(0,$

1），则它们对应的雅可比矩阵行列式与迹符号分析如表4-11所示。

表4-11 情形2时各均衡点雅可比矩阵行列式与迹符号分析

均衡点	$detJ$（符号）	trJ（符号）	局部稳定性
(0, 0)	$(a+d-b-c)(m+q-e)$（+）	$(a+d-b-c)+(m+q-e)$（+）	不稳定点
(1, 0)	$e(a+d-b-c)$（+）	$-(a+d-b-c)-e$（-）	稳定点
(1, 1)	$-e(a+d-b-c+m)$（-）	$-(a+d-b-c+m)+e$	鞍点
(0, 1)	$-(a+d-b-c+m)(m+q-e)$（-）	$(a+d-b-c+m)-(m+q-e)$	鞍点

由表4-11可知点A(1, 0)是演化稳定策略，即当女村官选择消极作为策略时的总收益小于其选择积极作为策略时的总收益，女村官将选择积极作为策略，而上级主管在其督查成本不大于女村官消极作为时的督查收益与不督查受到的处罚之和时，将选择不督查策略。

情形3：当$a-c \leqslant b-d \leqslant a-c+m$且$m+q < e$时，由方程组（4-4）可知复制动态方程有四个均衡点，即O(0, 0)，A(1, 0)，B(1, 1)，C(0, 1)，则它们对应的雅可比矩阵行列式与迹符号分析如表4-12所示。

表4-12 情形3时各均衡点雅可比矩阵行列式与迹符号分析

均衡点	$detJ$（符号）	trJ（符号）	局部稳定性
(0, 0)	$(a+d-b-c)(m+q-e)$（+）	$(a+d-b-c)+(m+q-e)$（-）	稳定点
(1, 0)	$e(a+d-b-c)$（-）	$-(a+d-b-c)-e$	鞍点
(1, 1)	$-e(a+d-b-c+m)$（-）	$-(a+d-b-c+m)+e$	鞍点
(0, 1)	$-(a+d-b-c+m)(m+q-e)$（+）	$(a+d-b-c+m)-(m+q-e)$（+）	不稳定点

由表4-12可知点O(0, 0)是演化稳定策略，对应着女村官选择消极作为策略，上级主管选择不督查策略。即女村官选择消极作为时的收益处于中间状态而督查成本又很高时，上级主管由于其督查成本

大于其查处到女村官消极作为时的收益与失职时受到的处罚之和，宁可选择不督查策略，女村官行为则会出现一种混合状态，即有的女村官选择积极作为策略，有的女村官选择消极作为策略，但最终所有女村官最后都会选择消极作为策略。

情形 4：当 $a-c \leq b-d \leq a-c+m$ 且 $m+q \geq e$ 时，由方程组（4-4）可知复制动态方程有五个均衡点，即 $O(0, 0)$，$A(1, 0)$，$B(1, 1)$，$C(0, 1)$，$D(x^*, y^*)$，$x^* = (m+q-e)/(m+q)$，$y^* = [(b-d)-(a-c)]/m$，则对应的雅可比矩阵行列式与迹符号分析如表 4-13 所示。

表 4-13　情形 4 时各均衡点雅可比矩阵行列式与迹符号分析

均衡点	det*J*（符号）	tr*J*（符号）	局部稳定性
$(0, 0)$	$(a+d-b-c)(m+q-e)$ $(-)$	$(a+d-b-c)+(m+q-e)$	鞍点
$(1, 0)$	$e(a+d-b-c)$ $(-)$	$-(a+d-b-c)-e$	鞍点
$(1, 1)$	$-e(a+d-b-c+m)$ $(-)$	$-(a+d-b-c+m)+e$	鞍点
$(0, 1)$	$-(a+d-b-c+m)(m+q-e)$ $(-)$	$(a+d-b-c+m)-(m+q-e)$	鞍点
(x^*, y^*)	$\dfrac{e(m+q-e)(b-d-a+c)(a-c+m-b+d)}{m(m+q)}$ $(+)$	0	中心点

由表 4-13 可知点 $D(x^*, y^*)$ 为中心点。说明当女村官选择消极作为策略时的收益处于中间状态，上级主管的督查成本不大于其查处到女村官消极作为时的收益与失职时受到的处罚之和时，女村官将以 $(m+q-e)/(m+q)$ 的比例选择积极作为策略，同时上级主管将以 $[(b-d)-(a-c)]/m$ 的比例选择督查策略。此演化稳定策略为一个混合策略。

情形 5：当 $a-c+m < b-d$ 且 $m+q \geq e$ 时，由方程组（4-4）可知复制动态方程有四个均衡点，即 $O(0, 0)$，$A(1, 0)$，$B(1, 1)$，$C(0, 1)$，此时的雅可比矩阵行列式与迹符号分析如表 4-14 所示。

表 4-14　情形 5 时各均衡点雅可比矩阵行列式与迹符号分析

均衡点	det$J$（符号）	tr$J$（符号）	局部稳定性
$(0, 0)$	$(a+d-b-c)(m+q-e)$ $(-)$	$(a+d-b-c)+(m+q-e)$	鞍点
$(1, 0)$	$e(a+d-b-c)$ $(-)$	$-(a+d-b-c)-e$	鞍点
$(1, 1)$	$-e(a+d-b-c+m)$ $(+)$	$-(a+d-b-c+m)+e$ $(+)$	不稳定点
$(0, 1)$	$-(a+d-b-c+m)(m+q-e)$ $(+)$	$(a+d-b-c+m)-(m+q-e)$ $(-)$	稳定点

　　由表 4-14 可知点 $C(0, 1)$ 是演化稳定策略，即女村官选择消极作为策略，上级主管选择督查策略。即当女村官选择消极作为策略时的总收益大于选择积极作为策略时的总收益与选择消极作为策略时被查处的处罚之和，因此其愿意接受处罚而不愿意选择积极作为策略；同时上级主管由于督查成本较低并且能够从督查中获得较多收益，因此其将选择督查策略。

　　情形 6：当 $a-c+m < b-d$ 且 $m+q < e$ 时，由方程组（4-4）可知复制动态方程有四个均衡点，即 $O(0, 0)$，$A(1, 0)$，$B(1, 1)$，$C(0, 1)$，则此时的雅可比矩阵行列式与迹符号分析如表 4-15 所示。

表 4-15　情形 6 时各均衡点雅可比矩阵行列式与迹符号分析

均衡点	det$J$（符号）	tr$J$（符号）	局部稳定性
$(0, 0)$	$(a+d-b-c)(m+q-e)$ $(+)$	$(a+d-b-c)+(m+q-e)$ $(-)$	稳定点
$(1, 0)$	$e(a+d-b-c)$ $(-)$	$-(a+d-b-c)-e$	鞍点
$(1, 1)$	$-e(a+d-b-c+m)$ $(+)$	$-(a+d-b-c+m)+e$ $(+)$	不稳定点
$(0, 1)$	$-(a+d-b-c+m)(m+q-e)$ $(-)$	$(a+d-b-c+m)-(m+q-e)$	鞍点

　　由表 4-15 可知点 $O(0, 0)$ 是演化稳定策略，说明当女村官选择消极作为策略时的总收益大于其选择积极作为策略时的总收益与选择消极作为策略时被查处的处罚之和，女村官宁可选择消极作为策略；而上级主管由于督查成本过大，宁可失职时受罚也不选择督查策略。

4. 提出建议

由前面的分析，我们得到如下结论：

（1）女村官是否选择积极作为策略与女村官选择积极作为策略时的效益、上级主管对于女村官选择消极作为策略时的处罚力度正相关；女村官是否选择积极作为策略与女村官选择消极作为策略的收益以及选择积极作为策略与消极作为策略的成本之差负相关。

（2）上级主管是否进行督查与其督查成本、查处到女村官消极作为时的收益以及女村官选择消极作为时不督查所受到的处罚相关。上级主管的督查成本的减少不一定促使上级主管加大督查力度，但是督查成本的增加一定会导致上级主管不选择督查策略，提高对女村官选择消极作为策略时上级主管不督查时的惩罚力度有助于加强督查工作。

在此基础上，建议做好如下方面工作：

（1）加大对女村官选择消极作为策略时的处罚力度，增大其选择消极作为策略的成本；帮助选择积极作为策略的女村官降低参政成本，增大女村官选择积极作为策略的收益，有助于提高女村官参政的积极性，促使其积极作为和更多的女村官选择积极作为策略。

（2）减少上级主管的督查成本，同时加大对上级主管失职行为的惩罚力度，有助于上级主管部门加大督查力度，促使女村官积极作为。

第三节　贵州农村妇女参政的描述性统计分析

本节对问卷主体部分的回答情况进行描述性统计分析，通过整理调查对象对参政意识、参政制度、参政途径、参政效度、参政广度、参政深度的认知数据，进而进行描述性统计分析。

一、参政意识分析

从参政认识、参政意愿、参政意向、维权意识四个方面设计了参政意识的调查问题。参政认识方面设计了"妇女应该在家从事家务/劳务，不要参与村里事务""男性适合当村官，妇女不适合当村官"两个问题，具体调查情况如表4-16所示。

表4-16 对妇女参政认识的调查情况

	非常赞成	赞成	不赞成	无所谓
妇女应该在家从事家务/劳务，不要参与村里事务	3%	12%	65%	20%
男性适合当村官，妇女不适合当村官	2%	14%	65%	19%

从表4-16可见妇女参政认识较高，超过六成的调查对象不赞成"妇女应该在家从事家务/劳务，不要参与村里事务"及"妇女不适合当村官"的说法，说明大部分妇女对传统的社会性别分工内心上并不认可，渴望能参与到公共事务中去，不赞成的比例高于第四期中国妇女社会地位调查对相关问题的不赞成比例。

参政意愿方面设计了四个问题。回答问题"您去参加村里公共事务的原因是什么"时，调查对象中28%的选择"自愿去"，16%的选择"有支持的人参加竞选"，23%的选择"看到别人去自己也想去"，33%的选择"组织要求去"，可见贵州农村妇女的参政认识虽然较高，但参政意愿并不高，自愿参加村委事务管理的妇女较少，大部分妇女是抱着无所谓的态度或被强制性要求去参加的。回答问题"当村里为了村务公开征求意见时，您会怎么做"时，调查对象中

39%的选择"认真思考，并发表意见"，10%的选择"敷衍了事，随口乱说"，19%的选择"想到什么就说什么"，9%的选择"跟随大家的意见"，23%的选择"没想过这事"，不到40%的调查对象在村里公开征求意见时是认真思考才发表意见的，大部分人没有认真对待，说明参政意愿不强烈、不积极。回答问题"您隔多长时间去了解国家的'三农'政策及村里的公共事务"时，调查对象中选择"每天"的占3%，选择"不固定，有时间就去看"的占41%，选择"跟别人聊天时"的占31%，选择"没有时间去了解"的占25%。回答问题"您是出于什么原因才去了解国家的'三农'政策及村里的公共事务"时，调查对象中选择"有了解、关心国家大事的意识"的占23%，选择"无聊，单纯看看"的占28%，选择"多看些，这样能跟人聊天"的占12%，选择"有人要求去看的"的占9%，选择"没空"的占28%。表明调查对象中，积极了解村里事务的妇女不多，更多的是没有意识去关注村委事务，近三成的妇女因受时间的限制而没有去关注。

参政意向方面设计了两个问题。回答问题"如您愿意参加村官竞选，希望竞选哪个职位"时，调查对象中28%的选择"村支书或村主任"，17%的选择"两委委员"，10%的选择"村民小组长"，33%的选择"妇联成员"，12%的选择"村民代表"；回答问题"如您不愿意参加竞选，原因是什么"时，22%的选择"不想参与"，8%的选择"家人反对"，27%的选择"家务太重"，43%的选择"其他原因"。调查数据显示只有23%的妇女自愿参加村官的竞选，36%的妇女是被动性的参选，41%的妇女明确表示不愿意参加竞选。在有意参选的人中，将近一半的人选择竞选"村支书或村主任"及"两委委员"这两个职位。妇女不愿意参加竞选的主要原因在于不想参与、家人反对、家务太重。贵州农村妇女在参政认识上不认同传统的社会性别分工，但在参政意向上并没有体现出来，其主要是受经济水平、家庭及性别因素影响导致的。

维权意识是指当权利主体在自身的合法权利受到侵犯时作出的积极反应。回答问题"在选举过程中，别人在没得到您允许的情况下帮您填写了选票时，您会怎么办"时，调查对象中 27% 的选择"向上一级反映"，21% 的选择"与她（他）理论"，37% 选择"无所谓"，15% 的选择"默默接受"。超过一半的调查对象在自身合法权益受到侵犯时，没有积极地去想方设法解决，而是觉得无所谓或者默默接受，因此需通过提高文化程度来提高维权意识乃至参政意识。

二、参政制度分析

对参政制度的了解程度是妇女参政的基础，对《村民委员会选举法》（简称《村委会选举法》）和村规民约了解程度的调查情况如表 4-17 所示。

表 4-17　对法律法规制度及相关规定的了解程度

	非常了解	了解	一般	不了解	一点都不了解
您是否了解《村委会选举法》等法律法规制度	2%	12%	30%	42%	14%
您是否了解村里的村规民约	1%	15%	35%	37%	12%

由表 4-17 可以看出，调查对象对《村委会选举法》和村规民约的了解程度不高，非常了解和了解的占比在 16% 左右，而一点都不了解和不了解的占比超过 50%，说明大部分贵州农村妇女对法律法规制度规定的妇女应享有的权利知之甚少，甚至根本就不清楚。说明

在农村应该进一步加大法律法规的宣传、落实力度，使每一位妇女都能做到"知法、懂法、用法"，充分知晓并享有合法权利。

回答问题"您认为村支两委的职责是（多选题）"什么时，288名贵州农村妇女调查对象中的 77 名选了"组织参政"，137 名选了"调解家庭矛盾"，185 名选了"组织村内各项活动"，155 名选了"发展农村经济"，66 名选了"其他"。

对"是否了解村级组织经费的来源及用处"和"妇联组织的了解"程度如表 4-18 所示。

表 4-18　对"村级组织经费的来源及用处"和"妇联组织的了解"程度

	非常了解	了解	一般	不了解	一点都不了解
是否了解村级组织经费的来源及用处	2%	10%	31%	43%	14%
对妇联组织是否有所了解	1%	13%	20%	32%	34%

村级组织作为由村民自我管理、自我教育、自我服务的基层群众性自治组织，在基层民主政治中发挥着重要作用，但大部分妇女对村级组织的职责即使有所了解，但了解不全面，对村级组织资金的来源和去向不够了解。本次调查的 80 个村中 95% 的村建立了妇联组织，但由表 4-18 可知，超过六成的调查对象对妇联组织不了解甚至是一点都不了解。

回答问题"您觉得政府提出的'三农'政策重要吗"时，调查对象中 14% 的回答"非常重要"，39% 的回答"重要"，30% 的回答"一般"，12% 的回答"不重要"，5% 的回答"一点都不重要"。访谈中发现，调查对象判断政府政策重要性的程度是根据其所在家庭能否从中受益以及受益程度，即如果其所在家庭能从中受益，则认为重要，受益越大则认为越重要。回答问题"您是否了解政府的扶贫政策"

时，调查对象中5%的人员选择"非常了解"，21%的选择"了解"，45%的选择"一般"，24%的选择"不了解"，5%的人选择"一点都不了解"。此外，据统计，仅有36%的调查对象知道自己有监督和罢免村官的权利，高达64%的调查对象不知道自己拥有该权利。

三、参政途径分析

回答问题"您是通过什么渠道了解国家'三农'政策及村里的公共事务（多选题）"时，288名妇女调查对象中有132名妇女选了"电视新闻"，有105名妇女选了"智能手机客户端"，有36名妇女选了"电脑网页"，而有126名妇女选了"听别人说"，有17名妇女选了"广告"，有21名妇女选了"村里的公告栏"，有100名妇女选了"报纸书刊"，有31名妇女选了"政策文件"，有54名妇女选了"没时间去了解"。表明随着信息技术的快速发展，互联网在农村得到了普及，有相当大比例的调查对象能运用智能手机客户端或电脑了解政策和村庄公共事务，但也有超过40%的调查对象会通过聊天了解政策和村庄公共事务。

回答问题"您参与村委会选举（投票）的原因"时，调查对象中选择"认真思考，谁最能担当村干部"的占55%，选择"我家男人选谁我就选谁"的占5%，选择"别人选谁我就选谁"的占18%，选择"我看谁顺眼我就选谁"的占2%，选择"谁适合我，我就选谁"的占7%，选择"无所谓，随便选"的占10%，选择"如果上头要求选谁，我也只能选谁"的占3%。表明半数以上的调查对象会认真对待选举，同时也存在着跟随型、盲从型、随意型等类型。

回答问题"您参与新农村建设事务讨论的次数"时，调查对象中选择"0次"的占59%，选择"1—2次"的占26%，选择"3

以上"的占11%，选择"每次都参加"的仅占4%。表明大多数调查对象没有参加过新农村建设事务讨论，只有极少数调查对象每次都参加。选择参加新农村建设事务讨论的原因是"村里事就是大家的事""关系到我的利益""凑热闹""其他"的分别占45%、37%、9%、9%，表明参加过新农村建设事务讨论的调查对象的出发点是基于集体利益或者自身利益。参与新农村建设具体事务（可多选）的118人中，参加村里修路、办理低保、危房改造、其他的具体人数分别为67人、64人、64人、34人。回答问题"您参与农村扶贫工作（精准扶贫、低保等）讨论的次数"时，调查对象中选择"0次"的占53%，选择"1—2次"的占27%，选择"3次以上"的占15%，选择"每次都参加"的占5%。表明虽然调查对象所在的村庄有参政途径，但是没有参加过的占比超过参加过的占比，每次都参加的占比更少。

回答问题"如果您遇到村委会或者上级部门的某一做法或政策严重损害您的利益时，您会选择怎么做"时，调查对象中选择"找乡镇法院调解或向法院起诉"的占22%，选择"向村委会或上级部门反映情况"的占40%，选择"通过熟人托关系解决"的占10%，选择"联合村民一起上访"的占9%，选择"没办法，他们是领导，只好听他们的"的占7%，选择"不知道怎么办"的占12%。表明当自身利益受到损害时，六成以上的调查对象会通过法律或向政府组织反映来维护自身的权益，但也存在着部分调查对象仍然缺乏维权意识和维权途径，当权益受损时，手足无措，不知道如何办。

四、参政效度分析

贵州女村官的日常工作主要是扶贫工作、解决矛盾和农村保障工作。由表4-19可知，调查对象对贵州女村官三项日常工作的评价分布相似，调查对象中选择"比较大作用"和"很大作用"的占比超过40%，占比最高的是认为女村官工作效果"一般"，说明虽然贵州女村官的各项日常工作成效得到了肯定，但还有待提高。

表4-19　对女村官工作的评价

	很大作用	比较大作用	一般	一点点作用	没有作用
扶贫工作	13%	29%	41%	12%	5%
解决矛盾	14%	29%	40%	13%	4%
农村保障	13%	30%	41%	11%	5%

从表4-20可知，村民对妇联在村级事务中的作用评价占比最多的是"一般"（40%），说明妇联没有充分发挥其效能，作用有待提高。回答问题"所在村妇联组织经常举办活动吗"时，调查对象中认为"经常举办"的占比为5%，"偶尔举办"的占比为30%，"一般"的占比为24%，"很少举办"的占比为25%，"几乎不举办"的占比为16%。可见，妇联举办活动的频率总体偏少，这和村民对妇联的作用评价大体上是一致的。妇联应多举办活动，发挥妇联的作用，教育和引导农村妇女发扬自尊、自信、自立、自强精神，为贵州农村妇女参政打下基础。

表4-20　对妇联在村级事务中的作用评价

很大作用	比较大作用	一般	一点点作用	没有作用
12%	29%	40%	14%	5%

回答问题"如果妇女有机会主持两委工作也能做得很好"时，调查对象中"非常赞成""比较赞成""一般""不太赞成""不赞成"的占比分别为12%、39%、37%、8%、4%。总的来看，超过一半的调查对象认为妇女是能做好女村官正职的，说明村民不再认为性

别是影响参政能力的重要因素，也不会因为性别而对农村妇女参政能力有所怀疑。437 名调查对象中有 51 人对这一问题持不太赞成和不赞成意见，其原因是"妇女文化程度较低"的 12 人，"妇女能力不如男性"的 10 人，"妇女家务繁忙，脱不开身"的 18 人，"家里人不支持"的 4 人，"其他原因"的 7 人。可见，不太赞成或不赞成的主要原因是认为农村妇女家务太忙，没有心思和精力做好村官正职，这既是传统性别社会分工造成的，也与当前贵州农村大量男性外出务工，农村妇女不得不承担繁重农业劳动有关，繁重的家务劳动在一定程度上压抑了贵州农村妇女的参政热情和参政欲望。另外，相对低的文化程度也影响着村民对妇女能否做好村官正职的判断。

回答问题"您觉得妇女在参加村民代表大会以及其他政治活动中会主动提建议吗"时，认为"每次都提"的占比为 5%，"经常提"的占比为 25%，"偶尔提"的占比为 45%，"不太提"的占比为 18%，"不提"的占比为 7%。总体来看，贵州农村妇女主动提建议的情况尚可，这不仅推动了农村妇女参政的发展，也有利于提高农村妇女参政的实效。

回答问题"您对所在村女村官履职情况是否满意"时，调查对象中选择"非常满意""比较满意""一般""不太满意""非常不满意"的占比分别为 6%、32%、53%、6%、3%，超过一半的调查对象对女村官履职情况感觉一般，表明女村官的履职效能有待提高。提高贵州女村官参政履职效果，有利于村民更愿意接受和支持农村妇女参政，进而为农村妇女参政营造良好的氛围，进一步推动农村妇女参政。

五、参政广度分析

回答问题"参与讨论村里修路、办理低保、评选卫生之家是妇女的份内事"时，调查对象中选择"非常赞成""比较赞成""一般""不太赞成""不赞成"的占比分别为16%、31%、32%、12%和9%。回答问题"妇女要以家庭为重，不要在外抛头露面"时，调查对象中选择"非常赞成""比较赞成""一般""不太赞成""不赞成"的占比分别为4%、9%、27%、36%和24%。从这两个问题的回答情况可知，妇女思想解放在贵州农村取得了较好的效果，绝大多数调查对象不赞成传统的"女主内"观点，但仍然有部分调查对象没有树立先进的妇女观，还深受传统思想影响，赞同传统的性别分工，说明需要进一步宣传和落实男女平等基本国策等。

表4-21 妇女参加选举和两委女委员占比情况

	40%以上	30%—40%	20%—30%	10%—20%	10%以下
参加村委会选举的妇女占总选举人数的比例	5%	12%	27%	21%	35%
女村官占村官比例	3%	8%	22%	25%	42%

由表4-21可以看出，参加村委会选举的妇女占总选举人数的比例和女村官占村官比例都主要集中在10%以下，说明贵州农村妇女在乡村治理中严重缺席，与《中国妇女发展纲要（2011—2020年)》规定的目标有较大的差距。

表4-22 妇女参加选举、会议和妇联活动的情况

	每次都去	经常去	一般	偶尔去	不去
参加村委会选举投票	4%	20%	24%	25%	27%
参加村重大决策会议	1%	19%	24%	26%	30%
参加妇联举办的活动次数	4%	19%	25%	23%	29%

从表4-22可以发现，只有不到25%的调查对象经常参加与参政

相关的选举、村重大决策会议和妇联举办的活动，超过一半的调查对象都是"偶尔去"或者"不去"，说明贵州农村妇女参政的广度有待加强。原因大概有：一是部分妇女参政意识薄弱，没有主动参政的意愿；二是一部分妇女由于家务繁忙，没有时间去参与政治活动。回答问题"有兴趣了解村里的公共事务吗"时，调查对象中选择"非常有兴趣""比较有兴趣""一般有兴趣""不太有兴趣""完全没有兴趣"的占比分别为8%、27%、34%、16%和15%。由于公共事务牵扯到每一个村民的利益，近七成的贵州农村妇女对村里的公共事务感兴趣，愿意去了解。

表4-23　妇女参加村官竞选意愿情况

非常愿意	比较愿意	一般	不太愿意	不愿意
9%	27%	26%	19%	19%

由表4-23可知，超过三分之一的贵州农村妇女是比较愿意参加村官竞选的，但"不太愿意"与"不愿意"的占比和达38%。

六、参政深度分析

表4-24　妇女对法律、法规、程序及选举的了解情况

	非常清楚	比较清楚	一般	不太清楚	不清楚
《村委会组织法》	2%	10%	24%	37%	27%
村民会议和村民代表会议召开程序	1%	10%	30%	32%	27%
本村村委会选举程序	2%	17%	32%	27%	22%
村官候选人情况	3%	18%	33%	29%	17%
村委会选举结果	4%	29%	37%	19%	11%

从表 4-24 可以看出，一半以上的调查对象"不太清楚"或"不清楚"《村委会组织法》、村民会议和村民代表会议召开程序、村委会选举程序及村官候选人情况，对于村委会选举结果相对清楚一些。可见，调查对象对自身的政治权益缺乏认识。农村妇女对相关法律、法规以及各种参政程序的了解是其参政的基础，只有增加对相关法律、法规以及各种参政程序的了解，农村妇女才能更清楚自己的权利和义务，更能维护保障自己的权益，从而实现民主政治。因此，相关部门和机构应该加强相关法律、政策的宣传，加强农村妇女对法律、法规、政策的理解，使农村妇女明白参政的意义，促使其深度参政。

据调查数据统计，调查对象在选举时，24% 的妇女"一定会"根据候选人的能力去选，18% 的妇女"经常会"，37% 的妇女"一般会"，12% 的妇女"偶尔会"，9% 的妇女"不会"。可见，大多数调查对象是认真对待选举投票的，会根据候选人的能力去选举，而不是随波逐流、胡乱选举的。回答问题"您认为您的实际参与对村委会选举结果的作用"时，调查对象中认为"非常重要""比较重要""一般""不太重要""不重要"的占比分别为 6%、26%、37%、19% 和 12%。可见，大多数贵州农村妇女对自己实际参与选举对村委会选举的作用认可度不高，这种认识导致大多数妇女缺乏参政热情，对参与村委会选举不积极。

最后，在回答问题"您认为当前农村妇女参政面临哪些困难"和"您对农村妇女参政有何意见或建议"时，代表性的回答是："在农村，经济制约着参政热情，加上性别平等宣传不到位，很少有人关心政务，与其花时间在无意义的事上，不如多干些农活家务。加大宣传力度是途径，但是根本是经济基础，只有脱贫才能积极有效地参政。建议：一是加强经济建设，只有物质生产发生改变，文化观念才会发生明显的改变；二是加大宣传力度，积极宣传政策，组织各项活动。"该回答证实了前面关于贵州农村妇女参政现状的分析内容。另外，在此次调查中，通过与贵州农村妇女的交谈发现，某些贵州农村妇女自卑感较强，对调查问卷有严重的排斥心理，她们以自己"什么都不懂"为理由拒绝问卷调查，对自身能力缺乏认识，自信心较男性弱，对男性的依赖性较强，且缺乏强烈的竞争意识。

第五章　贵州农村妇女参政的模糊综合评价研究

根据给定条件，按照标准，采用评价方法对评价对象赋予评价值，进而判断评价对象的优劣，是进行科学决策的前提。本章在构建贵州农村妇女参政评价指标体系的基础上，运用综合集成赋权法确定指标权重，再运用模糊综合评价法对贵州农村妇女参政状况进行综合评价。

第一节　贵州农村妇女参政综合评价指标体系的构建

构建评价指标体系是进行综合评价的基础，指标体系的合理性决定了综合评价结果的有效性。选取评价指标是构建评价指标体系的前提，为确保综合评价的有效性，本节在遵循评价指标体系的构建原则下，设计了贵州农村妇女参政综合评价的指标体系。

一、评价指标体系的构建原则

一般而言，构建评价指标体系应遵循以下六个原则。

科学性原则。科学性原则是指在指标的初选、筛选、赋权以及计算方法等过程中都必须采取公认的有依据的科学理论，具体而言就是选择的指标要能客观、真实地反映现状，相互之间有着明确清晰的界限。同时，选取的指标要能全面地反映所研究的问题，指标之间不能出现重叠现象。

系统性原则。系统性原则是指在构建指标体系时，要从系统的观点出发，从整体的角度构建评价指标体系，选取能全面地、综合地反映所研究问题的指标，设置合适的定性问题评价指标，减少指标的片面性和冗杂性。

可行性原则。可行性原则是要求指标体系中的指标和指标权重的参考资料和数据是易获取、易度量、易统计的，是可以通过查阅、调查等方式获得的，而不是一些无法得到的数据资料，因而最好是选择简便可行的数据资料。

可比性原则。可比性原则是指在构建评价指标体系过程中，要采取国际或国内统一口径，从而保证评价指标具有纵向可比性和横向可比性，以确保评价方法和评价结果的有效性。

独立性原则。独立性原则是指选取的评价指标之间是相互独立、互不影响、互不重复、互不包容、互不相关，要求以适当的方法消除指标体系中隐含的相关关系，从而确保指标之间的独立性。

引导性原则。引导性原则要求明确构建评价指标体系的目的，并不仅仅是为了评价现状，更重要的是还要能引导未来的发展，因此需跟踪评价结果，进一步指出发展过程中的漏洞与不足，扬长补短，对未来的建设起到一定的指导作用。

二、评价指标体系的确定

1. 评价指标体系结构类型

综合评价工作是主客观因素的结合，因此评价指标体系的建立过程也必然是主观和客观的有机结合。常见的评价指标体系结构有一元结构、线性结构和塔式结构三种类型。一元结构最为简单，其实质是单指标评价；线性结构指多个指标之间是平行或顺序关系的结构；如果难以把握多个分析因素之间的关系，则大多采用塔式结构。塔式结构符合人类处理复杂关系的思维习惯，不仅能够清晰地描述指标之间的依存关系，还是有利于分解复杂系统的简便方式。塔式结构在确定评价目标的基础上按逻辑分类向下展开为若干子目标，再将子目标向下展开为分目标，以此类推，直到能定量或定性分析为止。所选取的评价指标与评价目标直接相关，具有层次性，并可以随着目标变化而增减（蔡绍洪等，2016），其结构如图5-1所示。

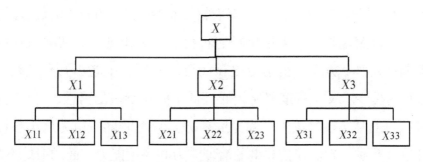

图5-1 塔式评价指标体系结构

层次分析法不仅是一种常用的系统工程方法，还是一种最主要的塔式结构分析方法。它将评价目标分解成目标、准则、指标等层次，把人的思维过程层次化、数量化。层次分析法是在对复杂问题的本质、影响因素以及内在联系进行分析后，构建层次分析模型，把思维过程数学化，从而求解多目标、多准则或无结构的复杂问题，不仅使系统分析的过程得到简化，还有助于分析者保持思维过程的一致性，并可用定量化方法加以检验（杜栋等，2005）。由于贵州农村妇女参政状况是一个非常复杂的问题，涉及的影响因素众多，因此本研究采用层次分析法构建贵州农村妇女参政状况的塔式评价指标体系，进而对贵州农村妇女参政状况进行综合评价。

2. 评价指标构成

对于贵州农村妇女参政状况这个多层次、多因素问题，先将评价目标分为参政效度、参政广度和参政深度三个准则层，然后，对三个准则层进行指标具体化，确定评价指标体系指标层。通过大量文献的阅读、预调查和同专家交流，构建的指标主要从思想文化、自身素质、社会环境和政策制度四个方面选取。随着时代的变迁，特别是改革开放后，男女平等思想深入人心，传统的"男尊女卑""男主外，女主内"等观念得到了改变，但几千年的传统思想不可能轻易地完全消失，特别是在地处偏僻、经济水平相对落后的农村地区，传统思想仍然在一定程度上干扰着农村妇女参政，对农村妇女参政产生着较大的负面影响。

为提高家庭收入，大量年轻的农村妇女外出务工，留守农村的多为中老年人，一方面，由于历史和社会的原因，中老年妇女受教育的年限相对偏少，文化程度普遍较低且低于同年龄段的男性；另一方面，农村妇女主要从事农业生产和家庭事务，缺乏时间、精力用于参政或提升自身素质，她们在公共事务治理能力和决策能力方面的锻炼不足。

社会环境指家庭环境和家庭以外的社会环境。传统的社会性别分工，使得妇女在家庭中承担着繁重的家务事，家庭成员更希望农村妇女全心全意留在家中处理好家务事，这使得贵州农村妇女参政没有时间上的保障；同时，从社会性别角度看，社会成员通常会认为男性比女性更适合参政，女性不应该"抛头露面""出风头"，并且在村级治理中会出现不愿配合女村官的工作的现象。因此，农村妇女的参政诉求，不仅得不到舆论的充分理解与支持，反而时常会遭受到家庭和社会的指责和干扰，对农村妇女造成较大的心理压力。

1998 年颁布的《村委会组织法》要求"村委会成员中，妇女应当有适当的名额"，时隔 12 年后，该法在第一次修订时更是明确指出，"村委会成员中，应当有妇女成员……妇女村民代表应当占村民代表会议组成人员的三分之一以上"，以法律的形式保障了农村妇女参政的途径，推动了女村官的出现。但在政策施行的过程中，存在着部分地区将"村委会成员中，应当有妇女成员"解读为"村委会成员有且只有一名妇女"，这又限制了农村妇女在村委会中的数量。我们在构建指标时，充分体现了上述四个因素，从贵州农村妇女参政行为主体角度，将研究对象分为女村官、妇联成员和普通农村妇女，利用层次分析法，构建贵州农村妇女参政状况的评价指标体系。准则层包含 3 个指标，指标层共有 25 个指标，具体评价指标体系如表 5-1 所示。

表 5-1　贵州农村妇女参政状况评价指标体系

目标层	准则层	指标层
贵州农村妇女参政状况	参政效度 $B1$	女村官在扶贫工作中的作用 $C1$
		女村官在解决矛盾中的作用 $C2$
		女村官在农村保障中的作用 $C3$
		妇联在村级事务中的作用 $C4$
		妇联举办活动的情况 $C5$
		对妇女主持两委工作的认可情况 $C6$
		在政治活动中主动提建议的情况 $C7$
		女村官的履职情况 $C8$

续表

目标层	准则层	指标层
贵州农村妇女参政状况	参政广度 B2	对修路、低保等事务是妇女份内事的认可情况 $C9$
		对"妇女要以家庭为重"思想的认可情况 $C10$
		参加村委会选举的妇女占总选举人数的比例情况 $C11$
		女村官占村官比例情况 $C12$
		参加村委会选举投票情况 $C13$
		参加村重大决策会议情况 $C14$
		参加村官竞选情况 $C15$
		妇女主动了解村里公共事务情况 $C16$
		参加妇联举办的活动次数情况 $C17$
	参政深度 B3	对宪法规定的妇女权利和义务的了解情况 $C18$
		对《村委会组织法》的了解情况 $C19$
		对村民会议和村民代表会议召开程序的了解情况 $C20$
		对村委会选举程序的了解情况 $C21$
		对村官候选人的了解情况 $C22$
		在选举中根据候选人能力选择的情况 $C23$
		对自己实际参与选举作用的认可情况 $C24$
		对村委会选举结果的了解情况 $C25$

3. 评价指标的确定

女村官直接参与村级治理，其参政是农村妇女参政最重要的部分，因此，对女村官具体事务工作以及总体的效度评价是很有必要的。在参政效度中，对贵州女村官参政效度的指标设置主要是从扶贫工作、解决矛盾和农村保障中的作用方面进行描述，基本涵盖了贵州女村官在村级治理中的主要工作，再从总体上对女村官的履职情况进行评价来综合地说明贵州女村官的参政效度。妇联作为党和政府联系妇女群体的纽带，有推动农村妇女参与村民自治实践，反映妇女的意见、建议和要求的职责，代表妇女参与村务决策，发挥民主参与、民主管理、民主监督作用，因此，妇联在农村妇女参政中发挥着重要作用。同时，妇联通过举办各种活动和培训来发挥其作用。所以，对贵州农村妇联参政效度的指标设置主要从妇联在村级事务中的作用和举办活动的次数来描述。普通农村妇女是农村妇女参政主体中最庞大的群体，她们的作用不容忽视，其参政的主要方式是通过村民代表大会等政治活动提意见和建议。同时，对农村妇女也能做好两委工作的认可程度反映了普通农村妇女的参政效能感，进而展现了普通农村妇女的参政效度。所以，设置贵州普通农村妇女参政效度的指标是关于妇女在政治活动中主动提建议的情况和对妇女也能做好两委工作的认可程度。

　　思想观念深刻影响着人们的社会生活行为，任何政治活动和政治行为都必然会受到思想观念的影响。思想观念对农村妇女的参政广度产生巨大的影响，农村妇女的思想观念越先进，则其参政广度越广；农村妇女的思想观念越封闭，则其参政广度越窄。因而，在参政广度的指标设置中，首先从思想观念层面考察了农村妇女的参政广度，如村里的公共事务是否是妇女的份内事以及对妇女要"以家庭为重"的认可情况。参加选举是农村妇女最重要的参政活动，它直接反映了农村妇女对参政的重视程度，参加选举的农村妇女占总选举人数的比例直接反映了农村妇女的参政广度。而女村官占村官的比例能反映在权力结构中农村妇女的参政地位。最后从妇女参加村委会选举投票情况、参加村重大决策会议情况、参加村官竞选、参加妇联举办的活动的次数以及主动了解公共事务的意愿来刻画贵州农村妇女的参政广度。以上内容充分地涵盖了农村妇女参政的方方面面，通过对农村妇女参加各种政治活动的次数来了解农村妇女参政的积极性，从而说明农村妇女的参政广度。

法律法规政策是农村妇女参政的重要保障，通过农村妇女对法律的了解程度反映农村妇女是否发挥主观能动性，主动去了解、学习相关法规政策，以了解、学习的深入与否来说明农村妇女的参政深度。首先，考察农村妇女对《村委会组织法》的了解情况，这是从国家政策层面考察农村妇女的参政深度。村级事务是农村妇女参政的重要舞台，通过农村妇女是否了解相关程序及对其了解程度来刻画农村妇女的参政深度。考察农村妇女对村民代表会议召开程序和村委会选举程序的了解程度，从村级治理层面考察农村妇女的参政深度。最后考察农村妇女参加村委会选举的情况来说明参政深度，村委会选举是农村重要的政治活动，农村妇女对村委会选举的重视程度越高，就会越积极地去了解选举的各项事宜，从而影响农村妇女的参政深度。因此，设置了农村妇女对村官候选人、村委会选举结果的了解情况，以及是否根据村官候选人的能力进行选择和对自己参与选举作用认可程度的指标。

三、综合评价的依据及数据来源

1. 样本代表性

样本代表性作为一个相对的概念，其好坏是针对不同抽样设计和抽样方案比较而言的，而不是针对某个具体的样本。事实上，只要对总体进行抽样，就不可能存在绝对意义上的代表性最好的样本，理论界存在着"概率样本说"和"结构相似说"两种不同的观点。概率样本说是一种事前的保证方法，是根据样本是否为概率样本来评估样本的代表性，关注的是抽样设计和抽样方案；结构相似说是一种事后的评估方法，是根据变量在样本中的分布是否与其在总体中的分布相似来评估样本的代表性，关注的是被实际抽取之后的样本。实践中，一般难以知道总体的分布情况，故难以判断样本的分布是否与总体的分布相似。

关于贵州农村妇女参政状况的相关文献和数据不多见，因此，本研究采用概率样本方法以提高样本代表性，具体做法是通过抽样设计来提高样本代表性。影响抽样设计的主要因素有抽样框、抽样方法和样本容量。我们的抽样调查有两个样本框，一个是年满18周岁、有选举权和被选举权的贵州农村妇女，另一个是有选举权和被选举权的贵州农村成年男性公民，调查以贵州农村妇女为主，抽样框完整地涵盖了总体。贵州农村妇女样本的抽取采用概率抽样，都有相等的概率被抽中，从而避免人为选取样本，消除人为误差。根据调研方案，采用问卷调查的方法采集所需数据。其中，发放问卷数量按照以下公式计算：

$$n_0 = \frac{t^2 pq}{\gamma^2} \qquad (5-1)$$

其中 $t = 1.96$，$\gamma = 0.07$，$q = 0.5$，$p = 0.5$，则可得 $n = 196$，因此，有效问卷数需大于等于196份。2017年12月25日至2018年2月4日的实地调查，共发放500份调查问卷，剔除空白问卷、含有缺失值的问卷和明显逻辑错误的问卷后，回收的有效调查问卷437份，回收率为87.4%，其中女性为288人，男性为149人，有效问卷数远高于最低样本容量，具有有效性。因此，此次抽样调查的样本具有很好的代表性。

2. 问卷调查

问卷调查是数据收集过程中最重要的环节，本次问卷调查围绕贵州农村妇女参政状况目标，明确了贵州农村妇女参政状况的调查内容，根据构建的评价指标体系，对问卷的问题进行逐一筛选，最终得到调查问卷。本次问卷调查采用的是自填式问卷，面对文化程度较低的农村妇女时，由访问员向被访者仔细讲解问卷内容，然后由访问员记录被访者的观点，访问员在讲解调查问卷时严格保持中立态度，避免诱导被访者。在实施正式调查前对所有访问员进行集中培训，强调调查数据真实性的重要性，并建立核查机制，要求访问员现场进行逻辑审核，减少数据的登记错误，督导员再进行复核，保证调查实施过程中的质量。

采用结构化与非结构化相结合的问卷形式，包含问卷说明部分、被访者基本信息部分和主体部分，其中问卷主体部分包含参政效度、参政广度和参政深度。男性只回答基本信息、参政广度的部分内容和参政效度的全部内容，妇女对所有问题进行回答。因此，男女两性共同对贵州农村妇女参政状况的效度作出评价，反映的是村民对贵州农村妇女参政效度的评价，而参政广度和参政深度两部分主要反映作为行为主体的农村妇女的自我情况。

第二节　贵州农村妇女参政综合评价
权重的确定

确定评价指标的权重是量化评估的关键，会直接影响综合评价的有效性和科学性。评价指标权重的确定方法有主观赋权法、客观赋权法和综合集成赋权法（王书吉，2009）。主观赋权法的优点是专家可以根据实际问题，合理确定各指标之间权系数的排序，缺点是主观随意性较大，常见的方法有层次分析法、专家调查法、Delphi（德尔菲）法、序关系分析法（G1 法）等；客观赋权法的优点是权系数具有绝对的客观性，不需要征求专家意见，缺点是确定的权系数有时与实际的重要程度相悖，常见的方法有熵值法（王靖等，2001；

邱菀华，2002）、离差最大化法（王应明，1998）、变异系数法等；综合集成赋权法是将主观赋权法与客观赋权法结合起来确定指标权重的方法，常见的方法有基于单位化约束条件的综合集成赋权法（郭亚军，2007）、基于离差平方和的综合集成赋权法（陈伟等，2007）、基于博弈论的综合集成赋权法（陈加良，2003）。本研究综合主观赋权法和客观赋权法，采用综合集成赋权法，使评价结果更具有有效性。在主观赋权法方面，采用不需要一致性检验且计算简便的序关系分析法（G1 法）（郭亚军，2007）计算权重；在客观赋权法方面，采用科学易懂、计算方便的熵值法（邱菀华，2002）计算权重。由于对贵州农村妇女参政状况进行评价时，不需要对决策方案作出选择，也不需要得到较大的综合评价值，只为了综合主客观权重，减小各权重之间的偏差，因此，本研究采用基于博弈论的综合集成赋权法计算综合权重。下面对本研究用到的权重确定方法作简单的介绍。

一、序关系分析法确定主观权重

1. 序关系分析法确定权重步骤

第一，确定序关系。若评价指标 x_i 相对于某给定评价准则的重要性程度不小于评价指标 x_j，则记为 $x_i > x_j$。若 m 个评价指标 x_1，x_2，$\cdots$，x_m 相对于某给定评价准则具有关系式：

$$x_1^* > x_2^* > \cdots > x_m^* \tag{5-2}$$

则称评价指标 x_1，x_2，$\cdots$，x_m 之间按递减关系确立了序关系。这里 x_i^* 是评价指标 x_1，x_2，$\cdots$，x_m 按序关系递减排序后的第 i 个评价指标（$i = 1$，2，$\cdots$，m）。对于评价指标集 $\{x_1, x_2, \cdots, x_m\}$ 按下述步骤建立序关系：

Step 1. 专家在指标集 $\{x_1, x_2, \cdots, x_m\}$ 中，选出自己认为最重要（关于某给定评价准则）的一个（只选一个）指标，并记为 x_1^*；

Step 2. 专家在余下的 $m-1$ 个指标中，再次选出自己认为最重要的（关于某给定评价准则）一个指标，并记为 x_2^*；

Step k. 专家在余下的 $m-(k-1)$ 个指标中，选出自己认为是最重要（关于某给定评价准则）的一个（只选一个）指标，记为 x_k^*；

…　…　…　…

Step m. 经过 $m-1$ 次挑选后，最后剩下的评价指标记为 x_m^*。

这样，确定了唯一一个序关系（5-2）式。对于某些具体问题来说，只有序关系（5-2）式还不能得到解决，还需要确定所有评价指标相对于给定评价准则的权重系数。为书写方便且不失一般性，以下记（5-2）式为：

$$x_1 > x_2 > \cdots > x_m \tag{5-3}$$

第二，给出 x_{k-1} 与 x_k 之间相对重要程度的比较判断准则。设专家关于评价指标 x_{k-1} 与 x_k 的重要性程度之比 w_{k-1}/w_k 的理性判断分别为：

$$w_{k-1}/w_k = r_k, \ k = m, \ m-1, \ m-2, \ \cdots, \ 3, \ 2 \tag{5-4}$$

当 m 较大时，（5-4）式可取 $r_k = 1$。r_k 的赋值表见表 5-2。

表 5-2　r_k 赋值表

r_k	说　明
1.0	指标 x_{k-1} 与指标 x_k 具有同样重要性
1.2	指标 x_{k-1} 比指标 x_k 稍微重要
1.4	指标 x_{k-1} 比指标 x_k 明显重要
1.6	指标 x_{k-1} 比指标 x_k 强烈重要
1.8	指标 x_{k-1} 比指标 x_k 极端重要

第三，计算指标权重。假设专家给出 r_k 的理性赋值，则

$$w_m = \left(1 + \sum_{k=2}^{m} \prod_{i=k}^{m} r_i \right)^{-1} \tag{5-5}$$

$$w_{k-1} = r_k w_k, \quad k = m, \ m-1, \ m-2, \ \cdots, \ 3, \ 2 \tag{5-6}$$

上述两式的证明如下：因为 $r_k = w_{k-1}/w_k$，则有

$$\prod_{i=k}^{m} r_i = w_{k-1}/w_m \tag{5-7}$$

（5-7）式两端对 k 从 2 到 m 求和，得

$$\sum_{k=2}^{m} \prod_{i=k}^{m} r_i = \left(\sum_{k=2}^{m} w_{k-1} \right) / w_m \tag{5-8}$$

又因为

$$\sum_{k=1}^{m} w_k = 1 \tag{5-9}$$

则有

$$1 + \sum_{k=2}^{m} \prod_{i=k}^{m} r_i = w_m^{-1} \tag{5-10}$$

从而（5-5）式可成立。（5-6）式可由（5-4）式变形得到。

2. 贵州农村妇女参政状况主观权重的确定

根据专家意见，认为贵州农村妇女参政状况评价指标体系准则层中的参政效度 B1、参政广度 B2、参政深度 B3 三个指标存在序关系：

$$B_2 > B_1 > B_3 \Rightarrow B_1^* > B_2^* > B_3^*$$

且有 $r_2 = \dfrac{w_1^*}{w_2^*} = 1.4$，$r_3 = \dfrac{w_2^*}{w_3^*} = 1.2$

则 $r_2 r_3 = 1.68$，$r_3 = 1.2$，$r_2 r_3 + r_3 = 2.88$

故 $w_3^* = (1 + 2.88)^{-1} = 0.257$，$w_2^* = w_3^* r_3 = 0.310$，$w_1^* = w_2^* r_2 = 0.433$。因此，准则层的三个评价指标 B1、B2、B3 的主观权重系数分别为：

$$w_1 = w_2^* = 0.310, \ w_2 = w_1^* = 0.433, \ w_3 = w_3^* = 0.257$$

根据专家意见，认为准则层参政效度下的 8 个指标（女村官在扶贫工作中的作用 $C1$、女村官在解决矛盾中的作用 $C2$、女村官在农村保障中的作用 $C3$、妇联在村级事务中的作用 $C4$、妇联举办活动的情况 $C5$、对妇女主持两委工作的认可情况 $C6$、在政治活动中主动提建议的情况 $C7$、女村官的履职情况 $C8$）间存在序关系：$C8 > C1 > C3 > C2 > C4 > C5 > C7 > C6$，且

$$r_2 = \frac{w_1^*}{w_2^*} = 1.6, \ r_3 = \frac{w_2^*}{w_3^*} = 1.4, \ r_4 = \frac{w_3^*}{w_4^*} = 1.2, \ r_5 = \frac{w_4^*}{w_5^*} = 1,$$

$$r_6 = \frac{w_5^*}{w_6^*} = 1.2, \ r_7 = \frac{w_6^*}{w_7^*} = 1, \ r_8 = \frac{w_7^*}{w_8^*} = 1.2$$

经计算得出评价指标 $C1$、$C2$、$C3$、$C4$、$C5$、$C6$、$C7$、$C8$ 的主观权重系数分别为：

$$w_4 = 0.169, \ w_5 = 0.101, \ w_6 = 0.121, \ w_7 = 0.101, \ w_8 = 0.084,$$

$$w_9 = 0.070, \ w_{10} = 0.084, \ w_{11} = 0.270$$

根据专家意见，认为准则层参政广度下的 9 个指标（对修路、低保等事务是妇女份内事的认可情况 $C9$、对"妇女要以家庭为重"的思想的认可情况 $C10$、参加村委会选举的妇女占总选举人数的比例情况 $C11$、女村官占村官比例情况 $C12$、参加村官选举投票情况 $C13$、参加村重大决策会议情况 $C14$、参加村官竞选情况 $C15$、妇女主动了解村里公共事务情况 $C16$、参加妇联活动情况 $C17$）间存在序关系：$C12 > C15 > C11 > C13 > C14 > C9 > C16 > C17 > C10$，且

$$r_2 = \frac{w_1^*}{w_2^*} = 1.6, \ r_3 = \frac{w_2^*}{w_3^*} = 1.2, \ r_4 = \frac{w_3^*}{w_4^*} = 1, \ r_5 = \frac{w_4^*}{w_5^*} = 1.4,$$

$$r_6 = \frac{w_5^*}{w_6^*} = 1, \quad r_7 = \frac{w_6^*}{w_7^*} = 1.2, \quad r_8 = \frac{w_7^*}{w_8^*} = 1.2, \quad r_9 = \frac{w_8^*}{w_9^*} = 1$$

经计算得出评价指标 $C9$、$C10$、$C11$、$C12$、$C13$、$C14$、$C15$、$C16$、$C17$ 的主观权重系数分别为：

$w_{12} = 0.088$，$w_{13} = 0.061$，$w_{14} = 0.123$，$w_{15} = 0.236$，$w_{16} = 0.123$，$w_{17} = 0.088$，$w_{18} = 0.147$，$w_{19} = 0.073$，$w_{20} = 0.061$

根据专家意见，认为准则层参政深度下的 8 个指标（对宪法规定的妇女权利和义务的了解情况 $C18$、对《村委会组织法》的了解情况 $C19$、对村民会议和村民代表大会召开程序的了解情况 $C20$、对村委会选举程序的了解情况 $C21$、对村官候选人的了解情况 $C22$、在选举中根据候选人能力选择的情况 $C23$、对自己实际参与选举作用的认可情况 $C24$、对村委会选举结果的了解情况 $C25$）间存在序关系：$C18 > C19 > C21 > C23 > C25 > C20 > C22 > C24$，且

$$r_2 = \frac{w_1^*}{w_2^*} = 1.2, \quad r_3 = \frac{w_2^*}{w_3^*} = 1.4, \quad r_4 = \frac{w_3^*}{w_4^*} = 1, \quad r_5 = \frac{w_4^*}{w_5^*} = 1.2,$$

$$r_6 = \frac{w_5^*}{w_6^*} = 1, \quad r_7 = \frac{w_6^*}{w_7^*} = 1.2, \quad r_8 = \frac{w_7^*}{w_8^*} = 1.4$$

经计算得出评价指标 $C18$、$C19$、$C20$、$C21$、$C22$、$C23$、$C24$、$C25$ 的主观权重系数分别为：

$w_{21} = 0.212$，$w_{22} = 0.177$，$w_{23} = 0.105$，$w_{24} = 0.126$，$w_{25} = 0.087$，$w_{26} = 0.126$，$w_{27} = 0.062$，$w_{28} = 0.105$

汇总以上结果，可得到贵州农村妇女参政状况的主观权重如表 5-3 所示。

表5-3　贵州农村妇女参政状况评价的主观权重表

目标层	准则层	主观权重	指标层	主观权重
贵州农村妇女参政状况	参政效度 B1	0.310	女村官在扶贫工作中的作用 C1	0.169
			女村官在解决矛盾中的作用 C2	0.101
			女村官在农村保障中的作用 C3	0.121
			妇联在村级事务中的作用 C4	0.101
			妇联举办活动的情况 C5	0.084
			对妇女主持两委工作的认可情况 C6	0.070
			在政治活动中主动提建议的情况 C7	0.084
			女村官的履职情况 C8	0.270
	参政广度 B2	0.433	对修路、低保等事务是妇女份内事的认可情况 C9	0.088
			对"妇女要以家庭为重"思想的认可情况 C10	0.061
			参加村委会选举的妇女占总选举人数的比例情况 C11	0.123
			女村官占村官比例情况 C12	0.236
			参加村委会选举投票情况 C13	0.123
			参加村重大决策会议情况 C14	0.088
			参加村官竞选情况 C15	0.147
			妇女主动了解村里公共事务情况 C16	0.073
			参加妇联举办的活动次数情况 C17	0.061
贵州农村妇女参政状况	参政深度 B3	0.257	对宪法规定的妇女权利和义务的了解情况 C18	0.212
			对《村委会组织法》的了解情况 C19	0.177
			对村民会议和村民代表会议召开程序的了解情况 C20	0.105
			对村委选举程序的了解情况 C21	0.126
			对村官候选人的了解情况 C22	0.087
			在选举中根据候选人能力选择的情况 C23	0.126
			对自己实际参与选举作用的认可情况 C24	0.062
			对村委会选举结果的了解情况 C25	0.105

二、熵值法确定客观权重

1. 熵值法

信息论中借用热力学名词熵来度量信息的无序度，信息熵越大，则其无序度越高，效用越小；与之相反，信息熵越小，则其无序度越低，效用值越大。根据熵的特性，可用熵值判断某个事件的随机性及无序程度，也可以用来判断某个指标的离散程度，指标的离散程度越大，则该指标对综合评价的影响越大。熵值法是根据各项指标观测值所提供信息量的大小来确定指标权重的方法，即运用信息熵评估所获系统信息的有序程度及信息的效用值。

根据信息论的定义，在一个信息通道中传输的第 i 个信号的信息量是 I_i

$$I_i = -\ln p_i \qquad (5-11)$$

这里 p_i 是该信号出现的概率。如果 n 个信号出现的概率分别为 p_1，p_2，$\cdots$，p_n，则这 n 个信号的熵（平均信息量）为：

$$-\sum_{i=1}^{n} p_i \ln p_i \qquad (5-12)$$

设

$$x_{ij}, \ i = 1, 2, \cdots, m; \ j = 1, 2, \cdots, n \qquad (5-13)$$

为第 i 个被评价对象中的第 j 项指标观测数据。对某个给定的 j，x_{ij} 的差异越大，则该指标包含和传输的信息越多，对被评价对象的比较作用就越大。

2. 熵值法计算指标权重步骤

第一，将原始数据归一化。设原始数据为

$$X = (x_{ij})_{m \times n} \qquad (5-14)$$

归一化后的数据为

$$Y = (y_{ij})_{m \times n} \tag{5-15}$$

这里

$$y_{ij} = \frac{x_{ij}}{\sum\limits_{i=1}^{m} x_{ij}} \tag{5-16}$$

且满足

$$\sum\limits_{i=1}^{m} y_{ij} = 1, \ j = 1, \ 2, \cdots, \ n \tag{5-17}$$

第二，计算熵值

$$S_j = -k \sum\limits_{i=1}^{m} y_{ij} \ln y_{ij}, \ j = 1, \ 2, \cdots, \ n \tag{5-18}$$

这里 $k = 1/\ln m$；

第三，计算偏差程度系数

$$e_j = 1 - S_j \tag{5-19}$$

第四，计算指标权重

$$w_j = \frac{e_j}{\sum\limits_{j=1}^{n} e_j}, \ j = 1, \ 2, \cdots, \ n \tag{5-20}$$

本研究运用 MATLAB 软件进行计算指标的客观权重，具体程序详见附录 A。

3. 贵州农村妇女参政状况客观权重的确定

由调查数据和熵值法，可得贵州农村妇女参政状况的客观权重如表 5-4 所示。

表 5-4 贵州农村妇女参政状况评价的客观权重表

目标层	准则层	客观权重	指标层	客观权重
贵州农村妇女参政状况	参政效度 $B1$	0.132	女村官在扶贫工作中的作用 $C1$	0.139
			女村官在解决矛盾中的作用 $C2$	0.145
			女村官在农村保障中的作用 $C3$	0.138
			妇联在村级事务中的作用 $C4$	0.135
			妇联举办活动的情况 $C5$	0.133
			对妇女主持两委工作的认可情况 $C6$	0.128
			在政治活动中主动提建议的情况 $C7$	0.099
			女村官的履职情况 $C8$	0.083
	参政广度 $B2$	0.318	对修路、低保等事务是妇女份内事的认可情况 $C9$	0.146
			对"妇女要以家庭为重"思想的认可情况 $C10$	0.159
			参加村委会选举的妇女占总选举人数的比例情况 $C11$	0.096
			女村官占村官比例情况 $C12$	0.070
			参加村委会选举投票情况 $C13$	0.099
			参加村重大决策会议情况 $C14$	0.081
			参加村官竞选情况 $C15$	0.132
			妇女主动了解村里公共事务情况 $C16$	0.118
			参加妇联举办的活动次数情况 $C17$	0.099
贵州农村妇女参政状况	参政深度 $B3$	0.550	对宪法规定的妇女权利和义务的了解情况 $C18$	0.103
			对《村委会组织法》的了解情况 $C19$	0.086
			对村民会议和村民代表会议召开程序的了解情况 $C20$	0.085
			对村委会选举程序的了解情况 $C21$	0.106
			对村官候选人的了解情况 $C22$	0.113
			在选举中根据候选人能力选择的情况 $C23$	0.238
			对自己实际参与选举作用的认可情况 $C24$	0.143
			对村委会选举结果的了解情况 $C25$	0.126

三、基于博弈论的综合集成赋权法确定综合权重

1. 基于博弈论的综合集成赋权法

基于博弈论的综合集成赋权法确定综合权重的步骤为：首先，通过主观赋权法和客观赋权法分别得到主观权重与客观权重；然后，运用博弈论方法将主观权重与客观权重综合，其基本思想是在不同权重之间寻找一致或妥协，即极小化可能的权重与基本权重之间的偏差。

其具体计算过程如下：设 m 个权重向量

$$w_i^T = (w_{i1}, w_{i2}, \cdots, w_{im}) \tag{5-21}$$

的线性组合为

$$w = \sum_{i=1}^{m} \partial_i w_i^T \tag{5-22}$$

则 W 表示基于基本权重集的一种可能权重向量，其全体

$$\left\{ w \,\middle|\, w = \sum_{i=1}^{m} \partial_i w_i^T, \text{ 此处 } \partial_i > 0 \right\} \tag{5-23}$$

为所有可能的权重向量构成的集合。所以，寻找最满意的权重向量就是对（5-22）式中的 m 个线性组合系数 ∂_i 进行优化，优化的目标是使 w 与各个 w_i 的离差极小化。从而导出如下博弈模型：

$$Min \left\| \sum_{i=1}^{m} \partial_i w_i^T - w_j^T \right\| \quad j = 1, 2, \cdots, m \tag{5-24}$$

模型（5-24）是一组含有多个目标函数的交叉规划模型，求解该模型能够获得一个跟多种权重赋值方法在整体意义上相协调、均衡一致的综合权重结果。由矩阵的微分性质，可得（5-24）式的一阶最优性条件为

$$\sum_{i=1}^{m} \partial_i w_j^T w_i^T = w_j^T w_j^T \tag{5-25}$$

化简（5-25）式可得如下线性方程组

$$\begin{bmatrix} w_1\,w_1^T & \cdots & w_1\,w_m^T \\ \vdots & \ddots & \vdots \\ w_m\,w_1^T & \cdots & w_m\,w_m^T \end{bmatrix} \begin{bmatrix} \partial_1 \\ \vdots \\ \partial_m \end{bmatrix} = \begin{bmatrix} w_1\,w_1^T \\ \vdots \\ w_m\,w_m^T \end{bmatrix} \qquad (5-26)$$

上述方程组的解可运用 MATLAB 软件求解，进而求出综合权重 W，所用程序详见附录 B。为避免出现参考权重系数值为负值的情况，可用如下优化模型求解：

$$Min = \left\| \sum_{i=1}^{m} \partial_i\,w_i^T - w_j^T \right\| \quad j = 1,\ 2,\ \cdots,\ m \qquad (5-27)$$

$$s.\ t \begin{cases} \| w_j \| = 1 \\ w_j > 0 \end{cases} \qquad (5-28)$$

2. 贵州农村妇女参政状况综合权重的确定

结合前面用序关系分析法得到的主观权重以及运用熵值法得到的客观权重，借助 MATLAB 软件，利用基于博弈论的综合集成赋权法，得到贵州农村妇女参政状况综合权重如表 5-5 所示。

表 5-5　贵州农村妇女参政状况评价的综合权重表

目标层	准则层	综合权重	指标层	综合权重
贵州农村妇女参政状况	参政效度 $B1$	0.179	女村官在扶贫工作中的作用 $C1$	0.162
			女村官在解决矛盾中的作用 $C2$	0.111
			女村官在农村保障中的作用 $C3$	0.125
			妇联在村级事务中的作用 $C4$	0.109
			妇联举办活动的情况 $C5$	0.095
			对妇女主持两委工作的认可情况 $C6$	0.083
			在政治活动中主动提建议的情况 $C7$	0.088
			女村官的履职情况 $C8$	0.227

续表

目标层	准则层	综合权重	指标层	综合权重
贵州农村妇女参政状况	参政广度 $B2$	0.348	对修路、低保等事务是妇女份内事的认可情况 $C9$	0.107
			对"妇女要以家庭为重"思想的认可情况 $C10$	0.094
			参加村委会选举的妇女占总选举人数的比例情况 $C11$	0.114
			女村官占村官比例情况 $C12$	0.180
			参加村委会选举投票情况 $C13$	0.115
			参加村重大决策会议情况 $C14$	0.086
			参加村官竞选情况 $C15$	0.142
			妇女主动了解村里公共事务情况 $C16$	0.088
			参加妇联举办的活动次数情况 $C17$	0.074
	参政深度 $B3$	0.473	对宪法规定的妇女权利和义务的了解情况 $C18$	0.157
			对《村委会组织法》的了解情况 $C19$	0.131
			对村民会议和村民代表会议召开程序的了解情况 $C20$	0.095
			对村委会选举程序的了解情况 $C21$	0.116
			对村官候选人的了解情况 $C22$	0.100
			在选举中根据候选人能力选择的情况 $C23$	0.183
			对自己实际参与选举作用的认可情况 $C24$	0.103
			对村委会选举结果的了解情况 $C25$	0.115

第三节 贵州农村妇女参政的模糊综合评价

综合评价是科学决策的前提和基础性工作。目前，人类生活领域的很多方面都应用综合评价为科学决策提供支持，综合评价所使用的方法随着应用范围变广而变多。其既有定量方法，又有定性方法，根据评价方法的理论基础，可将综合评价方法大致分为如下九大类：定性评价方法（如专家会议法、Delphi 法等），灰色综合评价法（如灰色关联度分析法等），统计分析方法（如主成分分析法、因子分析法、聚类分析法等），技术经济分析方法（如经济分析法、技术评价法等），对话式评价方法（如逐步法、序贯解法等），运筹学方法（如数据网络分析法、多目标决策方法等），系统工程方法（如关联矩阵法、层次分析法等），智能化评价方法（如基于 BP 人工神经网络的评价法等），模糊数学方法（如模糊综合评价法、模糊积分法、模糊模式识别法等）。下面简要介绍本研究用到的模糊综合评价法。

一、模糊综合评价法

1. 模糊综合评价法简介

评价具有多种属性事物时需要考虑各种因素，因而需要用包含定量指标和定性指标在内的多个指标来刻画事物的本质和特征，对具有多种属性事物的评价不能简单地用好与不好来评价，采用模糊语言分为不同程度评语进行评价更符合现实。由于对很多事物的评价带有模糊性，因而应用模糊数学方法进行综合评价会取得更好的实际效果。

1965 年，美国加州大学的控制论专家扎德（Zadeh）教授首次运用精确的数学方法定义了模糊的概念，并在此基础上提出了模糊数学理论。模糊综合评价法以模糊数学为基础，应用模糊关系的合成原理，将一些边界不清、不易定量的因素定量化，再以多个因素对被评价事物隶属度等级状况进行综合评价。它是通过构造等级模糊子集，把反映被评事物的模糊指标进行量化（即确定隶属度），然后利用模糊变量原理对各指标综合。模糊综合评价具有数学模型简单的优点，对多层次的复杂事物评价效果较好，在经济和社会等领域有着广泛的应用。

2. 模糊综合评价法步骤（陈永利等，2005）

第一，确定评价因素。通过咨询专家意见和采集实地调研得到的统计数据，确定综合评价指标集，通常设

$$U = (U_1, U_2, U_3, \cdots, U_m) \tag{5-29}$$

为刻画评价对象的 m 种评价指标。

第二，确定评价等级。建立每一指标所处状态的集合

$$V = (V_1, V_2, V_3, \cdots, V_n) \tag{5-30}$$

为刻画指标所处状态的 n 种评价等级。本研究将评价等级分为五级，即

$$V = \{v_1, v_2, v_3, v_4, v_5\} = \{非常好，比较好，一般，不好，非常不好\} \tag{5-31}$$

第三，进行单指标评价，建立单指标评价矩阵 R。在构造评价等级模糊集后，逐一对被评价事物从每个指标 $U_i(i = 1, 2, 3, \cdots, m)$ 上进行量化，构建模糊关系矩阵 R，其元素 r_{ij} 表示被评对象 O_j 在指标 V_i 上的隶属度，满足

$$r_{ij} \in [0, 1] \tag{5-32}$$

即有

$$R = \begin{bmatrix} r_{11} & r_{12} & \cdots & r_{1n} \\ r_{21} & r_{22} & \cdots & r_{2n} \\ & & \vdots & \\ r_{m1} & r_{m2} & \cdots & r_{mn} \end{bmatrix} \tag{5-33}$$

其中 r_{ij} 表示第 i 个指标对于第 j 个评价等级的隶属度，矩阵 R 中的不同行反映了被评价事物从不同的单因素来看对各等级模糊子集的隶属

程度。原因在于评价矩阵 R 中各因素满足

$$\sum_{j} r_{ij} = 1 \tag{5-34}$$

因此 R 矩阵本身无量纲，不需要做专门处理。

第四，确定评价的模糊权向量。由于评价指标集中的各指标表现对总体表现的影响是不同的，因而仅仅得到模糊关系矩阵还不足以对评价目的作出评价，因此需要引入模糊权向量

$$W = [w_1, w_2, \cdots, w_m] \tag{5-35}$$

其中 w_i 为指标的权重系数，表示该单项指标在综合评价中占的比重大小，并有

$$\sum_{i=1}^{m} w_i = 1 \tag{5-36}$$

本研究的模糊权向量采用基于博弈论的综合集成赋权法确定，具体操作步骤见前文。

第五，计算综合评价结果。引入模糊子集

$$B = \{b_1, b_2, \cdots, b_n\} \tag{5-37}$$

令

$$B = W * R \tag{5-38}$$

$*$ 为算子符号，进行模糊变换。B 是对每个被评判对象综合状况的分等级的程度描述，不能直接用于被评判对象间的优劣评判，须进一步分析处理后才能使用，常用的最大隶属度原则只利用了 B 中最大者，并没有充分利用 B 中所带来的综合信息。为充分使用 B 中信息，本研究采用加权平均法对评价结果进行处理，使评判结果更加符合实际。具体做法是通过引入步骤 2 中的等级参数 V，得到参数评价结果为 $Z = BV^T$，再由 Z 做评价。本研究运用 R 软件计算综合评价值，因综合评价的计算仅涉及矩阵的乘法运算，较为简单，故未在附录中呈现。

二、贵州农村妇女参政的模糊综合评价

1. 单指标评价矩阵

利用原始数据的得分情况，按照比重进行数据处理，得到打分结果，从而确定参政效度、参政广度、参政深度的单指标评价矩阵。

参政效度的单指标评价矩阵

$$R_1 = \begin{bmatrix} 0.133 & 0.293 & 0.405 & 0.121 & 0.048 \\ 0.142 & 0.290 & 0.389 & 0.133 & 0.046 \\ 0.131 & 0.302 & 0.407 & 0.110 & 0.050 \\ 0.117 & 0.293 & 0.396 & 0.139 & 0.055 \\ 0.055 & 0.295 & 0.243 & 0.249 & 0.158 \\ 0.119 & 0.393 & 0.371 & 0.078 & 0.039 \\ 0.048 & 0.247 & 0.446 & 0.183 & 0.076 \\ 0.064 & 0.325 & 0.526 & 0.064 & 0.021 \end{bmatrix}$$

参政广度的单指标评价矩阵

$$R_2 = \begin{bmatrix} 0.160 & 0.309 & 0.323 & 0.121 & 0.087 \\ 0.236 & 0.361 & 0.271 & 0.094 & 0.038 \\ 0.056 & 0.118 & 0.267 & 0.212 & 0.347 \\ 0.028 & 0.087 & 0.219 & 0.250 & 0.416 \\ 0.042 & 0.201 & 0.243 & 0.247 & 0.267 \\ 0.014 & 0.184 & 0.243 & 0.257 & 0.302 \\ 0.090 & 0.267 & 0.261 & 0.191 & 0.191 \\ 0.080 & 0.268 & 0.340 & 0.163 & 0.149 \\ 0.042 & 0.191 & 0.246 & 0.229 & 0.292 \end{bmatrix}$$

参政深度的单指标评价矩阵

$$R_3 = \begin{bmatrix} 0.021 & 0.156 & 0.267 & 0.316 & 0.240 \\ 0.021 & 0.097 & 0.240 & 0.375 & 0.267 \\ 0.014 & 0.101 & 0.299 & 0.319 & 0.267 \\ 0.017 & 0.174 & 0.316 & 0.267 & 0.226 \\ 0.031 & 0.184 & 0.330 & 0.285 & 0.170 \\ 0.236 & 0.184 & 0.368 & 0.125 & 0.087 \\ 0.066 & 0.257 & 0.368 & 0.191 & 0.118 \\ 0.038 & 0.288 & 0.372 & 0.194 & 0.108 \end{bmatrix}$$

2. 准则层综合评价

评价决策中使用加权平均型模糊算子，按照权重大小对所有指标均衡兼顾。设定评价等级域：A 级为非常好，记 5 分；B 级为比较好，记 4 分；C 级为一般，记 3 分；D 级为不好，记 2 分；E 级为非常不好，记 1 分，即

$$V = \{v_1,\ v_2,\ v_3,\ v_4,\ v_5\} = [1,\ 2,\ 3,\ 4,\ 5]^T$$

利用加权平均型模糊算子，综合权重集与单因素评价矩阵，从而得出综合得分。具体计算过程如下所示。

参政效度的综合得分

$B_1 = W_1 * R_1 = \begin{bmatrix} 0.162 & 0.111 & 0.125 & 0.109 & 0.095 & 0.083 & 0.088 & 0.227 \end{bmatrix} *$

$$\begin{bmatrix} 0.133 & 0.293 & 0.405 & 0.121 & 0.048 \\ 0.142 & 0.290 & 0.389 & 0.133 & 0.046 \\ 0.131 & 0.302 & 0.407 & 0.110 & 0.050 \\ 0.117 & 0.293 & 0.396 & 0.139 & 0.055 \\ 0.055 & 0.295 & 0.243 & 0.249 & 0.158 \\ 0.119 & 0.393 & 0.371 & 0.078 & 0.039 \\ 0.048 & 0.247 & 0.446 & 0.183 & 0.076 \\ 0.064 & 0.325 & 0.526 & 0.064 & 0.021 \end{bmatrix}$$

$$= [0.100 \quad 0.305 \quad 0.415 \quad 0.124 \quad 0.055]$$

$$p_1 = B_1 * V = 2.726$$

同理，可得参政广度和参政深度的综合得分

$$B_2 = W_2 * R_2 = [0.080 \quad 0.211 \quad 0.264 \quad 0.200 \quad 0.246]$$

$$p_2 = B_2 * V = 3.324$$

$$B_3 = W_3 * R_3 = [0.067 \quad 0.179 \quad 0.319 \quad 0.253 \quad 0.182]$$

$$p_3 = B_3 * V = 3.304$$

3. 综合评价得分

以上可得评价矩阵

$$R = \begin{bmatrix} B_1 \\ B_2 \\ B_3 \end{bmatrix} = \begin{bmatrix} 0.100 & 0.305 & 0.415 & 0.124 & 0.055 \\ 0.080 & 0.211 & 0.264 & 0.200 & 0.246 \\ 0.067 & 0.179 & 0.319 & 0.253 & 0.182 \end{bmatrix}$$

从而得到贵州农村妇女参政状况的综合得分

$$A = W * R = [0.179 \quad 0.348 \quad 0.473] *$$

$$\begin{bmatrix} 0.100 & 0.305 & 0.415 & 0.124 & 0.055 \\ 0.080 & 0.211 & 0.264 & 0.200 & 0.246 \\ 0.067 & 0.179 & 0.319 & 0.253 & 0.182 \end{bmatrix}$$

$$= [0.077 \quad 0.213 \quad 0.317 \quad 0.211 \quad 0.182]$$

$$p = B * V = 3.208$$

三、综合评价结果及分析

利用上面的计算结果，得到贵州农村妇女参政状况评价结果如表5-6所示。

表5-6 贵州农村妇女参政状况评价结果

目标层	贵州农村妇女参政状况		
得分	3.208		
准则层	参政效度	参政广度	参政深度
得分	2.726	3.324	3.304
排序	3	1	2

从表5-6可看出，贵州农村妇女参政状况整体综合评分为3.208分，稍超出一般水平。从准则层得分来看，参政广度和参政深度虽然都高于综合水平，对贵州农村妇女参政状况均有拉升的作用，但也尚未达到"较好"等级；同时参政广度虽然综合得分最高，但与参政深度之间的差距并不明显。参政效度综合得分最低，且低于一般水平，处于"不好"等级，拉低了贵州农村妇女参政状况的综合得分。因此，提升贵州农村妇女参政状况的首要任务是增强其参政效度。

附录 A 熵值法计算客观权重

```
clc
clear
close all
data=xlsread（'B. xlsx'）;
B1=data;
y=［］;
［m, n］=size（B1）;
for number=1：n
    y（：, number）=B1（：, number）/sum（［B1（：, num-
ber）］）;
end
for j=1：n
    sum（1, j）=0
    for i=1：m
        y_ Lny（1, j）=y（i, j）.*log（y（i, j））;
        sum（1, j）=sum（1, j）+y_ Lny（1, j）;
    end
end
k=1./log（m）;
s=-k.*sum;
e=ones（1, n）-s;
w=e./sum（e）
```

```
total＝sum （w）；
w＝w'；
save B 权重. txt w－ascii
```

附录 B　基于博弈论的综合集成赋权法计算综合权重

```
clc
clear all
data＝xlsread（'综合权重. xlsx'）；
%B 用
  w1＝data（1：3，1）；
  w2＝data（1：3，2）；
%%C1—8 用
  w1＝data（4：11，1）；
  w2＝data（4：11，2）；
%%C9—17 用
  w1＝data（12：20，1）；
  w2＝data（12：20，2）；
%%C18—25 用
  w1＝data（21：28，1）；
  w2＝data（21：28，2）；
A＝［w1'＊w1，w2'＊w1；w1'＊w2，w2'＊w2］；
D＝inv（A）；
B＝［w1'＊w1，w2'＊w2］；
B＝B'；
alpha＝（A）/B；
alpha_ 1＝alpha（1）/sum（alpha）；%qz1
alpha_ 2＝alpha（2）/sum（alpha）；%qz2
```

```
zhqz＝alpha_ 1*w1+alpha_ 2*w2
for i＝1：length
end
sum （zhqz）
```

%B 用

```
save B 综合权重．txt zhqz-ascii
```

%%C1—8 用

```
save C1—8 综合权重．txt zhqz-ascii
```

%%%C9—17 用

```
save C9—17 综合权重．txt zhqz-ascii
```

%%C18—25 用

```
saveC18—25 综合权重．txt zhqz-ascii
```

第六章 贵州农村妇女参政的 影响因素

综合评价结果表明，贵州农村妇女参政状况综合水平仅稍微超过一般水平，其中参政广度、参政深度相对较好，都高于综合水平；参政效度相对较差，且低于一般水平。影响贵州农村妇女参政状况的前三位主要因素依次为传统思想、自身素质、政策制度。本章依次分析传统思想、自身素质、政策制度对贵州农村妇女参政的影响。

第一节 传统思想对贵州农村妇女 参政的影响

思想观念深刻影响着人们的社会生活行为，政治活动和政治行为也不可避免地受到思想观念的影响。在我国，特别是农村一些地方，传统的"男主外，女主内""男尊女卑"为代表的男权文化仍然存在，在少数地方仍占据着主流地位，深刻影响着人们的参政心理，继而影响人们的参政行为。传统思想对贵州农村妇女参政的影响主要体现在以下三个方面。

一、传统婚姻模式的影响

大约在五六千年前出现的男权制，使男性成为家庭中的主导者，而女性沦为男性的附属品。男权制是指男性家长控制家庭人力和非人力资源，并将这些资源视为其私有财产的一种综合性社会制度，它是男性支配女性的一种历史性制度。[①] 在男权制基础上建立的一夫一妻制家庭，男性处于绝对主导地位，掌握着对家庭经济和其他成员的控制权。男权制下的婚姻模式变成了从夫居的模式，在这种婚姻模式下，妇女婚后从夫而居，成为男性的附属品，造成了男女在社会角色中的不同定位，导致了妇女被束缚于家庭劳动之中，被排斥于社会政治活动之外。从夫居的婚姻模式减少了妇女的社会资源。

1. 从夫居的婚姻模式在很大程度上侵害了农村妇女的财产权

土地作为农村财产权的主要代表，其分配过程就是利益分配过程，但农村土地分配大多数是按照分男不分女的原则进行，因而，妇女很难得到土地承包权等财产权利。作为迁居者，婚后农村妇女即使在娘家有土地也会被收回，而在丈夫所在村的土地承包权属于丈夫。妇女离异后，在嫁入村和娘家村都不会分配有土地。从夫居的婚姻模式使得妇女的以土地为代表的财产权很容易受到侵害，容易丧失参与社会事务的经济保障，从而无暇顾及政治权利的追求。

2. 从夫居的婚姻模式减弱了妇女的社会关系

妇女婚后，不得不离开自己原来的村庄环境，迁入到丈夫所在地居住，需要在一个被丈夫各种关系包围的环境中，重新建立社会关系，逐渐丧失原有的社会关系网络。因而，妇女要在重视宗族、血缘

---

① 魏国英主编：《女性学概论》，北京大学出版社2003年版，第80页。

的乡村竞选村官，很难得到村民的认可，进而很难获得与男性同等的地位和权力。社会资源的缺乏，导致妇女社会关系积累不够牢固，威望和地位都不高，使得妇女的参政深度和参政效度深受影响，只能浅层次参政，也难以对村官候选人有比较清楚的了解。

3. 从夫居的婚姻模式降低了妇女的社会地位

为维护男性绝对权威和确定女性附属地位而形成的男权制，赋予了男性拥有主导地位和财产继承权等，使得妇女只有通过婚姻才能从丈夫那里获得必需的生活资源。以男权为基础的传统文化思想虽然随着长期的革命和改革，在社会上不再是主流，但是，男权文化中的"男主外，女主内"等观念依然存在于人们的内心和社会生活中，不可避免地主导着人们的思想，一些人的"男尊女卑"观念否定了妇女的作用，降低了妇女的社会地位，难以将妇女纳入社会管理者角色，她们只能是被管理者的角色。

二、传统家庭道德观念的影响

传统家庭道德观念要求妇女担负起社会劳动和家庭劳动的双重任务，做一个"贤妻良母"，这一道德标准使得妇女一旦参政则需要比男性付出更多的精力，给农村妇女参政带来很大的困难。在现实生活中即使妇女为家庭和社会事务作出了贡献，还是会受到社会和道德的评判，得不到与男性平等公正的对待。因此，转变传统家庭道德观念是鼓励农村妇女参政的前提。

随着乡村治理体系的完善和男女平等基本国策的实施，社会要求妇女参与到社会政治生活中来。社会角色和家庭角色的冲突必然引起不同的参政行为，如何协调、平衡二者带来的冲突，是农村妇女参政所面临的难题之一。两种不同角色的冲突常引发妇女内心的冲突，不知如何取舍家庭与工作。家庭、社会对妇女家庭角色的期待，增加了妇女履行社会角色的压力，加大了妇女的参政成本，导致妇女参政在一定程度上的边缘性和业余性，影响了妇女参政效度。在相对封闭的农村，由于男性大都外出务工，妇女不仅要从事农业生产，而且要承担繁重的家务，这些限制了农村妇女的参政的积极性，延缓停滞了农村妇女参政时间，降低了农村妇女在政治决策中的影响力，导致农村妇女参政广度和参政效度相比男性都低，也缺乏对村官正职的追求。事实上，如果妇女只是扮演家庭角色成功，不能扮演好社会角色的话，那么妇女的参政效度将会很低；如果妇女只是扮演好社会角色，不能扮演好家庭角色的话，那么外界对妇女的种种质疑会导致其对参政产生恐惧心理，从而延缓妇女参政进程，进一步固化人们对妇女家庭角色的认同。来源于家庭、社会对农村妇女参政的消极态度和农村妇女对自身社会角色的消极否定评价，常常导致农村妇女参政的种种保守态度，造成了农村妇女政治心理的缺失。调查表明只有不到四分之一的妇女调查对象自愿参加村官竞选，大部分妇女并没有意愿主动参加竞选，其不愿意参加村官竞选的主要原因是不想参与、家人反对、家务太重，这反映了贵州农村妇女的角色地位主要还是家庭角色，缺乏对妇女社会角色的认同，从而导致她们缺乏参政热情。因而，传统的家庭道德观念制约了贵州农村妇女参政的积极性。

三、传统性别分工的影响

传统的农业生产主要依靠体力劳动耕种，男性相比女性有着先天的优势，使得男女两性在生理上的差异逐渐向社会领域延伸，导致男女从事不同的职业，并形成专业化。男权制的建立，造成了男女两性社会地位的不平等，使得男性与公共领域越来越紧密地联系在一起，女性则越来越与家庭私人领域联系在一起，从而又进一步加剧了社会分工的不平等。这种建立在性别不平等基础上的劳动分工成为制约农村妇女参政的一个重要因素。

传统的社会劳动分工深受"男主外，女主内"思想的主导，在这种思想影响下，所有的女性都被赶出了公共领域，只有男性贵族才能够掌握公共领域中的权力。家又被分为内外，生育、做饭、照顾家人等被视为内，是女人的领域，而决定家庭事务、读书、做官、与外界交往，属于男性的领域。① 新中国成立后，这种传统性别分工模式被打破了，女性获得了与男性平等的权利，享有和男性同等的受教育权、选举权和被选举权等，但是延续几千年的传统思想还在深刻地影响着人们，特别是在相对封闭的农村。当一个家庭的男女主人都有机会参与村官竞选时，往往是妇女选择放弃机会，转而帮助、支持丈夫。这种传统性别分工观念的存在，会造成这样的情况出现：即使妇女有机会与男性参与同一非偏重女性工作竞争时，绝大多数村民还是会选择男性，从而减少了农村妇女参政的机会。同时，受传统性别分工模式的影响，农村妇女还往往将性别分工习俗和观念内化为无意识的价值判断，视参政为"畏途"，使得自愿参政的农村妇女人数相对偏少。

传统性别分工还加剧了村民对妇女能力的不信任。农村妇女参加竞选，不仅需要考虑村民的看法，还要面对家庭其他成员的意见。传统性别分工使得男性即使不反对农村妇女参加村官竞选，但是对妇女参政还是存在着不信任态度，这一点从调查对象对女村官履职情况选择"比较满意"以上的占比不到40%可见一斑。传统思想使得男性不愿激发妇女的潜能和支持妇女参选，农村妇女由于缺乏主动性，宁

---

① 李惠英、田晓红：《制约农村妇女政治参与相关因素的分析——村委会直选与妇女参政研究》，《中华女子学院学报》2003年第2期。

可将时间和精力更多地放在家务劳动中，也不愿主动表达自己的真实想法。虽然，在《中国妇女发展纲要（2011—2020 年)》和《村委会组织法》中都提出了保障妇女政治权利、提高妇女参政数量和参政质量的要求，但在调查中发现，受传统性别分工的影响，妇女的参政能力并没有得到社会的广泛认可，村民也不完全相信妇女的参政能力。

第二节　自身素质对贵州农村妇女参政的影响

英格尔斯指出："那些完善的现代制度以及伴随而来的指导大纲、管理守则，本身只是一些空的躯壳。如果一个国家的人民缺乏一种能赋予这些制度以真实生命力的广泛的现代心理基础，如果执行和运用着这些现代制度的人，自身还没有从心理、思想、态度和行为方式上都经历一个向现代化的转变，失败和畸形发展的悲剧结局是不可避免的。"①由此可见，人是政治活动中的一个不可或缺的变量因素。农村妇女自身素质能否适应参政的要求，是一个值得关注的问题。我们认为农村妇女经济上的从属性决定了其无法取得政治地位的独立性；农村妇女受教育水平的不均衡制约了农村女妇女参政的能力，从而导致了农村妇女自身的参政意识比较薄弱，缺乏积极参与村级事务管理的意识。

一、经济水平的影响

经济基础决定上层建筑这一基本原理表明经济水平是制约政治活动的重要因素，个人经济能力的强弱直接影响其政治权利，公民的经

---

① ［美］英格尔斯：《人的现代化》，殷陆君编译，四川人民出版社 1985 年版，第 4 页。

济能力越强，在一定程度上会相应地提高其参政的主动性，从而享有更多的政治权利。据资料显示，当人均年收入在200—2000美元时，妇女主要关注的是经济权益，而当人均收入大于2000美元时，妇女则不但要求经济权益，而且会更多地争取政治权益。[①] 当我们把视线移向现实生活时，也会发现妇女参政与社会的经济发展水平密切相关，经济发展水平高的国家，妇女参政的状况也就相对好一些。例如，在挪威女首相布兰特伦执政时期，15个内阁成员中有8名女性；瑞典妇女在企业、政府部门担任正职的比较多；瑞典社会民主党、自由党的妇女组织提出争取参政率达到50%和候选人中提一名男性必须同时提一名女性的奋斗目标；1991年，埃迪特·克勒松夫人成为法国第一位女总理；英国的撒切尔夫人三次执政；等等。这些国家的一个共同的特点就是经济比较发达、社会比较开放。

在传统性别分工模式下，男性从事的是社会劳动，活动范围属于公共领域，其生产劳动可以货币化；而女性从事的家务劳动，活动范围局限于私人领域，难以货币化，这不可避免地降低了女性的经济地位。由于"妇女被孤立、排斥在公共领域之外，她们很可能成为一支保守力量，会无意识地保持现状，信奉持家教子的传统观念"[②]，而其劳动收入又被淹没于家庭总收入中不能独立核算，经济上的从属性压抑了妇女的主体意识，其结果是她们对外界的了解和接触甚少，不得不依赖于各自的家庭，成为原子化的"家庭动物"，其政治权利和资源难免会被男性代表所占有。[③]

---

① 霍雨慧：《从农村妇女到现代公民角色转变的障碍及路径分析——基于农村妇女政治参与的研究》，《党政干部论坛》2009年第9期。

② 王政、杜芳琴主编：《社会性别研究选译》，生活·读书·新知三联书店1998年版，第17页。

③ 杨翠萍：《村委会选举：农村妇女参与缺失的原因分析》，《社会主义研究》2003年第4期。

当前，随着社会主义市场经济的发展，农村妇女的经济水平已有较大提高，但是从宏观角度看，农村妇女的参政依然受限于农村的整体经济实力。在贵州农村地区，男性外出务工所赚取的收入已成为家庭收入的主要来源，妇女留在家中担当经济层次较低的农业劳动，其收入淹没于家庭总收入中，因而无法改变其经济地位的附属性，这严重影响了农村妇女的参政能力。调查数据表明，调查对象中 73% 的家庭人均年收入在 6600 元以下，其中，40% 的家庭人均年收入在 3200 元以下。288 名妇女调查对象中，104 名妇女收入完全或主要依靠丈夫，仅仅 13 名妇女收入完全或主要依靠自己，可见已婚贵州农村妇女的家庭收入来源是丈夫占主导地位，妇女在经济上处于从属地位，这使得她们在农村的社会生活中不受重视或受重视的程度不够，导致了她们无法在政治上取得与男性平等的参政权力和相对独立的政治地位，从而抑制了贵州农村妇女参政。

二、教育程度的影响

列宁曾指出，"文盲是处在政治之外的，必须先教他们识字。不识字就不可能有政治"①。可见，个体受教育程度的高低是影响其参政的关键因素。在我国传统的文化和社会制度中，父母对子女的受教育程度表现出一定的性别倾向，女性的受教育机会得不到保证，导致男女两性的受教育机会差距偏大。女性的受教育时间相对于男性要少，且文化程度不高的妇女对女童的教育不重视，产生了恶性循环，导致农村女性文化素质普遍相对较低，从而影响着女性自身的政治素质，制约着她们的参政意识和参政行为。

---

① 《列宁全集》第 42 卷，人民出版社 1987 年版，第 200 页。

妇女受教育程度直接影响着其接受政治信息的程度，还影响其理解政治的深度、参政的能力和参政的方式。受教育程度高的妇女，获取知识和信息的能力比较强，能够更加深刻地理解国家政策法规，参政的可能性比较大，能采用比较理性的方式去认识和分析问题，从而能积极、有效地参政。也就是说，受教育程度高的妇女更容易形成和具备较强的参政意识和参政能力；反之，受教育程度较低的妇女不仅缺乏一定的参政敏感性，加上生育相对较多，从而无暇顾及参政等方面的信息，社会给予她们参政的机会相对较少，其参政意识与参政能力相对较低，在分析和解决问题时更容易感情用事，不利于参政效度的实现。妇女的受教育程度也深刻影响着后代的参政行为，妇女的家庭角色决定了其在家庭教育中的重要地位，妇女的教育程度对后代的发展有着关键性作用。接受教育的妇女越多，程度越高，其所影响的群体范围就会越大，这就使得打破旧的传统观念、促进社会接纳妇女参政的可能性就越高，从而为妇女参政提供良好的家庭和社会环境。妇女受教育程度还与其家庭收入有着明显的关联，其受教育程度越高，通常其所在家庭的人均年收入也较高；反之，妇女受教育程度越低，通常其所在家庭的人均年收入也较低。

第七次全国人口普查数据显示，贵州省具有大学文化程度人口的占比为 10.95%，具有高中文化程度的占比为 9.95%，具有初中文化程度的占比为 30.46%，具有小学文化程度的占比为 31.92%，15 岁及以上人口的平均受教育年限为 8.75 年，文盲率为 6.68%。[1] 本次调查数据表明，288 名妇女调查对象中 54% 的文化程度在小学及以下，只有 24% 的具有高中及以上学历。与此同时，只有 2 名妇女担任过村支书或村主任，5 人担任过村支两委委员，高达 65.98%（190

---

① 《贵州举行第七次全国人口普查数据新闻发布会》，国务院新闻办公室网，2021年 5 月 25 日。

人）的妇女从未担任过任何职务；126 名妇女选了通过"听别人说"来了解国家政策及村里的公共事务，54 名妇女选了"没时间"去了解相关信息。可见贵州农村妇女总体偏低的教育程度是导致她们参政不足的一个重要影响因素。

三、参政意识的影响

随着全面建成小康社会战略目标的完成和乡村振兴战略的实施，农村经济水平得到了快速提高；义务教育的全面贯彻落实和高等教育的普及化，提高了公民的受教育程度，促进了农村妇女对参政的认识。担负家庭角色和社会角色双重任务的妇女，不仅有传统含蓄内敛的一面，而且还有展现自己的强烈意愿。现实中，农村妇女一方面不认可传统性别分工，不愿局限于家庭角色，渴望能有机会参与到公共事务管理中；另一方面，对自己能力不信任，缺乏参政意愿，即使有心参加竞选，却又不好意思在村民面前展现自己，最后只能放弃竞选，在参政意识上更多地表现为被动的分配和服从，缺乏主动参政的积极性。被动性参政降低了农村妇女的竞争意识，影响了妇女参政的能力。

受经济因素和教育水平等因素的限制，农村妇女群体中存在着政治冷漠群体，具体表现为对选举投票不积极，认为自己的选票对选举结果影响有限，缺乏参政热情，把自己排除在参政之外。形成此群体的主要原因是她们政治效能感偏低，对参政认同感不高。同时，"社会心理学的研究表明，合群性是人类社会性需要的重要方面"[1]，女性有着比男性更强烈的合群需求，从而在工作生活中普遍存在着依附

---

[1]　刘术泉：《政策失效、制度创新与性别平等——农村妇女参与村民自治的新制度经济学分析》，《理论观察》2007 年第 2 期。

心理，不敢或者不愿意成为领导者，导致妇女参政比例较低。受教育程度偏低的影响，农村妇女很少通过网络了解参政内容，更不用说通过网络主动承担起对他人和社会的责任和义务。

农村妇女自身素质发展的不完善，导致其缺乏参政勇气和参政机会，严重制约了贵州农村妇女参政意识的增强和参政状况的改善。调查表明，超过80%的调查对象不认可传统的社会性别分工，说明贵州农村妇女渴望能参与公共事务管理；但调查对象中只有28%的调查对象自愿去参与村里的公共事务，33%的是因为组织要求才去参与村里的公共事务；只有23%的自愿参加村官的竞选，36%的是被动性的参选，41%的明确表示不愿意参加竞选。同时，68%的调查对象认为自己的选票对选举结果没有影响力，认为自己实际参与选举对村官选举的作用在"一般以下"，这种政治冷漠导致妇女缺乏参政热情，只有30%的调查对象会在参政活动中经常主动提建议，参加村委会选举的妇女在总选举人数中的占比和女村官的占比均不到10%。

第三节　公共政策对贵州农村妇女参政的影响

1997年联合国经济与社会理事会对社会性别主流化进行了界定，并运用该概念对公共政策进行社会性别分析，从这之后，社会性别主流化作为实现社会性别平等的一种手段和策略方法被很多国家采纳和实施。中国政府为促进妇女参政作出了很多努力，农村妇女参政状况一直是党和政府关注的重点之一，为此制定和实施了一系列相关的法律政策以提高农村妇女参政的数量和质量。这些努力得到了广泛的认可，但在实践中也遭遇了困难和挑战。

一、政策本身缺陷的影响

新中国成立后，制定了一系列推动农村妇女参政的法律政策，并在实践中得到不断改进和完善，但从政策的实施效果来看，政策本身存在的缺陷是导致结果与预期差距较大的一个原因。如几经修正的《妇女权益保障法》中规定："妇女享有与男子平等的选举权和被选举权。全国人民代表大会和地方各级人民代表大会的代表中，应当保证有适当数量的妇女代表。国家采取措施，逐步提高全国人民代表大会和地方各级人民代表大会的妇女代表的比例。居民委员会、村民委员会成员中，应当保证有适当数量的妇女成员。"[1] 修订后的《村委会组织法》第六条也只规定，"村民委员会成员中，应当有妇女成员"。但此类法规既没有明确村委会中妇女的数量，更没有规定妇女的具体职务。同时，这些规定也没有对如何保证妇女权利得以实现作出具体性规定，在实践中缺乏具体的可操作性，容易导致政策执行者在执行过程中不知如何下手，最后要么选择放弃，要么应付了事。作为保障政策顺利实施的惩罚措施是政策制定的重要组成部分，但目前我国促进妇女参政的政策中很少有对违规操作的惩罚条款和申诉渠道，使得政策执行者在实践中可以依据自己的偏好执行政策，偏离了相关法律政策实行的真正意义，从而无法达到预期的政策效果。

随着男女平等基本国策、《妇女权益保障法》等的执行不断推进，农村妇女参政引起了国家和各级政府的高度重视，具有性别意识的地方政府纷纷出台了促进农村妇女参政的相关政策。如，在2002

---

[1]　《中华人民共和国妇女权益保障法》，中国人大网，2022年10月30日。

年第五届村委会换届选举中，由江西省妇联联合省民政厅发布的《关于切实做好全省第五届村民委员会选举工作的意见》中，针对女性候选人制定了具体措施：要求在提名候选人时，确保村委会成员候选人中妇女有适当比例，至少应当有一名女候选人；在正式投票选举中，把村民拥护的思想好、作风正、有文化、有本领、真心实意为群众办实事的妇女选进村委会班子；对选举已经结束或基本结束的地方，如果妇女干部当选比例过低的，要采取优先考虑一定比例的女干部的办法进行补救。湖南省妇联联合省民政厅发布的《关于确保妇女在村委会换届选举中当选的有关问题的通知》中，也制定了妇女进村支两委的具体措施：要求在提名和介绍候选人时，应当积极鼓励和引导村民公平公正地对待女性候选人，并要求如果村委会成员中没有选举出妇女成员，采取增加职数等办法，直至选举出女性成员。2008年，山西省太原市小店区民政局和妇联在《关于转发山西省民政厅、山西省妇联〈关于加强妇女参与全省第八届村民委员会换届选举工作的通知〉的通知》中，规定："村委会成员中至少有一名妇女，女成员实行'专职专选'，否则要进行另行选举，直到产生女性成员为止"，取得了较好的效果。之后，不少地方政府出台了农村女候选人名额、妇女当选村委会比例的相关政策。但由于处于国家法律地位的《妇女权益保障法》《村委会组织法》《村委会选举法》中都只规定了村委会成员妇女应当占有"适当名额"或"适当数量"，并没有给出刚性规定，因此，在社会性别意识不强的省市和地区相继出现了一些问题，如选举的不公平性问题、农村妇女参政意愿被抑制问题等。总之，政策本身的缺陷使得农村妇女依然很难进入村级管理决策层，已成为影响农村妇女参政的一个因素。

二、政策执行偏差的影响

政策执行者对政策解读的积极态度，会为我国农村妇女参政提供强大的政策支持。但在政策的具体实施过程中，政策执行主体不明确或政策执行者缺乏社会性别意识等造成了政策执行过程中出现偏差，对农村妇女参政造成了一定的影响。

本研究开展的调查是在《妇女权益保障法》第二次修正之前，当时该法实施过程的一个突出问题是执法主体不明确，影响了该法的实施。在我国少数地区，妇女工作一直相对边缘化，党政机关的职能部门认为妇女参政问题不是自己职责范围内的工作，应该是妇儿工委或者妇联的工作；而作为协调机构的妇儿工委没有足够的权力和条件去执行，作为非政府组织的妇联更是没有权力去执行相关的法律政策，导致出现"想管的无权管，有权的没有管"的现象，使得妇女参政工作处于无人决策、无人执行的状况，从而影响了法律政策的有效实施。

村委会选举制度实施以来，为农村妇女参政提供了一个自由而广阔的平台，虽然在制度上逐渐完备，但在具体操作中暴露出了许多问题。主要体现在乡镇干部利用职权干预甚至操控选举；妇女很难获得家族势力的支持，使得农村妇女在竞选中处于弱势地位；村委会运作也存在着不协调情况，表现在没有理清村民自治的概念，在实际操作中，村委会成了村民自治的主体，领导掌握着决策权；村民自治的运作不符合《村委会组织法》提出的制度规范；部分村民或干部对村委会与村支部之间的关系认识不清，常发生相互推诿责任或发生权力利益冲突。这些情况严重影响了妇女的参政热情，打击了妇女参选的积极性，消减了妇女参加村里公共事务决策的主动性，阻碍了农村妇女参政。据统计，2015 年全国有女村民代表 159.1 万人，约占村民代表人数的 21.7%；2016 年，全国层面村委会有妇女成员行政村的占比为 82.25%。① 两者与《村委会组织法》中"村民委员会成员中，应当有妇女成员"和"妇女村民代表应当占村民代表会议组成人员的三分之一以上"的要求都有较大差距。

调查数据表明，调查对象对《村委会选举法》和村规民约的了解程度不高，"非常了解"和"了解"的占比在 16% 左右，而"一点都不了解"和"不了解"的占比超过 50%；50% 以上的调查对象"不太清楚"或"不清楚"《村委会组织法》、村民会议和村民代表会议召开程序、村委会选举程序及村官候选人情况；只有不到 25%的调查对象经常参加与参政相关的选举、村重大决策会议和妇联举办的活动；调查对象所在的村中，女村委会主任和村委会女委员的占比不仅低于《中国妇女发展纲要（2011—2020 年）》发展目标，而且也低于同期全国平均水平。

三、机构合作缺乏的影响

妇联作为具有广泛群众性、社会性和统战性的社会群众团体，是党和政府联系妇女群众的桥梁和纽带，是推进农村妇女参政工作的动力，将党政机关职能部门与妇联组织的积极性有机结合起来，是提高农村妇女参政的重要途径。但由于党政职能部门合作意识欠缺以及妇联组织自身的特殊性，导致农村妇女参政发展缓慢。

---

① 《关于落实〈村民委员会组织法〉中村委会应当有妇女成员规定的建议》，《中国妇运》2018 年第 3 期。

1. 党政机关职能部门合作意识如果欠缺会制约农村妇女参政的实现

党政机关的组织部门和民政部门拥有着妇联组织等其他非政府组织所无法匹及的权威和权力，加强党政机关职能部门与妇联组织的合作是提高农村妇女参政数量和质量的有效途径之一。试点地区的实践表明，党政机关职能部门与妇联组织等的合作能很大程度提高妇女参政意识、参政比例以及妇女当选村官的数量和比例，为提高农村妇女参政水平开拓了一条新的道路。但如果党政机关职能部门不提高对妇女参政的认识，加强与妇联等的合作意识，那么即使妇联或其他民间组织有强烈的意愿也很难推进妇女参政工作。试点项目的成功经验也会由于缺乏政府的合法性支持和资金支持，无法进行大规模的推广和产生广泛的社会效益，试点项目的成果也会随着外部支持力量的消失而维持不下去。

2. 妇联组织的特殊性制约着农村妇女参政水平的提高

妇联作为各界妇女在中国共产党领导下为争取进一步解放而联合起来的社会群众团体，是联系党和政府与广大妇女群众的重要纽带，是支撑农村基层政权的重要支柱，是推动积极政策产生效果的重要力量。但是，由于妇联组织的政治合法性是由国家赋予的，这种特殊性使其不能完全自主发挥作用。如当妇联代表的妇女利益与国家和政府的要求发生冲突时，妇联组织不得不放弃其妇女利益代言人的角色，妇联无法充分发挥自身的主动性和积极性。同时，由于妇联缺乏制度性的参与渠道，在政策制定与执行、宣传性别平等、提高农村妇女参政能力建设等方面资源相对有限，使妇联组织在村委会选举中处于被动地位，从而使得农村妇女在参政时缺乏组织依托，导致工作效果不理想。

3. 基层妇联组织建设不完善制约着农村妇女的参政渠道

农村妇女参政效果不理想的原因除了妇联组织自身的特殊性外，还在于农村基层妇联组织的建设不完善。一是农村妇代会建设不健全，很多行政村的妇代会没有实质的组织建设，仅有一名妇代会主任，大多数时候妇代会主任还是由女村官兼任，这种情况使得妇代会无法实现代表妇女、反映妇女呼声等作用，弱化了妇代会组织的意义。同时，基层妇联干部年龄普遍偏大，受教育程度偏低，妇联组织又缺乏经费保障，这也在很大程度上制约了基层妇联组织工作的积极性和主动性，从而影响了农村妇女参政。

本次调查的 80 个村中 95% 的建立了妇联组织，但对妇联组织了解的农村妇女只占调查对象的 14%，高达 34% 的调查对象"一点都不了解"妇联组织；认为"妇联在村级事务中发挥比较大"以上作用的调查对象只占总调查对象的 41%；调查对象中认为"村妇联组织经常举办活动"的仅为 5%，16% 的调查对象认为"村妇联组织几乎不举办活动"；超过一半的贵州农村妇女是"偶尔去"或者"不去"参加妇联举办的活动。

第七章　提高贵州农村妇女
参政水平的途径

为进一步推进基层民主政治高质量发展，提高贵州农村妇女参政水平，针对贵州农村妇女参政的主要影响因素，将从优化参政环境、提高自身素质和完善政策制度保障三个方面提出建议。

第一节　优化贵州农村妇女参政环境

传统思想影响下的婚姻模式、家庭道德观念、性别分工抑制了贵州农村妇女参政。针对历史因素和外部因素带来的不利影响，优化贵州农村妇女参政环境应从以下方面着手。

一、塑造平等的性别文化

个人成长过程中被塑造的人格特质和价值取向对其成年后的参政有较大影响。妇女在性别社会化过程中对自身的认识会影响政治社会化过程，性别社会化过程决定了政治态度和政治行为方式。我国从确定男女平等基本国策和实施社会性别主流化战略以来，积极采取措施确立新型的性别角色规范，力争实现社会性别平等，促进了妇女参政，取得了较好的成效。但在农村地区，平等的性别文化有待构建和完善。

1. 农村家庭要树立正确的性别观念

家庭被认为"是承担社会化任务的理想场所"①，父母是孩子的第一任老师，也是孩子的一面镜子。因此，农村父母在家庭教育中要肯定和鼓励孩子所具有的优良品质，培养其双性化性格，避免受性别刻板印象影响。在日常生活中，农村父母要创建两性平等和睦的家庭氛围，避免潜意识的性别歧视言语和行为，给孩子树立男女平等的榜样。同时，家庭成员特别是男同志要更新观念、提高认识，分担家务工作，积极鼓励和支持妻子走出家门，参加选举和参与村里的公共事务和公益事业，成为妇女实现社会角色的坚强后盾。

2. 农村学校要树立正确的性别观念

学校作为除家庭外最重要的非正式制度传播场所，是个人社会化过程中不可或缺的环节。农村学校要消除传统教育在教育内容、教育方式上的无意识性别等级差异导致的性别歧视；要将男女性别平等意识融入教育内容，展现妇女正面、积极的作用，让学生从小看到妇女在促进社会发展中的作用，使女学生得到新的自我评价；在教育方式上，农村学校教师要避免传统的角色偏见，在劳动教育、体育教育和社会实践中对男女学生一视同仁。同时，农村学校教师要增强社会性别意识和性别敏锐性，自觉地将社会性别意识贯彻落实到教育教学诸环节和学校工作的方方面面，引导学生树立正确的角色地位和角色规

---

① ［美］戴维·波普诺：《社会学（第十版）》，李强等译，中国人民大学出版社1999年版，第389页。

范，帮助男女学生构建正确的性别观念。

3. 社会各方力量齐心协力，宣传性别平等文化

政府部门要加强文化市场的监管，防止侮辱妇女人格的不良作品在社会上流通，宣传男女平等基本国策、文明进步的妇女观，并宣传和表彰先进优秀的女村官，树立新时代农村妇女参政楷模，带动更多的农村妇女参政，促进形成社会对农村女性政治精英工作的理解、尊重、信任和支持的新风尚。乡级和村级妇联组织要利用"三八"节等节日开展活动，普及男女平等观念，消除农村社会对妇女的传统偏见，培养农村妇女健康自信的观念，促使农村妇女从家庭角色向社会角色转变。媒体应自觉抵制利用妇女吸引关注的低俗节目，积极宣传男女平等相关政策法规、农村妇女典型人物先进事迹等，通过正确的舆论引导消解社会对妇女的传统偏见。村委会要加强文化设施建设，可以通过建设农村文化服务中心、农家书屋、农村文化广场等向村民宣传先进的妇女观，宣传《妇女权益保障法》《村委会组织法》等法律法规政策；将遵规守纪、男女平等先进思想以村规民约的形式确定下来，对村民的行为进行规范，改变农村社会传统的性别歧视，改善以往的陈规陋习；要尊重女村官的不同意见，表彰尊重妇女的模范家庭，推动家庭美德建设，引导社会舆论朝着有利于推动男女平等方向发展。

二、构建参政的法律环境

国外学者研究发现，女性的领导力并不亚于男性（Ionescu，2012），甚至可带来新的领导方式（Chandler，2011），女性在面临巨大压力时，能比男性更温和地处理问题（Dolan，2000）。因此，为提升妇女参政水平，政府要进一步加强法制建设和法律法规方面的支持力

度，适时修正和完善有关法律规定，净化法制环境，为实现妇女群体平等地位提供有效的制度和资源支持，切实保障保护妇女政策的有效实施，激发妇女参政积极性，提高妇女参政水平，提升妇女参政能力。

构建参政法律环境，一是改变目前模棱两可的表达，在法律效力较高的相关法律中应刚性明确规定农村妇女在村委会中的数量或比例，这样更具约束力、可操作性。二是将一些农村妇女参政试点成功的地方法规上升为国家法律，作为全国范围内的普遍规范。三是对农村妇女制定特殊的保护性法律法规，真正把"保证妇女在村民委员会选举中的合法权益，使女性在村民委员会成员中占有适当名额"的精神落到实处。四是加快网络参政等新型参政方式的立法。作为一种新型的参政方式，网络参政丰富了参政方式，但由于其特殊性也存在一些问题。因此，需尽快制定网络参政的法律法规，划出明晰的边界；规范网络参政秩序，保证网络参政自由，使广大网民看到更负责任的言论；健全社会主义网络信用体系，提高网络参政的效率和效能。五是通过社会保障立法，建立生育成本社会共担机制，给予农村妇女生育经济补偿，减轻生育对农村妇女的拖累，这样农村妇女才会有精力和实力参政。

值得一提的是，在湖南省等性别平等意识强的省份采用刚性措施保证农村妇女参政影响下，我国对相关法律进行了修订，农村妇女参政的环境有所改善。如针对《妇女权益保障法》在施行过程中执法主体不够明确的问题，该法在2018年第二次修正后，从多方面明确和强化了各级人民政府及其有关部门的责任，规定："各级人民政府应当重视和加强妇女权益的保障工作""县级以上人民政府负责妇女儿童工作的机构，负责组织、协调、指导、督促有关部门做好妇女权益保障工作""县级以上人民政府有关部门在各自的职责范围内做好妇女权益的保障工作"，还将制定中国妇女发展纲要和地方妇女发展规划作为国务院和地方各级人民政府的一项法定义务，从而保证政府通过制定和实施妇女发展纲要等，实现法律赋予妇女的各项权利。提请十三届全国人大常委会审议的《妇女权益保障法（修订草案）》增加了基层群众性自治组织和用人单位应当组织妇女参与相关协商议事活动、职工代表大会中女职工代表的比例应当与女职工所占比例相适应等新规定，从法律层面进一步拓宽妇女参与国家和社会事务管理的途径。如《妇女权益保障法》修订草案第十五条增加："村民委员会、居民委员会应当组织妇女参与制定村规民约、居民公约以及有关妇女权益事项的协商议事活动，为妇女参与公共事务管理创造条件、提供便利，推动解决妇女关心的现实利益问题。用人单位应当组织女职工参与制定有关职工权益的规章制度以及其他有关女职工权益事项的协商议事活动。"

与此同时，贵州省为推动农村妇女参政先后通过立法明确规定了农村妇女参政的数量或比例。2020 年通过的《贵州省村民委员会选举办法》明确规定："村民委员会成员中，至少有 1 名妇女成员"，"确定正式候选人，正式候选人中至少有一名妇女候选人"。① 同年通过的《贵州省实施〈中华人民共和国村民委员会组织法〉办法》也明确规定，"妇女村民代表应当占村民代表会议组成人员的 1/3 以上"②。同时，贵州省也明确指出，"各级人民代表大会常务委员会、各级人民政府领导成员中至少应当有 1 名女干部"③。国家法律和贵州省地方法规的修正和出台，为贵州农村妇女参政构建了良好的法制环境，为农村妇女参政的实践提供了法制保障。

---

① 《贵州省村民委员会选举办法》，贵州人大网，2020 年 10 月 25 日。

② 《贵州省实施〈中华人民共和国村民委员会组织法〉办法》，贵州人大网，2020 年 10 月 25 日。

③ 《贵州省实施〈中华人民共和国妇女权益保障法〉办法》，国家法律法规数据库网，2007 年 3 月 30 日。

三、创造参政的社会氛围

作为社会群体一部分的妇女具有社会属性，其参政会受到社会客观环境的影响。因此，营造公平、平等的参政社会环境有助于激发妇女竞争意识，提升农村妇女参政意识和参政行为，有助于推动农村妇女参政的顺利开展，对改善农村妇女参政状况具有十分重要的意义。

1. 政府要营造参政社会环境

第一，针对农村中普遍存在的民主意识淡薄、对妇女参政重要性认识不足等问题，政府要加大对农村妇女参政及男女平等基本国策的宣传力度，正确引导社会对农村妇女参政的整体认知和评价。妇女参政是民主政治进程中绕不开的命题，要充分肯定农村妇女参政的作用，应视其为加强和巩固基层政治民主的组成部分，要营造良好的社会环境，引导全社会形成重视妇女的共识。建设女村官资源信息库，扩大女村官知名度，树立文明进步的妇女观。

第二，要积极贯彻落实社会性别主流化战略，破除"男尊女卑"传统思想观念，提高性别认知的敏感性与自觉性，强化领导群体的妇女优先意识，并将这种意识自觉地融入相关决策和方案中，从社会性别视角考虑决策的合理性，审视妇女参政过程中出现的问题。

第三，要完善农村妇女网络参政平台，加大农村电子信息基础设施建设力度，提高宽带网络和通信网络的普及率，提升网络速度，改变农村"信息贫困"局面，缩小城乡间的"信息鸿沟"，为农村网络信息建设创造有利条件。同时，完善农村妇女网络参政平台建设，利用最新科技手段，确保农村妇女网络参政平台种类的多样性，通过平台及时发布最新政治信息，及时反馈回复农村妇女的政治诉求。

2. 媒体要促进形成农村妇女参政的良好社会氛围

第一，各级党报党刊、电视台等媒体要设立专栏和专门节目，宣传马克思主义妇女观，宣传男女平等的基本国策，宣传党和国家重视培养女村官的政策和措施，宣传农村妇女参政的意义和优秀女村官的业绩，使基层干部和广大群众正确理解和掌握国家的法律政策，改变传统思想对村官的性别定位，消除大众对妇女参政的偏见和阻力，营造良好的农村妇女参政社会环境。

第二，要通过电影、电视剧、戏剧等形式，宣传妇女在村级治理和社会经济发展中的作用和贡献；宣传提高妇女参政水平的政策规定，引导村民正确看待妇女的当选问题；宣传农村社会中涌现出来的先进妇女典型，尤其是女村官的优秀典型，为农村妇女创造公平竞争的机会，提高全社会对农村妇女参政的认识。

第三，要充分利用微信等 App 为代表的新兴媒体宣传男女平等思想。借助新兴媒体普及男女平等思想，改变传统性别分工对农村妇女的影响，唤起妇女的参政意识，让农村妇女意识到自身也是乡村振兴的重要参与者，是基层民主政治建设的一员，鼓励她们积极参与村级事务。

第四，要注重发挥媒体的监督作用。媒体作为联系政府与公民的一种重要方式，应关注女性群体的政治诉求，对广大妇女普遍关心的社会问题持续追踪和报道，敦促相关部门及时给出行之有效的解决方案。

总之，要充分发挥媒体在促进妇女参政中的独特功能和积极作用，营造有利于农村妇女参政的良好社会氛围，激发农村妇女参政的热情，推动基层妇女参政的民主化、现代化进程。

3. 村级基层组织要打破传统偏见，为农村妇女参政营造良好环境

第一，明确妇女在乡村治理中的权利和义务以及对推进我国农村建设民主化道路、实现乡村振兴所起的重要作用，开展各种评选表彰活动，奖励为村级治理作出贡献的妇女，激励其他农村妇女参政的积极性。

第二，完善农村基础设施建设，推行家务劳动社会化措施，如开办村级幼儿园、托儿所等，减轻农村妇女的家务劳动，解决农村妇女的生活困扰，为农村妇女参政提供条件。

第三，大力发展农村经济，增加农村妇女经济收入，为其参政创造良好的经济条件。

第四，通过开通微信公众号和打造短视频平台，发布农村妇女自强自立、带领村民参加乡村振兴建设等影视作品的方式，宣传农村妇女特别是女村官的优秀事迹，形成正确的舆论导向，提高农村妇女的参政热情，拓宽其参政空间。

第二节　提高贵州农村妇女的自身综合素质

由于历史、经济等多方面原因，导致贵州农村妇女经济上不能完全独立，受教育程度相对偏低，进而参政意识不强。建议从以下三个方面来提高贵州农村妇女自身综合素质。

一、提升贵州农村妇女的经济地位

由经济基础决定上层建筑这一基本原理可知，经济基础是农村妇女进行参政活动的物质保障，其经济水平与参政程度密切相关。农村妇女的经济能力越强，其参政积极性也越高；与之相反，农村妇女经济能力越弱，其参政积极性也越低。要提高贵州农村妇女参政水平，就必须在巩固脱贫攻坚成果的基础上，贯彻落实乡村振兴战略，夯实社会主义市场经济基础，解放和发展生产力，加强农村经济建设，为农村妇女提供更多的就业与创业机会，增加农村妇女经济收入，使其具备足够的经济基础，为农村妇女参政创造良好的物质条件，为她们的参政奠定坚实的经济基础。提升农村妇女经济水平的关键是大力发展农村经济。

1. 转变农业经济增长方式

贵州作为全国唯一没有平原的山地省份，特定的地理位置和复杂的地形地貌，使贵州的气候和生态条件复杂多样，农业生产的地域性、区域性较强，农业现代化水平相对较低，要切实贯彻落实省委省政府农村产业革命的战略要求，结合村所在地的自身条件，进行农业整体综合开发，发展适合自身的特色产业，提高农业生产的经营效益，转变生产方式和经营模式，走农业现代化之路。

2. 改善农村产业结构，拓宽农村妇女致富渠道

各级政府要根据当地资源和产业特点，鼓励和引导本地农民自主创业，特别是加大对农村妇女创业的扶持力度，可设立农村妇女创业专项基金，根据实际情况培育适合当地农村妇女的创业项目，并给予资金支持，鼓励农村妇女多创办适合自身特点的致富项目。

3. 增加农村妇女经济收入

要鼓励农村妇女积极参加政府定期组织的下乡招聘会，加入当地乡镇帮扶的民营企业，确定女农民工最低工资标准，增加农村妇女经济收入。加大财政投入力度，增加女村官技能培训、选拔费用等的支

出；完善基层保障制度，适当提高女村官的基本工资水平，增加生活补贴，扩大社保覆盖范围，解决女村官的后顾之忧，从而在经济上给予女村官肯定与支持。

4. 完善和加强农村妇女财产权益保障

保障农村妇女财产权益也是提升其经济地位的重要举措。2018年第二次修正后的《妇女权益保障法》增加了保护农村妇女土地承包权的相关规定。"妇女在农村土地承包经营、集体经济组织收益分配、土地征收或者征用补偿费使用以及宅基地使用等方面，享有与男子平等的权利"，"任何组织和个人不得以妇女未婚、结婚、离婚、丧偶等为由，侵害妇女在农村集体经济组织中的各项权益"，"因结婚男方到女方住所落户的，男方和子女享有所在地农村集体经济组织成员平等的权益"。提请十三届全国人大常委会审议的《妇女权益保障法（修订草案）》新增了对农村妇女土地及相关权益的保护措施，明确了基层人民政府对村民自治章程、村规民约以及涉及村民利益事项的决定中侵害妇女权益的内容予以纠正的责任，对城镇集体经济中的妇女权益保护作出新规定。如第五十八条规定："妇女在农村集体经济组织成员身份确认、土地承包经营、集体经济组织收益分配、土地征收补偿安置或者征用补偿以及宅基地使用等方面，享有与男子平等的权利。申请农村土地承包经营权、宅基地使用权等不动产登记，应当在不动产登记簿和权属证书上将享有权利的妇女等家庭成员全部列明。征收补偿安置或者征用补偿协议应当将享有相关权益的妇女列入，并记载权益内容。"第五十九条规定："村民自治章程、村规民约，村民会议、村民代表会议的决定以及其他涉及村民利益事项的决定，不得以妇女未婚、结婚、离婚、丧偶、户无男性等为由，侵害妇女在农村集体经济组织中的各项权益。"认真贯彻落实上述有效保护农村妇女的财产权益的措施，能大大激发其参政积极性，从而助力农村基层民主政治建设。

二、提高贵州农村妇女的教育程度

阿尔蒙德和维巴指出："在通常所调查的性别、居住地、职业、收入、年龄等人口统计学变量中，看来都不如教育变量更能决定政治态度。"[①] 公民的受教育程度直接影响其参政的意愿和能力，也就是说公民的文化水平越高，其对国家政策的理解就越深刻，其参政的意愿和能力就越强。反之，公民的文化水平越低，就越难以深刻理解国家政策，其参政的意愿和能力也越弱。随着农村妇女教育水平的提高，相应提高了其经济地位，拓宽了其视野，启发了其思维，完善了其自身素质，增强了其主体意识、自信心以及政治素养和参政能力，为其参政提供了充足的准备。

1. 保障农村女童的基础教育

贵州农村妇女受经济条件、传统观念、自然环境及师资力量等因素的影响，接受教育年限不均衡，文化素质不高。受各种因素的影响，贵州乡村基础教育建设相对薄弱，导致部分成年农村妇女在其早年没有接受良好的教育。因此，必须做好以下工作。

第一，政府确保女童享有同等的义务教育权。政府要进一步制定政策和法规消除农村教育性别不平等现象，保障女童的受教育权得以落实；同时要对农村地区的教育适当倾斜，巩固女童入学率，对经济困难家庭上学的女孩，给予其家庭特殊补贴，保证男女受教育的年限相同；多渠道筹措教育经费，加大对农村教育基础设施的投入，真正

---

① ［美］加布里埃尔・A. 阿尔蒙德、西德尼・维巴：《公民文化——五个国家的政治态度和民主制》，徐湘林等译，东方出版社 2008 年版，第 455 页。

做到普及农村地区义务教育，降低农村家庭所需支付的教育成本，使每个孩子都能上学读书，让女童享有同等的义务教育权。

第二，确保基础教育教学质量。颁布实施优惠政策，鼓励优秀大学毕业生或者优秀教师到农村从事基础教育工作，保障农村基础教育师资力量充沛；加强师范教育，重视教师的培训，提高基础教育教师队伍的整体素质，为基础教育教学质量的提升提供制度和师资保证；教师在教学中，要强调妇女在政治、社会发展中的作用，让女童从小感受妇女的价值，提高农村女童的学习兴趣。

2. 加大农村妇女的继续教育，提高贵州农村妇女的整体素质

贵州农村中成年妇女的文化程度不均衡，整体水平不高，还存在着一定比例的文盲和半文盲。因此，要结合贵州农村妇女的实际情况开展继续教育和终身教育。

第一，加大投资力度以完善教育设施，丰富教育资源，开设扫盲培训班，提高农村妇女的文化水平。

第二，开办科普知识培训班和农业技术培训班，特别是农业生产技术和职业技能培训方面，要加大投入力度，为农村妇女提供学习培训机会，向农村妇女传授先进的农业技术和提供最新的致富信息，全面提高农村妇女文化素质和科技素养。

三、增强贵州农村妇女的参政意识

1. 促使妇女自主意识的觉醒

唯物辩证法认为，事物的发展是由内外因共同作用形成的，但是起关键作用的还是内因。农村妇女自身的政治思想价值观念是影响其参政意识的重要内因。因此，唤醒贵州农村妇女参政意识的前提和关键是促使其自主意识的觉醒。

第一，促使农村妇女认识到自己是社会的主体，具有独立的人格，要勇于把自己当作社会的主人，特别是参与基层民主政治建设和乡村振兴的主人翁，不断提高自主意识，坚持以积极的心态来适应时代发展的新要求。

第二，促使农村妇女认识到自身是独立个体，要实现从"依附"到"自主"的心理转变，塑造真正的与身心相协调的女性气质。

第三，促使农村妇女正确地对待两性问题，认识到男女两性具备同等的地位，也可创造同等的价值，从而协调平衡家庭角色和社会角色，体现人的全面本质。

第四，促使农村妇女加强思想政治修养，树立正确的权利与义务观，增强参政积极性，培养政治素质，切实提高参政能力，自觉融入社会事务中。

2. 构建参与型农村政治文化，增强农村妇女的参政意识

第一，对农村妇女进行政治价值观的培育，引导其打破传统思想，积极宣传和发扬自尊、自信、自立、自强的"四自"精神，有针对性地灌输民主理念、政治知识，激发其参政热情，唤醒其权利意识和独立政治人格意识，增强其参政的积极性与主动性。

第二，增强农村妇女的群体意识，杜绝选举时女候选人之间产生矛盾、妇女内部不团结等现象出现。通过提高农村妇女的政治文化水平和具体参与实践水平，实现真正有效的参政。

第三，对农村妇女加强法制教育，组织她们学习《宪法》《妇女权益保障法》《村委会组织法》等法律以及村委会选举相关程序，使其真正明白选举是法律赋予自己的权利，从而自觉地参与到村级事务管理中来。

第四，要采取有效措施推动农村妇女参政，如在村委会换届选举前，采取直选办法组织实施村妇代会换届选举，由女性选民直接参

与，提名候选人可由组织提名和个人自愿报名参加竞选，避免妇女的选举权和被选举权被男性包办代替，提高农村妇女独立参政能力。

第三节　完善贵州农村妇女参政的政策制度保障

相关公共政策制度规定的不可操作性、政策执行者的理解和执行偏差以及机构之间没有形成合力等也是影响贵州农村妇女参政的重要因素，针对公共政策存在的不足，要做好以下方面的工作。

一、健全贵州农村妇女参政的制度建设

将性别平等意识纳入公共决策，实行科学合理的妇女参政政策是推动我国妇女参政的关键。

1. 政策中明确规定妇女参政的比例和数量

第一，从实际情况出发，明确制定确定妇女参政比例政策，不断拓展性别保障政策在妇女参政领域的覆盖范围。针对参政现状中男女比例构成、分布不均的现状以及我国政治制度特点，以实际情况为立足点，坚持实事求是原则，在党内实行明确的配额制，明确规定女党员应达到的比例；提高党的基层组织和村委会妇女的数量或比例；明文规定基层选举候选人提名阶段女性占比；等等。另外，在农村妇女中积极发展女党员。

第二，以百分比的形式明确农村妇女参政的量化指标，增加政策的刚性。目前量化指标通常采用"应当有""适当名额""适当数量"等具有模糊性、变动性的量化指标，在实际操作中难以保障

农村妇女参政的比例。因而，可借鉴目前国际上衡量妇女参政数量指标的规定，明确农村妇女参政的最低限额要求，在此基础上适当提高农村妇女参政的比例和数量，切实反映和代表农村妇女群体的利益。

第三，修改和完善相关政策。对缺乏社会性别意识的妇女参政政策进行客观辩证地审视，对其中相关规定或条款进行修改和完善。也可根据实际情况，将相关涉及妇女参政比例的政策规定上升为国家法律，增强其效力。

2. 强化政策执行者的性别意识教育，减少政策执行的偏差

在贵州农村地区，政策执行者受传统思想和传统性别分工模式的影响，容易忽视和限制妇女平等参与政治、经济和社会活动的能力，从而在政策落实中产生理解和执行的偏差。因此，要进一步做好如下工作。

第一，要在农村进一步宣传男女平等基本国策和社会性别主流化战略，对政策执行者开展先进的性别意识教育和性别意识培训，加强村庄男性领导的性别意识，促使其转变观念，减少传统思想对妇女参政的影响；加强女村官的性别意识，让其成为性别平等的实践者和推动者。通过性别平等教育和实践，树立先进的性别观念，进而保障政策的执行。

第二，要完善规范村委会选举制度，提高农村妇女参政积极性，保障其合法权利。由于农村妇女参加村委会选举缺乏明确具体的制度规定，从而导致其参政在一定程度上缺乏政策支持和在行使政治权利时处于不利地位。因此，要将选举制度中模糊不清的概念换成明确具体的内容，避免执行时产生偏差。在操作上，规范选举程序和环节，体现尊重妇女意识。不能只按照"户主代表一切"的原则决定候选人，要引导村民提名符合条件的妇女；要公开计算选民数量方法，方法应确保女选民人数不低于总选民人数的三分之一；对女候选人正式介绍时，要客观、公正地看待其工作业绩，尽量避免任何歧视和不公正的待遇；正确引导农村妇女群众行使民主权利，做到公平、公正和公开，防止压制妨碍妇女参选、当选等违法和不规范行为的发生，保证民主选举的法制化，进而促进基层民主政治的发展。

3. 建立健全监督检查机制，提升公共政策的执行水平，加大执行力度

判断制度的有效性除了看规则的完善性外，还要看制度实施机制的健全性，没有健全的实施机制，很难保证规则能得以有效实施。[①]因此，要进一步做好如下工作。

第一，成立政策执行监督机构。可借鉴瑞典建立专门负责监督检查性别平等机构和机制的经验，成立相关的监督机构，如在村委会选举前后，临时成立监督委员会，委员会成员由干部、群众、学者组成，确保妇女参政相关政策的有效落实。[②]

第二，完善考评机制，将落实男女平等基本国策、社会性别主流化战略等情况纳入领导干部考评指标体系中，明确各级政府部门职责，定期考核，并将考核结果作为评估和奖惩依据，以提高领导干部等决策者推动性别平等政策落实的主动性和自觉性。

第三，鼓励农村妇女参与监督。只有广大农村妇女积极参与村级事务管理，才能保护其各项合法权益、提高其作用和地位。建立健全以人民为中心的激励机制，对在民主监督工作中表现突出的农村妇女，从精神上、物质上进行表彰，有利于提高农村妇女的参政能力，

---

① 卢现祥：《西方新制度经济学》，中国发展出版社2003年版，第41页。

② 张凤华：《新农村建设背景下的农村女性民主参与》，《江海学刊》2008年第3期。

调动其参与民主监督的积极性、主动性和创造性，促进政策执行水平的提高。

4. 加强网络参政制度建设

随着信息技术的发展，网络参政已逐渐成为广大农村妇女参政的重要途径之一。对村官而言，网络参政不仅提高了办事透明度，方便接受群众监督，而且能及时将相关信息传达村民手中，提高了办事效率。对农村妇女来说，网络的出现为她们兼顾家庭角色和社会角色提供了更多的可能，农村妇女通过网络参政能及时了解本村的重大决策、表达自身诉求、监督村委会工作，真正做到参政日常化。因此，必须做好如下工作。

第一，要加强农村基层网络化建设。加大资金投入力度，完善农村网络硬件设施，强化宽带网络、公共平台和智能化基础设施建设，开通并运用微信公众号、QQ 群或本村的专属办公网站等网上交流渠道；加强对村官们的电子信息技术培训，提高村官网络办公能力，实现农村网络人才队伍建设体系化、规模化、系统化，村级管理信息化、网络化，方便妇女利用网络参与村级事务讨论、监管和治理，丰富农村妇女参政途径，提升其参政广度和参政效度。

第二，要加强网络参政制度建设。要将现有的法律法规执行到位，同时根据信息技术和网络媒体实际发展情况，颁布新的管理条例解决新问题。从大数据战略角度，把握建设信息社会的契机，成立务实高效的政务平台，保障农村妇女等弱势群体的权利。制定保护公民权利的法律法规和政策，保障农村妇女参政的权利，完善其网络参政的法律保护程序。

第三，要提升农村妇女信息判别能力。网络信息来源广泛并且繁杂，需要判别信息的真实性。因此，要"运行'政府主导、市场运作'机制，支持正面的'意见领袖'发挥主流媒体的宣传优势，通过新闻发布、媒体采访、专家解读等形式进行网络公开辟谣"①，提升农村妇女识别网络信息的判别能力。

二、构建贵州农村妇女参政的培训机制

1. 加强农村妇女教育培训，提高农村妇女参政能力和水平

第一，加强农村妇女参政教育培训。成立各种学习班、培训班，组织广大农村妇女学习党的方针政策、男女平等基本国策以及相关法律等知识，拓宽农村妇女参政渠道，培养其团体意识，增强其民主法制意识和参政意识，提高农村妇女参政能力；及时发现农村妇女人才，对学得好、能力强的妇女应送其进一步深造锻炼，从中选拔和培养女村官。

第二，加强农村妇女文化素质和综合能力培养。通过组织农村妇女学习科技、市场信息等方面知识，拓宽其视野，提高其科学文化知识和生产技能，鼓励农村妇女破除传统思想和世俗偏见，参与村级事务管理，从而不断提高其参政能力和水平。

第三，开展农村妇女网络参政能力培训。《第49次中国互联网络发展状况报告》显示，截至2021年12月，农村地区互联网普及率为57.6%，比城镇地区互联网普及率低23.5个百分点，我国农村网民规模占网民整体的27.6%。② 农村妇女文化素质相对不高、网络参政操作能力缺乏、设备不足等原因，导致其与其他社会成员之间出现能力鸿沟。在加强农村基层网络化建设的基础上，"对信息弱势群体要

① 欧庭宇：《新生代农民工网络政治参与的问题及对策》，《北京青年研究》2016年第4期。
② 《第49次〈中国互联网络发展状况统计报告〉》，中国互联网络信息中心网，2022年2月25日。

采取倾斜和扶助政策，对不发达地区，加大投入，普及电脑和网络知识，通过远程教育，让更多的人接触和了解网络技术，提高其吸收和利用信息资源的能力，消除数字鸿沟"①，为农村妇女提供网络知识培训与网络工具扶持，解决农村妇女网络参政的操作问题。

第四，加强农村妇女的继续教育培训，完善其知识结构。"成立社区学校，包括专家、社区居民、辅导员等成员共同组成社区教育团体，彼此学习交流和资源共享"②，缩小"信息富有者"与"信息贫困者"间的数字鸿沟，提高农村妇女参政的认知能力、独立思考能力和协调能力，实现农村妇女享有参政过程中的知情权、发言权和监督权的平等与自由。

2. 开展女村官素质能力培训，提高女村官参政成效

第一，加强女村官政治品质的培训。女村官作为村级治理的重要成员，她们的政治品质关系着国家政策的贯彻，影响着基层民主建设的进程和效果。在实际工作中，女村官们大量的时间用于处理繁杂的村级事务，导致政治理论学习次数偏少且效果不太理想，故需加强女村官的政治品质培训，确保其成为忠诚、干净、担当的基层领导干部。

第二，加强女村官领导力的培训。领导力是女村官必不可少的能力，要为女村官提供提升领导力培训机会，定期开展培训，培训女村官如何演说、竞选的参政技能，提高其综合素质；乡镇可组织"女村官交流会"等，加强女村官之间的交流，吸取成功的工作经验，提高女村官的领导能力。

第三，加强女村官文化知识和网络办公能力的培训。要加强女村

---

① 刘文：《网络时代政治参与的难题及对策》，《中州学刊》2003年第6期。
② 欧庭宇：《中国新生代农民工媒介素养探析》，《电视研究》2016年第11期。

官文化知识储备，确保女村官在工作中能向村民普及乡村振兴等知识，帮助村民提高参与乡村振兴建设的主动性、积极性和创造性。同时，要提高女村官的计算机操作能力和网络参政的认知能力，通过网络拓宽知识面和开展网络办公，提高工作效率和参政效度。

三、强化贵州农村妇女参政的组织作用

1. 发挥妇联组织自身优势，推动农村妇女参政

第一，切实发挥妇联组织协调职能，打造农村妇女参政平台。要积极发挥妇联组织协调作用，动员相关领导外出考察学习，提高领导社会性别主流意识，推动制定符合当地实际的创新性政策；争取领导重视和支持，拓展农村妇女参政渠道，如在村委会选举中增加网络讨论平台，保障农村妇女在选举中的话语权；争取相关职能部门的通力协作，形成合力，避免政策执行出现偏差等，推动农村妇女参政。

第二，切实加强妇联组织建设，使之成为女村官培养基地。要制定合理的教育培训方案，动员有能力和有潜力的农村妇女参加竞选，在村委会选举时推荐女候选人，确保女候选人参选成功率；对现任女村官进行全方位培养，提高其综合素质，为更多有能力、有智慧、有潜力的女村官发展创造条件；要表彰工作能力强、服务态度好的女村官，为其连任创造条件；要争取当地党委组织部门的支持，将女村官培训列入干部培训计划，为女村官创造学习条件，组织女村官参加培训学习，激发其学习兴趣，帮助其树立终身学习意识，着力培养高素质的女村官干部队伍。

第三，切实加强妇联指导作用，推动农村妇女参政。设立满足农村妇女多样化需求的专门部门；加强对农村妇女参政的理论研究，提供智力支持；通过自身社会资本和专业优势，为相关部门提供农村妇

女参政的必要信息；通过加强宣传和提出合理的诉求，引起全社会对农村妇女参政的关注。

2. 妇代会加强提供组织支持，助力农村妇女参与乡村治理实践

第一，加强妇代会组织建设。村支部要按照"党建带妇建，妇建服务党建"原则，重视妇代会的地位和作用，将妇代会组织建设纳入党的基层组织建设，注重目标导向和成果导向，实施同步考核。

第二，发挥妇女代表作用。妇代会要根据村庄实际情况，转变思路，创新运行机制，密切联系妇女群众，倾听妇女的呼声和诉求，切实维护农村妇女的合法权益，为她们提供致富信息，帮助她们寻找增加收入的途径。

第三，妇代会要积极组织开展各种活动，丰富农村妇女精神生活，增加妇代会的凝聚力和影响力。要发挥妇代会组织工作优势，将分散个体力量积聚起来，提升农村妇女的权利和民主意识，扩大农村妇女的社会网络和增加其在村庄政治中与男性竞争的社会资本，提高妇女组织化水平，避免在村委会选举中的干扰因素出现，提高农村妇女在农村政治、经济和文化领域的影响力。

参 考 文 献

白薇、王庆仁、郑玉琴主编：《中国少数民族妇女问题研究》，中央民族大学出版社 1996 年版。

蔡绍洪、余孝军、张文专：《贵州综合交通运输系统评价研究》，科学出版社 2016 年版。

陈瑞生主编：《女性领导干部成长论》，中国社会科学出版社 1995 年版。

陈永利、李敬功、王向公编著：《模糊集理论及其应用》，科学出版社 2005 年版。

杜栋、庞庆华编著：《现代综合评价方法与案例精选》，清华大学出版社 2005 年版。

贵州省民族研究所编：《贵州少数民族妇女问题研究》，贵州民族出版社 1995 年版。

郭亚军：《综合评价理论、方法及应用》，科学出版社 2007 年版。

何念：《20 世纪 60 年代美国激进女权主义研究》，知识产权出版社 2010 年版。

李道揆：《美国政府和美国政治》（上、下册），商务印书馆 1999 年版。

李光炎、刘旭金主编：《女性领导论》，广西人民出版社 1991 年版。

李慧英主编：《社会性别与公共政策》，当代中国出版社 2002 年版。

李银河：《女性权力的崛起》，中国社会科学出版社 1997 年版。

梁旭光主编：《民主政治进程与妇女参政》，济南出版社 2003 年版。

欧阳洁：《女性与社会权力系统》，辽宁画报出版社 2000 年版。

邱菀华：《管理决策与应用熵学》，机械工业出版社 2002 年版。

全国妇联妇女研究所理论室、全国妇联干部培训基地：《妇女参政导论》，红旗出版社 1993 年版。

苏振兴、蔡同昌编：《2005 年拉丁美洲和加勒比发展报告 NO：5》，社会科学文献出版社 2006 年版。

王恩铭：《20 世纪美国妇女研究》，上海外语教育出版社 2002 年版

王宏维主编、华南师范大学妇女研究中心编：《女性学导论》，广东人民出版社 2012 年版。

王行娟主编：《中国妇女参政的行动》，海豚出版社 1995 年版。

王政：《女性的崛起：当代美国的女权运动》，当代中国出版社 1995 年版。

魏国英主编：《女性学概论》，北京大学出版社 2003 年版。

《新中国妇女参政的足迹》编写组编：《新中国妇女参政的足迹》，中共党史出版社 1998 年版。

周长鲜：《妇女参政：新中国 60 年的制度演进（1949—2009）》，中国社会科学出版社 2009 年版。

周莉萍：《美国妇女与妇女运动：1920—1939》，中国社会科学出版社 2009 年版。

［加］宝森：《中国妇女与农村发展——云南禄村六十年的变迁》，胡玉坤译，江苏人民出版社 2005 年版。

［澳］李木兰：《性别、政治与民主：近代中国的妇女参政》，方小平译，江苏人民出版社 2014 年版。

［美］安东尼·唐斯：《民主的经济理论》，姚洋、邢予青、赖平耀译，上海人民出版社 2005 年版。

［美］戴维·伊斯顿：《政治生活的系统分析》，王浦劬等译，华夏出版社 1989 年版。

鲍常勇、孙金华：《河南农村"留守妇女"的思想问题及对策研究》，《河南社会科学》2011 年第 4 期。

曹荔函、张克云：《当权力遭遇性别——近 10 年女村官研究综述与展望》，《妇女研究论丛》2013 年第 6 期。

陈聪：《新上岗女村官的政治参与行为分析——基于福建省女村官的实证调查》，《江西青年职业学院学报》2008 年第 1 期。

陈福英：《性别棱镜透视下的女村官政治参与——基于福建省的实证分析》，《中共福建省委党校学报》2007年第12期。

陈加良：《基于博弈论的组合赋权评价方法研究》，《福建电脑》2003年第9期。

陈朋：《政治传播：村民自治中农村妇女的有效参与——基于湖北省黄村的调查分析》，《妇女研究论丛》2007年第1期。

陈琼、刘筱红：《保护性政策与妇女公共参与——湖北广水H村"性别两票制"选举试验观察与思考》，《妇女研究论丛》2008年第1期。

陈伟、夏建华：《综合主、客观权重信息的最优组合赋权方法》，《数学的实践与认知》2007年第1期。

陈苇、王泽利：《促进妇女参政构建和谐社会》，《西南民族大学学报（人文社科版）》2005年第10期。

陈文学：《从女性参政看当前拉美妇女地位》，《当代世界》2011年第5期。

陈义媛、李永萍：《农村妇女骨干的组织化与公共参与——以"美丽家园"建设为例》，《妇女研究论丛》2020年第1期。

陈羽：《内蒙古妇女运动蓬勃发展的60年》，《中国妇运》2007年第10期。

丁娟、石鑫：《妇女参政配额制的提出与发展状况研究》，《山东女子学院学报》2015年第6期。

戴玉琴、杨慧：《村民自治中的女性主体参政困境及其破解路径论析》，《青海社会科学》2009年第6期。

董江爱：《农村妇女的政治参与：男尊女卑》，《中国改革（农村版）》2004年第6期。

董淑湛、赵丽娟：《城乡一体化进程中农村妇女政治参与问题研究——以河北省唐山市丰南区为例》，《黑龙江畜牧兽医》2015年第10期。

窦喜梅：《甘肃农村妇女政治参与边缘化——以甘肃省x村为例》，《陇东学院学报》2015年第4期。

杜洁：《以研究促进政策和法律纳入社会性别视角——社会性别与法律/政策项目的探索》，《妇女研究论丛》2006年第S2期。

杜洁：《妇女组织对村民自治政策话语的影响分析》，《山东女子学院学报》2012年第5期。

杜洁、宋健、何慧丽：《内生性脱贫视角下的农村妇女与合作组织——以山西

PH 与河南 HN 两个农民合作社为例》，《妇女研究论丛》2020 年第 1 期。

房若愚：《新疆少数民族妇女发展状况》，《新疆社会经济》1999 年第 3 期。

冯立冰：《第 73 次宪法修正案与印度基层妇女参政的新进展》，《中华女子学院学报》2010 年第 3 期。

福建省妇联：《"巧妇贷"引领农村妇女投身乡村振兴》，《中国妇运》2019 年第 5 期。高焕清、李琴：《村级女干部的"去女性化"：性别、社会性别和领导力》，《妇女研究论丛》2011 年第 1 期。

高小贤：《农村妇女研究综述（1991—1995 年)》，《妇女研究论丛》1997 年第 2 期。

高修娟：《从一个妇女主任的遭遇看村落性别规范》，《妇女研究论丛》2011 年第 1 期。高雪莲：《农村妇女政治参与的现状与制约因素分析》，《学理论》2011 年第 11 期。

格根图雅：《内蒙古农村牧区妇女政治参与现状分析——基于库伦旗三个嘎查村的调查》，《内蒙古农业大学学报（社会科学版)》2012 年第 3 期。

顾惠玲：《女大学生村官参与乡村治理探究——以扬州市 L 镇为例》，《农村经济与科技》2021 年第 7 期。

古丽阿扎提：《新疆少数民族妇女参政议政状况研究》，《实事求是》2001 年第 5 期。

顾协国：《舟山市农村妇女政治参与问题调查研究》，《浙江海洋学院学报（人文科学版)》2006 年第 1 期。

郭君平、曲颂、夏英等：《经济学视角下农民政治参与态度与行为选择偏差分析》，《中国农村经济》2017 年第 12 期。

郭君平、王春来、张斌等：《转型期农村妇女政治参与态度与行为逻辑分析——以苏、辽、赣、宁、黔五省（区）为例证》，《中国农村观察》2016 年第 3 期。

郭砾：《试析各级领导班子的性别比例配置》，《妇女研究论丛》2001 年第 S1 期。

郭夏娟、魏芃：《从制度性参与到实质性参与：新中国农村女性的治理参与及其地位变迁》，《浙江社会科学》2019 年第 9 期

海莉娟：《从经济精英到治理精英：农村妇女参与村庄治理的路径》，《西北农林科技大学学报（社会科学版)》，2019 年第 5 期。

韩玲梅、黄祖辉：《"政策失败"、比例失衡与性别和谐——农村妇女参与村民自治的新制度经济学分析》，《华中师范大学学报（人文社会科学版）》2006年第4期。

韩小兵：《中国农村少数民族妇女参与基层决策和管理的法律思考》，《西南民族大学学报（人文社科版）》2004年第3期。

韩小兵：《中国少数民族妇女参政权的法律与实践》，《黑龙江民族丛刊》2005年第6期。

何包钢、郎友兴：《村民选举中的竞争：对浙江个案的分析》，《华中师范大学学报（人文社会科学版）》2000年第5期。

何包钢、郎友兴：《妇女与村民选举：浙江个案研究》，《中国农村观察》2001年第2期。

和建花、丁娟：《非洲妇女参政配额制实施状况的研究与思考》，《山东女子学院学报》2015年第6期。

何玲：《新农村建设中农村妇女发展道路探析——以妇联组织在农村妇女组织化发展中的独特作用为例》，《山东女子学院学报》2012年第4期。

何文校：《建国后我国妇女参政的历程及现状》，《重庆邮电大学学报（社会科学版）》，2013年第2期。

何缦：《拉丁美洲妇女政治参与的发展与实践》，《拉丁美洲研究》1995年第3期。

胡桂香：《从"缺席"到"在场"——女大学生村官对农村妇女公共参与的影响》，《中华女子学院学报》2010年第1期。

胡红霞、李达：《近十年中国女大学生村官研究回顾与展望》，《中华女子学院学报》2019年第1期。

黄粹：《农村留守妇女生存困境：身份认同与组织化发展》，《华南农业大学学报（社会科学版）》2018年第5期。

黄粹：《治理现代化中妇女组织发展的价值与路径》，《领导科学》2019年第14期。

黄桂霞、马冬玲、刘晓辉：《中国妇女发展七十年：回顾与展望》，《山东女子学院学报》2019年第6期。

黄贤全：《试论美国妇女争取堕胎权利的斗争》，《西南大学学报（社会科学版）》2008年第6期。

霍红梅、杨阳：《农村女性政治精英的生存现状研究——以辽宁省调查数据为例》，《科学·经济·社会》2012 年第 1 期。

霍雨慧：《从农村妇女到现代公民角色转变的障碍及路径分析——基于农村妇女政治参与的研究》，《学理论》2009 年第 24 期。

蒋爱群、曲艳慧、王晓明：《村两委中的女干部——基于全国七十个村庄的调查数据》，《中华女子学院学报》2010 年第 6 期。

姜佳将：《流动的主体性——乡村振兴中的妇女意识与实践》，《浙江学刊》2018 年第 6 期。

蒋美华、张冰：《女大学生村官生存状况个案分析——以河南省 Z 市高新区为例》，《郑州航空工业管理学院学报（社会科学版）》2009 年第 6 期。

吉志强：《现代乡村治理视域中的农村妇女政治参与》，《中共山西省委党校学报》2013 年第 3 期。

金艾裙、谢景慧：《新农村建设中女村官的作用及支持体系研究——基于对江苏、安徽 2 省 6 县女村官的实证调查》，《宁夏农林科技》2012 年第 6 期。

靳思聪：《妇女解放的重要环节：参政议政》，《前进》1994 年第 9 期。

金玮：《内蒙古妇女进步与发展》，《内蒙古统计》2000 年第 6 期。

金一虹：《从公众对妇女参政的认知看传媒对妇女参政的影响——一项有关传媒与妇女参政的实证研究》，《妇女研究论丛》2002 年第 2 期。

金一虹：《嵌入村庄政治的性别——农村社会转型中妇女公共参与个案研究》，《妇女研究论丛》2019 年第 4 期。

寇佳琳：《社会性别视角下中国少数民族妇女参政研究》，《贵州民族研究》2017 年第 1 期。

李安辉：《多元文化背景下少数民族妇女权益问题研究》，《经纪人学报》2006 年第 3 期。

李丹、敖杏林：《新时期中国妇女参政绩效与对策：1993—2013 年》，《山东女子学院学报》2016 年第 6 期。

李德刚：《民主政治视野下农村妇女政治参与意识问题探析》，《石河子大学学报（哲学社会科学版）》2011 年第 3 期。

李慧英、田晓红：《制约农村妇女政治参与相关因素的分析——村委会直选与妇女参政研究》，《中华女子学院学报》2003 年第 2 期。

李梦娟、韩小蕊：《北京首批大学生村官地位尴尬》，《法治与社会》2009 年第 2 期。

李楠、杨洋：《广东农村留守妇女生存现状、问题及对策》，《河北大学学报（哲学社会科学版）》2008 年第 4 期。

李强：《社会性别视角下我国女性参政问题研究》，《黑龙江教育学院学报》2013 年第 6 期。

李琴：《应用规则模型下农村妇女参与村级治理的规则分析》，《妇女研究论丛》2014 年第 3 期。

李琴、高涣清：《社会资本视角下的女村官：同途何故殊归？—基于湖北 C 乡的实证研究》，《晋阳学刊》2010 年第 5 期。

李卫宁、尹毅：《村民自治进程中欠发达地区农村妇女的政治参与》，《云南民族大学学报（哲学社会科学版）》2004 年第 6 期。

李文：《70 年中国妇女参政的发展与进步》，《中国妇运》2019 年第 10 期。

李晓广：《乡村自治中留守妇女参政状况的实证研究——基于苏北 S 市的调查》，《中南大学学报（社会科学版）》2015 年第 3 期。

李晓广、吴国清：《农村女性参政缺失的新制度政治学分析》，《华南农业大学学报（社会科学版）》2010 年第 4 期。

李雪彦：《贫困地区乡村妇女网络政治参与研究》，《云南民族大学学报（哲学社会科学版）》2014 年第 3 期。

李亚妮：《欧盟国家妇女参政配额制实践与成效研究》，《山东女子学院学报》2015 年第 6 期。

李亚妮：《农村妇女参政中家庭资源与性别身份的博弈——基于陕西 H 县的个案研究》，《中华女子学院学报》2019 年第 3 期。

李毅、袁玲红：《农村妇女政治参与的天花板效应及对策——以南昌市为例》，《山东行政学院学报》2014 年第 8 期。

李莹：《中国农村基层少数民族妇女政治参与困境的思考》，《云南民族大学学报（哲学社会科学版）》2015 年第 2 期。

李月娥：《新女性与美国社区改良运动的兴起》，《中华女子学院学报》2005 年第 3 期。

梁振华、齐顾波：《村庄虚空化背景下农村留守妇女多元角色分析——基于河南范庄的个案研究》，《西北人口》2013 年第 5 期。

廖林燕：《村民自治视野下边远地区农村白族妇女的政治参与研究——以云南

省大理白族自治州云龙县诺邓镇诺邓村为例》，《中华女子学院学报》2007 年第
2 期。

廖林燕：《边远地区农村白族妇女的政治参与再研究——云南省大理白族自治
州云龙县诺邓村的实例分析》，《云南行政学院学报》2008 年第 2 期。

廖全明：《转型期农村留守妇女发展问题的困境与突破》，《重庆大学学报
（社会科学版）》2015 年第 5 期。

林建：《推动农村妇女"参政"促进政治文明进程》，《中共福建省委党校学
报》2010 年第 12 期。

林丽、原新：《新疆少数民族妇女社会地位探讨》，《西北人口》1996 年第
3 期。

刘爱华：《欧美女权运动的历史和现状》，《内蒙古大学学报（人文社会科学
版）》2003 年第 5 期。

刘春春：《女大学生村官发展的长效机制构建研究——以 J 省 F 市为例》，《长
春教育学院学报》2014 年第 19 期。

刘娟：《社会性别视角下的农村妇女政治参与研究——以山东省青岛市某村为
例》，《菏泽学院学报》2014 年第 3 期。

刘军：《论美国妇女史研究中的政治倾向》，《史学理论研究》1998 年第
1 期。

刘文：《网络时代政治参与的难题及对策》，《中州学刊》2003 年第 6 期。

刘文玉：《西北农村妇女政治地位的现状考察与出路选择——以甘肃省中川村
为例》，《社科纵横》2008 年第 2 期。

刘霞：《培养选拔女干部需要转变四个观念——访葫芦岛市委组织部部长李春
枝》，《人民论坛》2001 年第 4 期。

刘筱红：《农村村级妇代会组织与妇女在村委会选举中的地位》，《华中师范大
学学报（人文社会科学版）》2002 年第 6 期。

刘筱红：《支持农村妇女当选村委会成员的公共政策分析》，《华中师范大学学
报（人文社会科学版）》2005 年第 2 期。

刘筱红：《以力治理、性别偏好与女性参与——基于妇女参与乡村治理的地位
分析》，《华中师范大学学报（人文社会科学版）》2006 年第 4 期。

刘筱红：《论农村妇女参与乡村治理支持网络的构建——基于"整体政府"视
角》，《妇女研究论丛》2010 年第 1 期。

刘筱红、陈琼:《村庄权力系统中女村官地位的类型分析——基于江西三个村的实证调查》,《妇女研究论丛》2005年第1期。

刘筱红、吴治平:《论乡村治理中的妇女参与与村级党组织的社会性别意识》,《江汉论坛》2006年第1期。

刘筱红、吴治平:《妇女在村委会选举中的竞选策略研究——以湖北省随州市为个案》,《妇女研究论丛》2008年第1期。

刘晓旭:《农村妇女参政与政策的路径依赖分析》,《社科纵横》2008年第12期。

刘晓旭:《农村妇女参政困境的政策因素分析》,《湖北社会科学》2009年第1期。

刘燕华:《民族地区妇女参政的制约因素及对策思考——以甘南藏族自治州为例》,《兰州学刊》2001年第1期。

刘玉英:《关于培养和选拔少数民族妇女干部的几点思考》,《青海民族学院学报》2001年第1期。

陆海霞:《论新农村建设中少数民族地区农村妇女的政治参与——基于广西11地市女村官的数据》,《云南行政学院学报》2012年第3期。

芦怡冰:《妇女村干部调节工作和家庭关系中的困境与解决方法》,《农村经济与科技》2020年第12期。

骆江玲、严桦、杨明:《大学生村官制度的考量——从社会性别视角探讨女大学生村官对乡村的贡献》,《世界农业》2014年第4期。

吕芳:《农村留守妇女的村庄政治参与及其影响因素——以16省660村的留守妇女为例》,《北京行政学院学报》2013年第6期。

吕膳先:《广西沿边地区女大学生村官增强参与村务管理能力的对策》,《广西经济管理干部学院学报》2014年第2期。

吕膳先、庞广仪:《女大学生村官参与村务管理研究的成就与不足》,《广西师范学院学报(哲学社会科学版)》2015年第5期。

马冬玲:《在推动农村妇女参政中促进社会性别平等——政府和非政府组织的努力与挑战》,《妇女研究论丛》2005年第S1期。

马冬玲:《在促进农村妇女参与村委会选举中推进社会性别平等——妇联组织与民间妇女组织的努力》,《妇女研究论丛》2006年第S2期。

马慧芳、郭培:《近十年我国农村留守妇女研究综述》,《内蒙古农业大学学报

（社会科学版）》2020 年第 2 期。

马丽娅娜：《俄罗斯妇女参政简况》，《中国妇运》2017 年第 3 期。

孟广宇、辛溪：《女村官成长路径研究——以黑龙江省为例》，《学理论》2015 年第 34 期。

孟珊珊：《"巧手"助力乡村振兴巾帼行动》，《中国妇运》2018 年第 4 期。

闵冬潮：《关注配额超越数字：比较中印两国妇女参政中的配额制》，《妇女研究论丛》2012 年第 1 期。

倪素萍、王玉敏：《新疆妇女参政议政状况研究》，《新疆大学学报（哲学社会科学版）1997 年第 2 期。

倪婷：《中国第一次妇女参政运动及其影响》，《中国妇运》2017 年第 2 期。

欧庭宇：《当代青年政治参与的网络文化环境优化研究》，《高等财经教育研究》2016 年第 1 期。

欧庭宇：《中国农村妇女网络政治参与探析》，《山东行政学院学报》2017 年第 5 期。

戚晓明：《乡村振兴背景下农村社区环境治理中的女性参与》，《河海大学学报（哲学社会科学版）》2019 年第 3 期。

祁玥、郭峤：《浅析女大学生"村官"在提高农村女性政治参与中的作用》，《长春教育学院学报》2011 年第 1 期。

邱尚琪、梁丽萍：《山西农村妇女政治参与问题透视》，《中共山西省委党校省直分校学报》2004 年第 4 期。

全国妇联组织部：《女大学生村官工作和生活情况调研报告》，《中国妇运》2013 年第 2 期。

任杰：《全国百名女村官调查报告：社会性别的视角》，《中国行政管理》2007 年第 4 期。

荣维毅：《关于参政妇女需求的研究报告》，《妇女研究论丛》2001 年第 S1 期。

单艺斌：《妇女政治地位评价方法之我见》，《统计研究》1999 年第 S1 期。

沈蓓绯、纪玲妹：《女大学生村官创业实践平台搭建的实证研究——以江苏省常州市为例》，《山东农业大学学报（社会科学版）》2011 年第 4 期。

师凤莲：《中国农村妇女政治冷漠现象探析》，《山东大学学报（哲学社会科学版）》2009 年第 1 期。

时树菁：《农村女性参政的困境与出路——以河南省南阳市为例》，《社会主义研究》2008 年第 1 期。

师艳荣：《日本妇女 NGO 与妇女参政》，《理论界》2012 年第 2 期。

宋淑珍：《进步主义时期的美国女权运动》，《辽宁大学学报（哲学社会科学版）》1995 年第 3 期。

苏波：《20 世纪 90 年代以来国内学术界对拉美妇女问题的研究综述》，《山东女子学院学报》2014 年第 2 期。

苏醒、田仁波：《乡村振兴战略背景下女性社区精英的角色实践——基于云南大理州云龙县 N 村旅游社区的个案考察》，《云南社会科学》2019 年第 1 期。

孙继虎、刘军奎：《藏族妇女政治参与现状及其制约因素分析——一项来自甘南藏区卓尼县的实地调查》，《西北民族大学学报（哲学社会科学版）》2005 年第 3 期。

孙玉娟、赵文嘉：《农村妇女网络政治参与的机遇与挑战》，《世纪桥》2016 年第 8 期。

谭少冰：《如何破解村两委女干部发展中的问题——基于对云南省村两委女干部的问卷调查分析》，《山东女子学院学报》2017 年第 4 期。

唐华容：《农村妇女参政不足的自身成因分析——以湖南维新村为个案》，《管理观察》，2009 年第 14 期。

唐华容、何佩：《贵州农村妇女参政现状的调查与分析》，《农村经济与科技》2019 年第 19 期。

汤仁虹、马先锋：《女大学生村官介入农村"三留守"问题研究》，《淮海工学院学报（人文社会科学版）》2012 年第 14 期。

唐娅辉：《对促进女性权力参与的政府政策及执行情况分析》，《湖湘论坛》2001 年第 6 期。

唐永霞、罗卫国：《妇女 NGO 在贫困山区农村已婚女性家庭地位提升中的现状分析——基于甘肃省 T 县的调查》，《北京科技大学学报（社会科学版）》2015 年第 6 期。

唐永霞、罗卫国：《贫困地区农村妇女在乡村振兴战略中的作用研究——以甘肃省通渭县为例》，《西安建筑科技大学学报（社会科学版）》2019 年第 3 期。

唐云锋、荆建英：《社会性别视角下的农村妇女参政研究》，《长沙理工大学学报（社会科学版）》2009 年第 1 期。

童芍素：《参政与从政的辩证关系》，《中国妇运》2001 年第 5 期。

仝雪、屈锡华：《我国基层农村妇女干部现状分析——以河南省南阳市郭滩镇、毕店镇妇女干部状况为例》，《广西社会科学》2005 年第 11 期。

同雪莉，成天娥：《基层女村官抗逆过程机制研究》，《妇女研究论丛》2016 年第 3 期。

汪淳玉，叶敬忠：《乡村振兴视野下农村留守妇女的新特点与突出问题》，《妇女研究论丛》2020 年第 1 期。

王冬梅：《村落文化视野中"女村官"执政的反思——以河北 H 村为例》，《妇女研究论丛》2010 年第 4 期。

王恩铭：《从政治边缘走向政治中心——70 和 80 年代的美国妇女运动之追踪》，《世界历史》1995 年第 2 期。

王凤仙、米晓琳：《NGO 话语与民间妇女组织的自我认同》，《妇女研究论丛》2007 年第 6 期。

王海霞：《我们走了多远：维吾尔族妇女研究综述》，《市场与人口分析》2002 年第 4 期。

王浩骅：《妇女民间组织参与农村社区治理研究——基于河南省 D 村"嫁娶帮扶会"的个案》，《新疆广播电视大学学报》2019 年第 1 期。

王靖、张金锁：《综合评价中确定权重向量的几种方法比较》，《河北工业大学学报》2001 年第 2 期。

汪力斌、宫君、陈婷婷：《女村官参政执政的过程、特点和困难分析》，《农村经济》2007 年第 11 期。

王皖强、黄亚红：《美国妇女争取选举权运动的初探》，《史学月刊》1996 年第 1 期。

王伟：《中国近年来妇女政治参与管窥——基于西方文献的分析》，《黑龙江民族丛刊 2014 年第 5 期。

王晓莉、杜芳琴、李慧英：《中国农村妇女参与社区治理的有效路径探讨——河南登封市周村个案研究》，《中国非营利评论》2014 年第 2 期。

王义桅、肖莎：《南亚妇女参政模式初探》，《当代亚太》1997 年第 2 期。

王应明：《运用离差最大化方法进行多指标决策与排序》，《系统工程与电子技术》1998 年第 7 期。

王兆萍：《职业生涯视角下女大学生做村官长效机制构建研究》，《中华女子学院学报》2009 年第 6 期。

魏翠妮、罗珺：《性别比较视角下女大学生村官的生存状态研究——以江苏省大学生村官为例》，《长春工业大学学报（高教研究版）》2014 年第 2 期。

魏国英、康沛竹：《马克思主义妇女观与中国女性学基本理论建设》，《妇女研究论丛》2003 年第 4 期。

韦惠兰、杨琰：《妇女地位评价指标体系研究》，《兰州大学学报》1999 年第 2 期。

韦妮妮、邵志忠、于清武：《近二十年社会性别视角下的国内乡村治理研究述评》，《云南农业大学学报（社会科学）》2021 年第 4 期。

文舒柳、黄怡文、游莉莉：《村民自治中农村妇女参政权利保障问题研究——以广西壮族自治区宜州市屏南乡合寨村为例》，《法制与经济》2018 年第 6 期。

吴建平：《内蒙古妇女参政研究》，《内蒙古社会科学（汉文版）》2000 年第 2 期。

吴林原、陈丽琴：《农村妇女参与基层治理研究述评与展望》，《哈尔滨师范大学社会科学学报》2021 年第 2 期。

吴亦明：《留守妇女在乡村治理中的公共参与及其影响——来自苏、鄂、甘地区的一项研究报告》，《南京师大学报（社会科学版）》2011 年第 2 期。

乌云娜、陈素华：《状况与走向：内蒙古蒙古族女性参政程度研究》，《内蒙古大学学报（人文社会科学版）》2005 年第 5 期。

夏朝丰、张雪芬：《大学生村官权益保障：不足与过度并存》，《宁波大学学报（人文科学版）》2015 年第 1 期。

向常春：《民主与自主：农村妇女民主参与制的因素分析》，《社会主义研究》2003 年第 4 期。

肖莉丹：《村民自治：农村女权政治的实践场域——以陕西合阳项目为例》，《湖北社会科学》2012 年第 9 期。

谢向波：《农村妇女的政治参与》，《辽宁行政学院学报》2009 年第 3 期。

辛湲、孟广宇：《女村官治理方式研究》，《黑龙江社会科学》2015 年第 5 期。

许传新：《男性劳动力大量外出背景下的农村妇女政治参与研究——关于留守妇女与非留守妇女的比较分析》，《学习与实践》2009 年第 5 期。

徐静：《大学生村官的职业发展研究》，《现代妇女（下旬）》2014 年第 11 期。

徐兰兰：《关系资本视角下的农村妇女参政执政思考——基于广东省潮汕地区女村官的个案研究》，《南方农村》2012年第4期。

许丽娜、张晓琼：《社会性别视角下对农村妇女政治参与状况的考察——基于对山东省部分农村的实证调查》，《北京青年政治学院学报》2010年第3期。

徐梦佳、付翠莲：《基于社会失范理论的农村妇女非制度化政治参与的规制策略探讨》，《农村经济与科技》2014年第11期。

许艳丽、郭达：《近20年国外创业性别差异研究综述》，《妇女研究论丛》2015年第6期。

徐宇珊：《妇女NGO与农村妇女参与意识》，《中华女子学院学报》2006年第3期。

闫红红、张和清：《优势视角下农村妇女组织与社区参与的实践探索——以广东省M村妇女社会工作项目为例》，《妇女研究论丛》2019年第2期。

闫玉贞：《拉美妇女的地位与面临的问题》，《现代国际关系》1995年第8期。

杨宝强、钟曼丽：《乡村公共空间中妇女的参与、话语与权力——基于鄂北桥村的跟踪调查》，《西北人口》2020年第1期。

杨集兰、王海云：《乡村振兴战略视角下农村妇女合法权益保障研究》，《改革与开放》2019年第6期。

杨建民：《公民社会与拉美国家政治转型研究》，《拉丁美洲研究》2012年第3期。

杨璐：《贯彻男女平等基本国策与云南少数民族妇女参政》，《云南民族大学学报（哲学社会科学版）》2005年第6期。

杨琴：《女性村干部参与乡村治理的特征、困境与出路》，《农村经济与科技》2017年第S1期。

杨善华、柳莉：《日常生活政治化与农村妇女的公共参与——以宁夏Y市郊区巴村为例》，《中国社会科学》2005年第3期。

杨晞华：《在党的民族政策光辉照耀下西藏妇女干部健康成长》，《西藏党校》1995年第2期。

叶晓彬：《四川藏区妇女参政议政法律权利的调查与思考》，《西南民族大学学报（人文社科版）》2004年第10期。

袁东振：《拉美国家传统政党的衰败与可治理性危机》，《拉丁美洲研究》2005年第5期。

袁东振：《拉美现代化进程中的社会公正问题》，《拉丁美洲研究》1994 年第 6 期。

袁迎春、纪军令、杜沙沙：《乡村振兴背景下的农村社会矛盾治理——基于陕西女村干部问卷调查的实证研究》，《陕西行政学院学报》2019 年第 1 期。

张超一、王余丁、刘峰：《农村妇女参与村民自治的现状与影响因素分析——以河北省农村为例》，《广东农业科学》2009 年第 11 期。

张聪：《十九世纪末二十世纪初美国中产阶级妇女走向社会的动因和问题》，《美国研究》1993 年第 3 期。

张凤华：《新农村建设背景下的农村女性民主参与》，《江海学刊》2008 年第 3 期。

张欢欢、陶传进：《"赋权理论"视角下农村妇女参与乡村振兴的路径研究——以 S 公益项目为例》，《贵州社会科学》2020 年第 3 期。

张嘉凌、董江爱：《乡村振兴视角下农村妇女参与乡村治理路径研究——以运城雷家坡村德孝文化建设为例》，《中共福建省委党校学报》2019 年第 2 期。

张立平：《当代美国女性主义思想述评》，《美国研究》1999 年第 2 期。

张璐：《希拉里与佩林：妇女运动、性别政治和美国总统大选》，《美国研究》2009 年第 1 期。

张润君、张锐：《从政治心理看农村留守妇女参政——以宁夏固原市为例》，《开发研究》2010 年第 3 期。

张思宁、戴雪梅：《情商—评价参政妇女素质的重要指标》，《中华女子学院学报》2001 年第 3 期。

仇兴玉：《关于加快生育保险制度立法的几点思考》，《中华女子学院学报山东分院学报》2006 年第 2 期。

张秀娥：《世界妇女参政新趋势》，《国际资料信息》2006 年第 4 期。

张艳：《农村留守妇女参政行为逻辑的理论解释——基于"制度—生活"的分析框架》，《天府新论》2018 年第 2 期。

张迎红：《试析欧洲国家提高妇女参政的"最低比例制"》，《欧洲研究》2004 年第 3 期。

张迎红：《试析女性参政配额制在欧盟国家中的运用和发展》，《中华女子学院学报》2008 年第 4 期。

张永英：《国内外有关妇女参政比例的规定及争论研究》，《妇女研究论丛》

2005 年第 S1 期。

赵佩：《让农村妇女撑起政治参与"半边天"——我国农村妇女政治参与现状与原因探析》，《中国集体经济》2016 年第 30 期。

郑彩华：《将社会性别视角纳入农村基层政治改革与发展——以女村官为例》，《北方文学（下半月）》2010 年第 9 期。

郑憬函：《性别视角下的农村妇女领导力研究》，《学理论》2009 年第 4 期。

郑明怀：《女大学生村官的形象刻画——兼评<女大学生部落>》，《电影文学》2011 年第 5 期。

周辉荣：《19 世纪美国妇女禁酒运动及其影响——基督教妇女禁酒联合会个案研究》，《史学月刊》2002 年第 5 期。

周晓惠：《中国近代以来妇女参政三个历史时期研究综述》，《党史博采（理论）》2016 年第 5 期。

周秀平、周学军：《社会支持网络与农村妇女发展——女村长与村落发展的案例分析》，《中华女子学院山东分院学报》2007 年第 1 期。

周琰：《欧盟国家保障两性平等参政法律制度研究》，《中国人民公安大学学报（社会科学版）》2007 年第 3 期。

周仲秋、谭咏梅：《社会互动视角下女村官的角色困惑和调适》，《深圳大学学报（人文社会科学版）》2016 年第 3 期。

朱研：《对西藏自治区民族干部工作的回顾与前瞻》，《中国藏学》1995 年第 3 期。

朱映雪、王淑漪、赵超颖：《民族地区农村文化建设中女村官的作用及实现途径——基于广西少数民族聚居地区的调查》，《桂海论丛》2013 年第 1 期。

卓惠萍、鲁彦平：《促进妇女进村委：模式、问题与对策》，《山西师大学报（社会科学版）》2010 年第 2 期。

宗芳：《国际人权视阈下农村妇女政治赋权问题探究》，《学术探索》2013 年第 9 期。

左小川：《论村级治理中的女性身影——湖南省岳阳地区"女村官"现状调查分析》，《湖南科技学院学报》2005 年第 10 期。

［美］亨廷顿、吕兰：《政治制度化的标准》，《现代外国哲学社会科学文摘》1987 年第 11 期。

［日］蒲岛郁夫、赵晶：《政治参与和政治平等新论：亚欧十七国（地区）的

比较分析》，《复旦政治学评论》2010 年第 1 期。

胡松涛：《引入农村妇女参选参政"导师制"》，《中国妇女报》2016 年 2 月 29 日。

徐世澄、韩梅：《拉美缘何频出女性总统?》，《中国日报》2010 年 5 月 16 日。

徐勇：《拉美盛产女总统倾向平民张扬"民粹"成主因》，《南方日报》2011 年 10 月 25 日。

义高潮：《坦桑尼亚议会女议员比例达到百分之三十》，《中国妇女报》2006 年 1 月 4 日。

周韵曦：《对全面保护外嫁女的合法权益提出新思路——专家解读中央一号文件》，《中国妇女报》2019 年 2 月 22 日。

曹菁：《西北地区留守妇女政治参与问题研究——以陕西省合阳县三个村庄为例》，西北大学硕士学位论文，2014 年。

陈丹：《大学生"村官"工作满意度及其影响因素研究——基于湖北省大学生"村官"的调查》，华中农业大学硕士学位论文，2011 年。

高婷：《试论尼赫鲁时期印度妇女的社会地位》，苏州科技学院硕士学位论文，2009 年。

何依哲：《内蒙古公共部门少数民族女干部选拔任用研究》，大连理工大学硕士学位论文，2015 年。

黄婷：《乡村文化建设中女村官的行为模式研究——基于展璞计划湖南省女村官的调研》，湖南师范大学硕士学位论文，2016 年。

江疆：《浅析美国妇女角色转变：1920—1960》，上海外国语大学硕士学位论文，2010 年。

姜洁：《西部地区女性领导发展状况研究》，四川大学硕士学位论文，2006 年。

康连静：《壮族农村妇女在村民自治中的参与研究——以广西马山县古寨村为例》，广西大学硕士学位论文，2013 年。

李聪丽：《新中国成立以来我国妇女参政问题研究》，西南交通大学硕士学位论文，2009 年。

李凡：《支持妇女参与村级治理的政策演进：国家和社会的互动》，华中师范大学硕士学位论文，2011 年。

李飞龙：《河南省农村"留守妇女"思想现状及对策研究》，河南农业大学硕士士学位论文，2008 年。

李惠明：《陕西女村官的发展状况与能力建设研究》，西北大学硕士学位论文，2015 年。

李娇：《被"政治化"的女人和女人的"政治"之道——从政治人类学视角诠释云南红河自治州个旧市鸡街镇上乍甸村的女村官》，云南大学硕士学位论文，2010 年。

李娟：《我国农村留守妇女参与村级治理研究》，华中师范大学博士学位论文，2015 年。

李娜：《女村官村级治理的社会支持网络研究——基于广西 H 县的调查》，华中师范大学硕士学位论文，2012 年。

李秋金：《二十世纪八十年代美国妇女参政状况研究》，山东师范大学硕士学位论文，2009 年。

李睿：《20 世纪 60 年代以来美国妇女政治地位转变的原因再探讨——论妇女组织的核心作用》，云南师范大学硕士学位论文，2005 年。

李思梦：《新南非妇女参政研究初探》，湖南师范大学硕士学位论文，2014 年。

李婷：《我国地方政府女性领导干部成长规律研究》，湘潭大学硕士学位论文，2012 年。

李秀颖：《村庄治理中的女村官研究——以湖州市为例》，浙江大学硕士学位论文，2013 年。

刘璐璐：《河南省上蔡县妇联依托"巧媳妇"工程助推农村留守妇女就业创业研究》，广西师范大学硕士学位论文，2019 年。

刘清华：《云南少数民族地区女性参政状况研究——以大理白族自治州大理市为例》，云南大学硕士学位论文，2006 年。

刘兴梅：《我国女性党政领导人才成长规律研究》，安徽大学硕士学位论文，2013 年。

马琼莹：《少数民族妇女干部培养选拔问题研究——以临夏回族自治州康乐县为例》，西北民族大学硕士学位论文，2015 年。

毛仙春：《女村官领导力发展研究——以浙江三门县为例》，华东政法大学硕士学位论文，2011 年。

苗禾：《内蒙古妇女参政问题研究》，内蒙古大学硕士学位论文，2013 年。

聂文兵：《<中国妇女报>中的女村官形象构建研究》，南昌大学硕士学位论文，2020 年。

曲宏歌：《欧盟与性别平等——女性决策参与发展中的欧盟制度因素》，山东大学博士学位论文，2009 年。

屈天霞：《印度妇女参政问题研究》，云南大学硕士学位论文，2010 年。

单艺斌：《妇女社会地位评价方法研究》，东北财经大学博士学位论文，2000 年。

商喜维：《大姚县昙华乡彝族村民政治参与研究》，云南大学硕士学位论文，2015 年。

施晓娇：《盘锦市留守妇女村务参与研究》，长春工业大学硕士学位论文，2015 年。

宋玉娟：《论和谐社会视角下少数民族妇女干部队伍建设》，湘潭大学硕士学位论文，2009 年。

唐慧娟：《试析独立后印度妇女地位的变化》，云南大学硕士学位论文，2011 年。

王冬：《北票市农村妇女政治参与的提升对策研究》，大连理工大学硕士学位论文，2016 年。

王书吉：《大型灌区节水改造项目综合后评价指标权重确定及评价方法研究》，西安理工大学博士学位论文，2009 年。

王斯琴：《内蒙古自治区女性领导干部参政研究》，内蒙古师范大学硕士学位论文，2013 年。

王业昭：《社会性别视角下的美国妇女参政研究（1920—2000）》，上海外国语大学博士学位论文，2014 年。

吴晓芳：《"场域—惯习"理论视角下女村官治村研究——以湖北恩施两位女村官为例》，华中农业大学硕士学位论文，2018 年。

熊巍：《村民自治制度下农村妇女政治参与研究——以"中国村民自治第一村"广西合寨村为例》，广西师范大学硕士学位论文，2014 年。

徐晨红：《村民自治制度下女性农民政治参与研究——以兴化市北安丰镇为例》，浙江海洋大学硕士学位论文，2017 年。

杨金云：《需求理论视野下女村官社区治理能力建设研究——以湖南省 L 县为例》，华中师范大学硕士学位论文，2012 年。

杨中兴：《女村官在农村社会治理中的功能评估》，湖南师范大学硕士学位论文，2015 年。

尹玲：《皖北地区农村留守妇女性权益保护问题实证研究——以埔桥区、阜南县为例》，安徽大学硕士学位论文，2018 年。

尹艳芳：《制度安排下农村妇女的政治参与——以"民政部提高农村妇女当选村委会成员比例政策创新示范项目"天津市塘沽区试点为个案》，山西大学硕士学位论文，2005 年。

张宝玺：《中国农村妇女参政的影响因素研究》，山西大学硕士学位论文，2010 年。

张冰：《女大学生村官职业生涯发展研究——以河南省为例》，郑州大学硕士学位论文，2010 年。

张翠：《当代中国民族地区少数民族妇女参政研究——基于女性人类学的视角》，中央民族大学博士学位论文，2010 年。

张冬霞：《独立后印度妇女政治参与的历史演变研究》，郑州大学硕士学位论文，2016 年。

张芳华：《云南山地白族政治文化整合研究——以大理白族自治州云龙县诺邓村为例》，云南大学硕士学位论文，2015 年。

张锐：《农村留守妇女在村委会选举中的政治心理研究——基于固原市五村的实证调查》，西北师范大学硕士学位论文，2011 年。

张书峰：《当代中国佤族女性形象研究》，陕西师范大学博士学位论文，2016 年。

张婷婷：《基于胜任力模型的我国女村官能力建设研究》，华中师范大学硕士学位论文，2011 年。

张晓云：《民权运动以来美国黑人妇女地位的变迁及其成因》，华东师范大学硕士学位论文，2005 年。

张亚楠：《大学生村官职业困境及性别差异——一个对大学生村官的个例研究》，兰州大学硕士学位论文，2013 年。

张莹：《20 世纪 90 年代中期以来美国妇女在州级立法机构的参政研究》，北京外国语大学硕士学位论文，2011 年。

郑蓉：《村庄治理中农村妇女的"隐性权力"——基于许家山村的个案研究》，华中师范大学硕士学位论文，2015 年。

周娟：《我国妇女参政的历史回眸与当代中国妇女参政模式的立体构建》，陕西师范大学硕士学位论文，2003 年。

周倩倩：《新疆少数民族妇女参政议政研究》，石河子大学硕士学位论文，2014 年。

祝平燕：《社会转型期妇女参政的社会支持系统研究》，华中师范大学博士学位论文，2006 年。

朱仲蔚：《女大学生村官的乡村治理能力研究》，南京农业大学硕士学位论文，2017 年。

Bayes, J.H., *Minority Politics and Ideologies in the United States*, Novato: Chandler & Sharp, 1982.

Calman, L.J., *Toward Empowerment: Women and Movement Politics in India*, Boulder: Westview Press, 1992.

Carroll, S.J., *Women and American Politics: New Questions, New Directions*, New York: Oxford University Press, 2003.

Chafe, W. H., *The American Woman: Her Changing Social, Economic and Political Roles*(1920—1970), New York: Oxford University Press, 1972.

Chafe, W. H., *The Paradox of Change: American Women in the 20th Century*, New York: Oxford University Press, 1992.

Conway, M.M., *Women and Political Participation: Cultural Charge in the Political Arena*, Washington D C: CQ Press, 2005.

Dahl, R.A., *Politics, Economics, and Welfare*, New Jersey: Transaction Publishers, 1992.

Dahl, R.A., *On Political Equality*, New Haven: Yale University Press, 2006.

Davin, D., *Woman−Work: Women and the Party in Revolutionary China*, Oxford: Clarendon Press, 1976.

Fulenwider, C.K., *Feminism in American Politics: A Study of Ideological Influence*, New York: Praeger Publishers, 1980.

Gertzog, I. N., *Congressional Women: Their Recruitment, Integration, and Behavior*, Westport: Greenwood Press, 1995.

Gertzog, I. N., *Women and Power on Capitol Hill: Reconstructing the Congressional Women's Caucus*, Boulder: Lynne Rienner Publishers, 2004.

Giddings, P., *When and Where I Enter: The Impact of Black Women on Race and Sex in*

America, New York: William Morrow, 1984.

Han, L. C., *Women & U. S. Politics: The Spectrum of Political Leadership*, Boulder: Lynne Rienner Publishers, 2010.

Harrison, B.C., *Women in American Politics: An Introduction*, Belmont: Wadsworth, 2003.

Hartmann, S. M., *From Margin to Mainstream: American Women and Politics since 1960*, Philadelphia: Temple University Press, 1989.

Hooks B., *Ain't I a Woman: Black Women and Feminism*, London; New York: Routledge, 2014.

Huntington, S.P., *The Clash of Civilizations and the Remaking of World Order*, New York: Simon & Schuster, 1998.

Johnson, K.A., *Women, the Family, and Peasant Revolution in China*, Chicago: University of Chicago Press, 1985.

Martin, J. M., *The Presidency and Women: Promise, Performance & Illusion*, College Station: Texas A & M University Press, 2003.

Niethammer, C., *Daughters of the Earth: the Lives and Legends of American Indian Women*, New York: Simon & Schuster, 1995.

O'hara, A., *The Position of Woman in Early China According to the" Lieh Nü Chuan", the Biographies of Eminent Chinese Women*, Washington D C: Catholic University of America Press, 1945.

Ono, K., *Chinese Women in a Century of Revolution* (1850-1950), Stanford: Stanford University Press, 1988.

Pruitt, I., *A Daughter of Han: the Autobiography of a Chinese Working Woman*, Near Haven: Yale University Press, 1945.

Reiter, R. R., *Toward an Anthropology of Women*, New York: Monthly Review Press, 1975.

Rinehart, S.T., Josephson, J.J., *Gender and American Politics: Women, Men, and the Political Process*, New York: M E Sharpe, 2000.

Sapiro, V., *The Political Integration of Women: Roles, Socialization, and Politics*, Urbana: University of Illinois Press, 1983.

Shukla, A.K., *Political Status of Women*, New Delhi: APH Publishing Corporation, 2007.

Sinha, N., *Empowerment of Women through Political Participation*, New Delhi: Kalpaz

Publications, 2007.

Smedley, A., *Portraits of Chinese Women in Revolution*, New York: The Feminist Press, 1976.

Solomon, I.D., *Feminism and Black Activism in Contemporary America: an Ideological Assessment*, Westport: Greenwood Press, 1989.

Thomas, B.S., Wilcox, C., *Women and Elective Office: Past, Present, and Future*, Oxford: Oxford University Press, 1998.

Weidner, M., *Flowering in the Shadows: Women in the History of Chinese and Japanese Painting*, Honolulu: University of Hawaii Press, 1990.

Akirav, O., Ben – Horin, Y., "The Four Anchors Model – Women Political Participation", *World Political Science*, 12(2), 2016.

Calman, L., "Women and Movement Politics in India", *Asian Survey*, 29(10), 1989.

Cassese, E.C., Holman M.R., "Religious Beliefs, Gender Consciousness, and Women's Political Participation", *Sex Roles*, 75(9–10), 2016.

Chandler, D., "What Women Bring to the Exercise of Leadership", *Journal of Strategic Leadership*, 3(2), 2011.

Chhibber, P., "Why Are Some Women Political Active? The Household, Public Space, and Political Participation in India", *International Journal of Comparative Sociology*, 43(3–5), 2002.

Coffe, H., Bolzendahl, C., "Same Game, Different Rules? Gender Differences in Political Participation", *Springer Open Choice*, 62(5), 2010.

Dolan, J., "The Senior Executive Service: Gender, Attitudes, and Representative Bureaucracy", *Journal of Public Administration Research and Theory*, 10(3), 2000.

Friedman, D., "Evolutionary Games in Economics", *Econometrica*, 59(3), 1991.

Ionescu, L., "The Role of Women in Bureaucracies: Leadership, Democracy, and Politics", *Economics, Management & Financial Markets*, 7(1), 2012.

Jennings, M.K., "Gender and Political Participation in the Chinese Countryside", *The Journal of Politics*, 60(4), 1998.

Karp, J.A., Banducci, S.A., "When Politics is not just a Man's Game: Women's Representation and Political Engagement", *Electoral Studies*, 27(1), 2008.

Sharma, K., "Transformative Politics: Dimensions of Women's Participation in Panchayati Raj", *Indian Journal of Gender Studies*, 5(1), 1998.

Vissandjee, B., Abdool, S., Apale, A., et al. "Women's Political Participation in Rural India: Discerning Discrepancies Through a Gender Lens", *Indian Journal of Gender Studies*, 13(3), 2006.

后　记

　　本研究部分内容取自相关领域当前较为成熟和最新的研究成果，作者对这些成果进行了系统总结，更多的内容是作者及合作者多年来的研究成果总结。在本书的写作过程中，唐华容负责全书的拟定、书稿框架设计和撰写工作，李欣月负责调查问卷的设计、调查数据的分析和综合评价工作，何佩负责调查的实施、资料收集整理以及部分统计分析工作。同时，也感谢黄素芳等同志在博弈模型构建及相关工作中的辛勤付出。在本书的写作过程中，作者查阅了大量的国内外文献，凡是在书中直接引用过的文献我们都在脚注里作了明确标注，虽未直接引用但作了参考的我们也将之列入了参考文献。在此对所有使用过的文献的作者表示诚挚谢意！如有疏漏，敬请谅解。

　　尽管我们对书稿进行了多次修改，但由于学识水平有限，书稿中难免有认识不足或疏漏之处，敬请广大读者批评指正。

责任编辑:韦玉莲
封面设计:林芝玉

图书在版编目(CIP)数据

贵州农村妇女参政的博弈分析与综合评价研究/唐华容 等著. —北京:
　人民出版社,2023.5
ISBN 978－7－01－025428－9

Ⅰ.①贵…　Ⅱ.①唐…　Ⅲ.①农村-妇女-参政议政-研究-贵州
　Ⅳ.①D442.873

中国国家版本馆 CIP 数据核字(2023)第 034995 号

贵州农村妇女参政的博弈分析与综合评价研究
GUIZHOU NONGCUN FUNÜ CANZHENG DE BOYI FENXI YU ZONGHE PINGJIA YANJIU

唐华容　李欣月　何 佩　等 著

人 民 出 版 社 出版发行
(100706　北京市东城区隆福寺街 99 号)

北京九州迅驰传媒文化有限公司印刷　新华书店经销

2023 年 5 月第 1 版　2023 年 5 月北京第 1 次印刷
开本:710 毫米×1000 毫米 1/16　印张:16.75
字数:210 千字

ISBN 978－7－01－025428－9　定价:76.00 元

邮购地址 100706　北京市东城区隆福寺街 99 号
人民东方图书销售中心　电话 (010)65250042　65289539